111 Gründe, Schwaben zu lieben

W0051642

Jo Müller

111 GRÜNDE,
SCHWABEN
ZU LIEBEN

**Eine Liebeserklärung an
die schönste Region der Welt**

SCHWARZKOPF & SCHWARZKOPF

INHALT

baden ging – Weil der Teddy mit dem Knopf im Ohr die Welt eroberte –
Weil Johannes Kepler Schwabe war – Weil in einem kleinen schwäbischen
Kaff Unterwäsche für die ganze Welt designt wird

Weil Bubenspitzle und Nonnenfürzle wirklich lecker sind – Weil die
Schwaben ihren Wein am liebsten selber schlotzen – Weil es in einem
Besa saugmütlich ist – Weil Linsen und Spätzle das schwäbische Natio-
nalgericht sind – Weil Maultaschen ein göttlicher Schwindel sind – Weil
der »Gaisburger Marsch« besser schmeckt, als er klingt – Weil die Schwa-
ben ihren eigenen Whisky haben – Weil der Streit um die Champagner
Bratbirne die Gerichte beschäftigte – Weil hier Laugenweckle zum Früh-
stück gehören – Weil selbst Prinz Charles Wibele liebt

Weil man in Stuttgart 20 Kilometer treppauf, treppab gehen kann – Weil
die Markthalle teure Einkaufsstätte und echtes Schmuckstück ist – Weil
der VfB niemals wieder Deutscher Meister wird, aber alle es hoffen –
Weil der Stuttgarter Weihnachtsmarkt zu den größten Europas gehört –
Weil die neue Bibliothek als Bücherknast beschimpft wird – Weil die
Weißenhofsiedlung von Kult-Architekten erschaffen wurde – Weil der
Cannstatter Wasen seine Existenz einem Vulkan zu verdanken hat –
Weil die Primaten-Babys der Wilhelma affengeil sind – Weil der Schloss-
platz einer der schönsten in Europa ist – Weil der Monte Scherbelino
einer der höchsten Punkte der Stadt ist

Weil Harald Schmidts freche Klappe zum Quotenhit wurde – Weil ein
Schwabe Hollywood erobert – Weil deutscher Hip-Hop schwäbische
Wurzeln hat – Weil der »Sommermärchen«-König schwäbisch spricht –
Weil Willy Reichert und Oscar Heiler Generationen von Schwaben zum
Lachen brachten – Weil der berühmteste Chorleiter der Welt von hier
kommt – Weil hier der Schmelztiegel klassischer Dichtkunst ist – Weil

Wolle Kriwanek und Schwoißfuaß Pioniere des Schwabenrock waren –
Weil »Die kleine Tierschau« mit nackten Tatsachen für Skandale sorgte –
Weil »Hallo Engel« und »Zu nah am Feuer« deutsche Popklassiker sind

Aufruhr versetzte – Weil einer der Gründer von Hollywood ein Schwabe war – Weil »Benoggl« das Lieblingsspiel des Schwaben ist – Weil der »Frauenarzt von Bischofsbrück« Radiogeschichte schrieb – Weil der älteste deutsche Freizeitpark ein schwäbischer ist – Weil Lutz Ackermann aus Schrott großartige Kunst macht

Weil Götz von Berlichingen so herrlich fluchen konnte – Weil die Wiege der Staufer im Schwäbischen liegt – Weil der erste grüne Ministerpräsident ein Schwabe ist – Weil der Schwabe ein rätselhaftes Wesen ist und es unzählige Arten von ihm gibt – Weil der Streit zwischen Sauschwoba und Gelbfüßler niemals enden wird – Weil schwäbische Lebensweisheiten schon seit Jahrhunderten gelten – Weil der Sohn des »Wüstenfuchses« immer gute Sprüche draufhatte – Weil die Ott-Pausersche Fabrik einen Blick in die Vergangenheit gewährt – Weil der erste Bundespräsident ein Schwabe war – Weil der Blutritt seit fast 500 Jahren stattfindet

Weil sich die älteste deutsche Sektkellerei in Esslingen befindet – Weil der erste Fernsehturm der Welt in Stuttgart steht – Weil die Schwaben das größte Bordell Europas haben sollen – Weil John Cranko Stuttgart und die ganze Welt zum Tanzen brachte – Weil in Ulm der höchste Kirchturm der Welt steht – Weil einer der berühmtesten Schnapsbrenner der Welt ein Schwabe ist – Weil die Filmakademie Baden-Württemberg an unzähligen Kinohits beteiligt ist – Weil sich hier rekordverdächtig viele Sterneköche tummeln – Weil die »TOP 1000X« eine der erfolgreichsten Radio-Hitparaden war – Weil hier die längste Menschenkette Deutschlands gebildet wurde

Mein allerherzlichster Dank gilt Claudia Rudolf,
ohne deren nimmermüde Unterstützung dieses Buch
nur schwerlich hätte realisiert werden können.
Ihre Begeisterung und ihr Engagement waren ansteckend,
ihre Recherchen und Ideen unverzichtbar.
Sie ist die gute Seele zwischen den Zeilen.

Vorwort ... oder:

Weil Schwaben chronisch unterschätzt werden und viel besser sind als ihr Ruf

Nein! Das Schwabenland hat mich lange überhaupt nicht interessiert. Obwohl ich am Fuße der Schwäbischen Alb geboren und aufgewachsen bin und nach wie vor hier lebe. Ich kümmerte mich wenig bis gar nicht um hiesige Bräuche und Traditionen. Den Dialekt ließ ich mir schon früh wegtrainieren – so gut das bei einem Schwaben eben geht –, um als Radiomoderator und -reporter beim SDR (heute SWR) arbeiten zu können. Als schließlich noch die Arbeit beim Fernsehen dazukam, interessierte mich die Ferne wesentlich mehr. Ich drehte Dokus in Dubai oder New York, in Venedig oder London, in Ungarn oder Tschechien, im Baltikum oder Kalifornien. Aber eigentlich nie in meiner Heimat.

Das änderte sich jedoch vor rund fünf Jahren, als ich den Auftrag bekam, Dokumentarfilme für eine neue Sendereihe zu drehen, in der unterschiedliche schwäbische Landschaften, Regionen, Städte mit ihren jeweiligen Machern, Promis und Bürgern vorgestellt werden sollten. Durch die Arbeit an dieser TV-Serie bekam ich eine völlig neue Sichtweise auf die eigene Heimat. Ich setzte mich erstmals ausgiebig, detailliert und bewusst mit dem Musterländle und meinen schwäbischen Wurzeln auseinander, recherchierte vor Ort, traf mich mit unzähligen Menschen und erfuhr eine Fülle faszinierender Geschichten und Anekdoten rund um Land und Leute. Mir wurde plötzlich klar, dass erstens die besten Geschichten vor der Haustür zu finden sind und zweitens meine Landsleute wesentlich mehr draufhaben, als ihnen der Rest der Republik so zutraut. Denn der Schwabe hat zwar die Kehrwoche, aber keinen guten Ruf.

Doch hinter den Vorurteilen, so wurde mir schnell klar, steckt purer Neid! Die Schwaben sind nämlich Menschen, die nicht viel reden, sondern machen und genau damit die Welt bewegen. Ich habe erstaunlich viele Erfolgsmenschen und Starunternehmer getroffen, die hier leben und arbeiten, aber gleichzeitig auf internationalem Parkett agieren. Von den meisten hatte ich vorher allerdings noch nie gehört. Einfach deshalb, weil sie lieber bescheiden im Hintergrund bleiben und sich auf ihre »G'schäftle« konzentrieren oder besser: ihre internationalen Deals. Das Schwabenland ist ein wahrer Tummelplatz genialer Tüftler und brillanter Erfinder, Dichter und Denker. Der schlechte Ruf rührt vielleicht auch daher, dass niemand weiß, was wir so alles draufhaben, und der Schwabe an sich eben auch nicht gern drüber redet. Vor allem nicht über den Erfolg. Er mag selbst ein wenig dran schuld sein, dass über ihn oft und gern gelacht und gelästert wird. Aber fair ist das nicht! Gespottet wird über den Dialekt, der zur Verniedlichung neigt, die scheinbar derben Essgewohnheiten und die sprichwörtliche Sparsamkeit sowieso.

Keine Frage: Es wird Zeit, mit diesen Vorurteilen aufzuräumen, zum Gegenangriff überzugehen und darüber zu reden, warum wir energiegeladen, lustig und absolut liebenswert sind. Die Schwaben sind echte Rekordbrecher! Sie haben die älteste Sektkellerei, den höchsten Kirchturm, die höchste Anzahl an Sterneköchen. Also: von wegen, hier kommen nur Maultaschen oder Linsen und Spätzle auf den Teller! Der Schwabe ist ein echter Gourmet! Außerdem haben wir Harald Schmidt, Roland Emmerich und Jürgen Klinsmann zu bieten. Traumhaft schöne Landschaften, Schlösser und Burgen.

Ja, sprechen wir es doch aus: Ohne Schwaben wäre die Menschheit arm dran. Wir könnten nicht Auto fahren, nicht einmal mit Modelleisenbahnen spielen. Es gäbe keinen Zwerg Nase, keinen deutschen Hip-Hop, schon gar keinen Hafer- und Bananen-Blues. Bei uns befindet sich die Wiege der Staufer, der Geburtsort von Albert Einstein, selbst mit einem Bud-Spencer-Schwimmbad können wir auftrumpfen. Wer kann denn da bitte schön mithalten?

Tatsächlich war die größte Herausforderung bei der Entstehung dieses Buch, nicht etwa meine eher maulfaulen Artgenossen zum Sprechen zu bringen, sondern die vielen, vielen Gründe, Schwaben zu lieben, auf 111 zu reduzieren!

Ich hoffe, dass Sie nach der Lektüre den Schwaben und sein Ländle mit etwas anderen Augen betrachten. Vielleicht wünschen Sie sich sogar, selbst einer zu sein! Ich würde mich freuen.

Jo Müller

Schwäbische Tugenden und Eigenheiten

Weil die Kehrwoche seit 300 Jahren
zu den Grundpflichten gehört

Das Schild wandert von Woche zu Woche durch das Mehrfamilienhaus. Nicht nach den Regeln einer Lotterie, sondern nach einem exakten Plan. Hängt es dann neben der eigenen Tür, weiß man, dass es einen diesmal wieder erwischt hat. Egal wie lustig und schrill das Schild auch immer verziert oder bemalt sein mag, ob mit Äffle und Pferdle, mit einem abgebildeten Reisigbesen oder Kutterschaufel und Eimer, es besagt unmissverständlich: KEHRWOCHE. Und damit ist im Schwabenland nicht zu spaßen. Was da neben der Tür hängt, ist die schildgewordene Version eines militärischen Befehls! Der kann manchmal lauten: »Kleine Kehrwoche«, was bedeutet, dass der Putzende den Flurbereich vor seiner Wohnungstür sowie den Treppenabschnitt, der zum nächsten Stockwerk hinunterführt, reinigen muss. Es kann aber auch die »Große Kehrwoche« sein, die es zu verrichten gilt. Bei ihr müssen zusätzlich noch Flur und Kellertreppe, Hauseingang, Gemeinschaftsräume und Gehwege gereinigt werden. Für manchen ist das »Große Kehrwoche«-Schild ein Äquivalent zur berühmt-berüchtigten »Arschkarte« – besonders im Winter, wenn auch noch Schnee geschippt werden muss. Aber es hilft nichts: Jeder muss mal ran. Sonst türmen sich Staub, Dreck und Müll im und vor dem Haus. Wenn niemand verantwortlich ist, wird auch nicht geputzt. Und wenn man ehrlich ist: Da ist ja auch was dran. Es dürfte auch der Grund gewesen sein, warum die Kehrwoche vor langer Zeit überhaupt erst eingeführt wurde.

Offiziell feierte sie 2014 ihren 300. Geburtstag. 1714 erließ Herzog Eberhard Ludwig von Württemberg seine »Gassensäuberungsordnung«. Vermutlich weil ihm der Schweinestall auf den Straßen zu viel wurde und er das Putzverhalten des Durchschnittsschwaben verändern wollte. Der Herzog meinte zu beobachten, dass »gar solch nützliche Verordnungen nun bei geraumen Jahren her aus den Augen gesetzt« waren. Deshalb erließ er das damals erste eigenständige Gesetz zur Sauberkeit, das sieben Seiten umfasste. Aber schon vor ihm war die Obrigkeit durchaus willens, eine gewisse Sauberkeit im häuslichen Bereich festzuschreiben. Bereits im Stuttgarter Stadtrecht von 1492 befiehlt Graf Eberhard im Barte: »Damit die Stadt rein erhalten wird, soll jeder seinen Mist alle Wochen hinausführen, (…) jeder seinen Winkel alle vierzehn Tage, doch nur bei Nacht, sauber ausräumen lassen und an der Straße nie einen anlegen. Wer kein eigenes Sprechhaus (WC) hat, muss den Unrath jede Nacht an den Bach tragen.« Es gibt sogar Gerüchte, dass die Schwaben sich ihre Kehrwoche eventuell sogar bei den Franzosen abgeguckt hätten. Denn: In der Zeit, als Napoleon regierte, wurden unzählige Bestimmungen zur Reinhaltung von Häusern und Straßen erlassen. Diese Regularien wurden auch in den angegliederten Gebieten angewendet – wie zum Beispiel Baden. Vielleicht, so eben die Vermutung, haben sich die Schwaben das dort abgeschaut.

Eines immerhin ist sicher: Die Kehrwoche besitzt noch immer Gültigkeit. Ohne Wenn und Aber. In Mietverträgen ist sie fester Bestandteil. Zu ihrer ordentlichen Durchführung benötigt der Putzende: Kutterschaufel, Besen, Eimer und Putzlumpen. Vielleicht bindet er sich auch noch eine schicke Schürze um. Das signalisiert den anderen Hausbewohnern: Kehrwochen-Dienst in der Durchführung. Und wenn man dabei ist, die Kehrwoche zu machen, dann bitte möglichst geräuschintensiv. Je mehr die Nachbarn mitkriegen, desto besser. Sie müssen den Eindruck gewinnen, dass hier mit Herzblut gekehrt, gewischt und geputzt wird.

Es ist nun aber wahrlich nicht so, dass wirklich alle Schwaben die Kehrwoche hassen, für manche ist es eine sinnvolle Tradition. Erstens hält es fit, zweitens verhindert ein sauberer Gehweg, dass jemand auf Laub oder Schnee ausrutscht und den Nicht-Putzer vor Gericht zerrt. Der im Schwäbischen lebende Autor Peter Berling scheint regelrecht begeistert von der Kehrwoche, weil sie eine demokratische Praxis vorführe. »Der Schmutz aller wird nicht einem aufgeladen, sondern ein jeder kehrt ihn für einen jeden fort.«

Wie sehr die Kehrwoche im schwäbischen Geist verankert ist, zeigte sich 1988, als der damalige Stuttgarter Oberbürgermeister Manfred Rommel entschied, die Kehrwoche für öffentliche Straßen und Gehwege abzuschaffen. Zuvor musste jeder, der diese nicht ordentlich gemacht hatte, mit einem Ordnungsgeld zwischen fünf und 1.000 Mark rechnen. Wer jetzt glaubt, die Stuttgarter wären begeistert gewesen, irrt. Ein Sturm der Entrüstung brach los. Doch das konnte den weltgewandten und klugen Rommel nicht aus der Fassung bringen. Er stellte beschwichtigend fest: »Wir können die Kehrwoche ja wieder einführen, wenn Stuttgart zu schmutzig wird.« Sein Nachfolger Wolfgang Schuster sorgte zwei Jahre später mit der Kampagne »Letz putz« für Aufsehen. Unzählige Stuttgarter bewaffneten sich mit Besen und Eimer und sorgten dafür, dass die Stadt blitzblank wurde. Absolut freiwillig!

Eine andere äußerst witzige Art, mit dem Kehrwochen-Brauch umzugehen, haben sich erst kürzlich zwei Künstler in Stuttgart ausgedacht. Die Oberbayerin Susanne Kudielka und der Brite Kaspar Wimberley veranstalten Stadtführungen auf die etwas andere Art. Unter dem Motto »We will kehr for you« bieten sie für interessierte Touristen an, sich die Landeshauptstadt quasi aus der Kehrwochen-Perspektive anzusehen. Die Teilnehmer werden mit Besen, Kehrschaufel und Eimer ausgerüstet und übernehmen dann für einen Einheimischen den Kehrwochendienst. Wenn sie ihn ordentlich ausgeführt haben, gibt's dafür von den so Beschenkten Kaffee, Kuchen und einen netten Plausch. Schwäbische Sauberkeitsregeln im Intensiv-Kurs! Subber Sach'! Zumal die Besucher des Schwabenlandes auf diese Weise direkten und hautnahen Kontakt mit der Urbevölkerung bekommen und sich so ein ganz eigenes Bild vom Musterländle machen können.

Meine eigenen Erfahrungen mit der Kehrwoche sind im Übrigen zwiespältiger Natur. Wer ein eigenes Häusle besitzt, für den ist alles recht entspannt. Da gibt es zwar mal kritische Blicke der Nachbarn, wenn zu viel Laub rumliegt und durch die Gegend geweht wird. Aber mehr als das passiert eigentlich nicht. Man kann trotzdem ein nettes Schwätzle mit dem Mann oder der Frau von nebenan halten. Häuslebesitzer scheinen in Sachen Kehrwoche cooler. Zumindest die in meiner Nachbarschaft. Andererseits habe ich von Bekannten aus dem Nachbarort gehört, dass es bei ihnen sogar schon zu anonymen Anzeigen auf dem Ordnungsamt gekommen sein soll, weil jemand die Kehrwoche nicht gemacht hat. Am härtesten trifft es freilich diejenigen, die in einem schwäbischen Mehrfamilienhaus leben. Da ist die Kehrwoche regelmäßig Diskussions- und Streitpunkt. Ich habe tatsächlich früher beim samstäglichen Putzen der Treppe sehr wohl bemerkt, dass jemand direkt hinter der gegenüberliegenden Wohnungstür stand und mich und jede Bewegung meines Besens durch den Türspion genau beobachtete. Es war allerdings kein Schwabe, sondern ein »Neigschmeckter« aus den neuen Bundesländern, der am lautesten und heftigsten für die absolut korrekte Einhaltung der Kehrwoche eintrat. Verrückte Welt! Und ich möchte mich gar nicht mehr an jenen Abend erinnern, als Freunde von mir aus Berlin zu Gast waren. Zu viel des Weines intus, hielten sie es für einen echten Spaß, das Kehrwochenschild von einer Tür wegzunehmen und an eine andere zu hängen. Nach diesem Vorfall, an dem ich ja nur indirekt beteiligt war, habe ich am eigenen Leib gespürt, dass die Kehrwoche tatsächlich für weinselige Späße wenig geeignet ist. Gefühlt hätte mich da der eine oder andere Nachbar am liebsten lebenslänglich nach Stuttgart-Stammheim in den Hochsicherheitstrakt verfrachtet. Ohne Aussicht auf vorzeitige Begnadigung.

Weil hier das 1. Gebot lautet:
»Schaffen, sparen, Häusle bauen«

»Schaffe, schaffe, Häusle baue; und net nach de Mädle schaue. Und wenn unser Häusle steht, dann gibts noch lang kei Ruh; ja, da spare mir, da spare mir für e Geißbock und e Kuh«. Was hat uns Willy Seiler mit dieser Schlager-Schmonzette bloß eingebrockt! Egal, in welchem Teil der Republik ich mich auch aufhalte, ob in Hamburg, Frankfurt oder Berlin, diesen ätzend-biederen Song kennt jeder und speist fröhlich daraus Schwaben-Klischees und -Vorurteile. Dabei zeigen doch die Fakten ganz klar, dass es in Baden-Württemberg nicht mehr Häuslebauer gibt als anderswo. In Niedersachsen beispielsweise werden mehr Ein- und Zweifamilienhäuser gebaut als bei uns. Gleiches soll auch für Saarländer und Rheinland-Pfälzer gelten. Okay, in Sachen Bausparverträge sieht es anders aus, da soll jeder fünfte von uns stammen. Heißt: Gespart wird im Schwäbischen auf das Häusle, aber ob es dann auch gebaut wird, ist die Frage. Das musste jetzt einfach mal klargestellt werden!

Auch wenn ich zugeben muss, dass, obwohl die Zahlen etwas anderes besagen, auf gefühlter Ebene die Klischees dieses saublöden Schwabenliedes tatsächlich gelebt zu werden scheinen. Jeder spricht hier in irgendeiner Weise vom Häuslebauen – schon in der Schule! Auch meine eigene Erfahrungsrealität entspricht ganz diesem Klischee. Für meine Eltern war es damals Anfang der 1970er-Jahre das Wichtigste, ein eigenes kleines Häusle für sich und die Kinder zu bauen. Die nicht wirklich netten Erlebnisse mit verdrießlichen oder neugierigen, tyrannischen oder geldgierigen Vermietern hatten sie dazu gebracht. Sie wollten ein eigenes Heim und dort alles selbst bestimmen. Erst vor Kurzem hat mir das ein schwäbischer Unternehmer im Interview erklärt, dass der Schwabe an sich nicht, wie die Leute in Hollywood, danach strebt, eine möglichst protzige

Traumvilla zu bauen, er bleibt auch bei seinem Häuslewunsch bescheiden. Ein kleines, unauffälliges Reihenhaus mit einem kleinen »Gärtle« genügt. Genau ein solches bauten damals meine Eltern, sparten sich das Ganze vom Mund ab, schufteten nicht nur in ihrem Job, sondern abends und am Wochenende zusätzlich auf dem Bau. Und das ein ganzes Jahr lang. Denn natürlich wurde vieles in Eigenleistung gemacht, sonst hätten sie es sich nicht leisten können. Wir Kinder wurden ebenfalls eingespannt, was meine Eltern aber nicht viel Überzeugungskraft gekostet hat, denn die Aussicht, ein eigenes Zimmer zu bekommen, war geradezu paradiesisch.

So wird man als Schwabe eben sozialisiert: Man lernt schon früh, dass einem erstens im Leben nichts geschenkt und zweitens Tüchtigkeit belohnt wird. Im Grunde ja nicht die schlechteste aller Wertvorstellungen. Die Schweizer sind berühmt für ihre Uhren, die Bayern für ihr Bier, die Italiener für ihre Liebeskunst, wir für unseren sprichwörtlichen Fleiß. Nicht umsonst hieß hier eine berühmte Handwerksmesse »Schwäbischer Fleiß«.

Geprägt wurde die legendäre Tüchtigkeit sicher auch durch den schwäbischen Pietismus, der Pünktlichkeit, Ehrlichkeit und Fleiß predigte. Berühmt sind vor allem die Schriften des ersten Birkacher Pfarrers Friedrich Wilhelm Kohler, der 1794 die erste Industrieschule Württembergs gründete, mit deren Hilfe es ihm gelang, Kinder aus armen Verhältnissen neben dem Schulunterricht an den Broterwerb zu gewöhnen. Kohler verfasste dafür Schriften, in denen er bestimmte Regeln formulierte und seine Wertvorstellungen erklärte. »§ 1: Der Mensch ist zur Arbeit erschaffen. § 2: Arbeit ist ein großer Segen für die Menschen. Regelmäßige Arbeit stärkt unsere Gesundheit, weckt und vermehrt Kräfte des Leibes und der Seele, ordnet unsere Gedanken und Begierden, macht heitere und frohe Menschen.« Keine Frage, Kohler war überzeugt, dass auch im Himmel geschuftet werden muss! Wo auch immer die Urlust des Schwaben am Arbeiten und seine Aversion gegen das Faulenzen herkommen: Er braucht sich dafür ganz bestimmt nicht zu schämen. Mit seinen Tugenden – Fleiß, Zuverlässigkeit, Gründlichkeit und Bescheidenheit – hat er es international weit gebracht. Er ist damit nämlich so was wie der »volkswirtschaftliche Idealtyp«. Da könnten sich die Berliner ruhig eine Schrippen-Scheibe abschneiden. Im Musterländle wäre der Flughäfen längst gebaut!

Weil Schwaben alles können – außer Hochdeutsch

Es ist schon fatal. Ich sitze in einem kleinen Shuttle-Bus, der uns von London in die nahe gelegenen Leavesden-Studios bringt. Dort bereitet George Lucas gerade seinen neuen *Star Wars*-Film, »Episode 1«, vor. Einer Handvoll Journalisten gewährt der Jedi-Meister am Set seines Science-Fiction-Spektakels Interviews. Ich sitze in aufgeregter Erwartung in dem kleinen Bus und unterhalte mich mit Martin, dem Londoner Pressebetreuer der 20th Century Fox. Natürlich auf Englisch. Das geht so eine ganze Weile, als er mich plötzlich etwas merkwürdig anguckt und meint: »Bisch du au aus em Schwäbische?« Ich bin erst mal sprachlos, dass er das erkannt hat, obwohl wir uns doch auf Englisch unterhalten haben. Aber der Schwabe kann sich eben nirgends auf der Welt verstecken, er wird immer als solcher erkannt. Vor allem von seinesgleichen. Wie sich herausstellte, sind der Pressebetreuer der Fox und ich nur wenige Kilometer voneinander aufgewachsen. Es war Ende der 1990er-Jahre, als wir uns begegnet sind, inzwischen arbeitet Martin bei der Fox in Los Angeles, Freunde sind wir noch immer. Denn, das muss man uns Schwaben lassen, auch wenn wir manchmal ein wenig spröde, mürrisch und unzugänglich wirken, wenn wir uns mal geöffnet haben, sind wir treue Seelen und pflegen Freundschaften über viele Jahre. Und wir mögen durchaus auch unsere Muttersprache: selbst wenn sie auf Außenstehende befremdlich wirken mag.

Sobald wir unter uns sind, lieben wir diesen schrägen, kraftvollen, lautmalerischen, verschwurbelten Dialekt. Weshalb ich mich mit Martin, egal wo wir uns gerade auf der Welt begegnen, nicht auf Englisch oder Hochdeutsch, sondern auf gut Schwäbisch unterhalte. Das macht schlicht und einfach Spaß.

Als ich begann, als Reporter und Moderator fürs Radio zu arbeiten, musste ich mir freilich den Dialekt wegtrainieren, so gut es eben ging. Meine Sprachlehrerin gab sich da alle Mühe und ließ mich, den tendenziell maulfaulen Schwaben, Zungenbrecher zum Besten geben: »Blaukraut bleibt Blaukraut und Brautkleid bleibt Brautkleid.« Oder, noch fieser: »Der Cottbuser Postkutscher putzt den Cottbuser Postkutschkasten.« Das sollte das schwäbische Sprechwerkzeug etwas geschmeidiger machen. Und es hat auch irgendwie funktioniert. Aber stellen Sie sich mal vor, Sie wachsen in einem ganz normalen schwäbischen Haushalt auf, sitzen mit den Eltern am Tisch und Sie fragen den Vater plötzlich nicht mehr, ob er mal die »Wurscht« reichen könnte, sondern Sie sprechen von »Wurst«. Oder Sie wollen anstatt »Kähhhhhs« einen »Käse«, mit weichem »s« ausgesprochen. »Marmelade« statt »Gsälz« oder, noch schlimmer: Sie sprechen von der Frau, »die mir das alles beibringt«. Und nicht von der Frau, »die wo mir das alles beibringt«. Ein Alien, das auf dieser Welt landet, würde wahrscheinlich weniger argwöhnische Blicke ernten. Der »Schdil« wird »Stil« ausgesprochen, es wird »geredet« und nicht »gschwätzt«, der »Moscht« wird zum »Most« – da prallen Welten aufeinander. Ich habe es trotzdem durchgezogen, gestehe aber, dass ich mich nicht getraut habe, den Genitiv zu benutzen. Nein, so weit ging mein Mut nicht. Hätte ich das gewagt, wäre ich bestimmt des Hauses verwiesen worden.

Im sprechtechnischen Unterricht habe ich gelernt, was wir Schwaben sprachlich tun, was man eigentlich nicht tun sollte – zumindest in der hochdeutschen Sprache. Zuerst natürlich sprechen wir oft harte Konsonanten weich aus. Heißt, aus »t« wird »d«, aus »p« wird »b«, aus »k« wird »g«. Aus »Teich« wird »Deich«, aus »Papa«

wird »Baba«, aus »Kragen« wird »Graga«. Ein Problem gibt es auch mit dem Unterschied zwischen dem weichen und dem scharfen »s«. Da macht der Schwabe es sich einfach und spricht es bevorzugt scharf aus. Weshalb ich die sprechtechnische Übung: »süße säuselt die Sonne« viele Hundert Male trainieren musste. Probleme hat der hiesige Bewohner gleichermaßen, wenn er es mit einem geschlossenen »e« zu tun hat. Aus diesem macht der Schwabe gerne ein »ä«. Aus »Leben« wird so »Läba«, aus »Seele« wird »Säälä«, »Regen« verwandelt sich in »Räga«. Außerdem wird »st« oder »sp« grundsätzlich zu »scht« oder »schp«. »Spätzle« wird natürlich »Schpätzla« ausgesprochen, »Star« verwandelt sich in »Schtar«, »ist« wird zu »ischt«. Das sind nur ein paar wenige Beispiele dafür, die für sich allein schon ausreichen dürften, darzulegen, warum der Schwabe eben alles kann außer Hochdeutsch. Denn wenn er das versucht, was wir nicht selten im Fernsehen erleben, wenn schwäbische Wirtschaftsbosse – oder noch besser: schwäbische Politiker – es trotzdem ausprobieren. Es entspricht im besten Falle dem, was man als Honoratioren- oder Großstadtschwäbisch bezeichnet. Hochtrabende Worte mit breitem schwäbischen Einschlag ausgesprochen, so als ob der Sprecher des Hochdeutschen mächtig wäre, es aber nicht ist. Das klappt einfach nur in den allerseltensten Fällen. Vor allem, weil viele der urschwäbischen Honoratioren es auch nicht kapiert haben, dass man im Hochdeutschen die Endsilben eben NICHT betont. Diese werden aber von Schwaben, die das Unmögliche möglich machen und Sätze in astreinem Hochdeutsch von sich geben wollen, so stark und so falsch betont, dass sie sich nicht nur überall als Schwaben outen, sondern auch die Lacher garantiert auf ihrer Seite haben.

5. GRUND

Weil hier jeden Samstag der Rasen gemäht und das Auto geputzt wird

Samstagmorgen. Ausschlafen? Sektfrühstück? Im Schwäbischen unvorstellbar. Denn da muss man sich erst mal um das »Heilig's Blechle« kümmern. Das was für Gollum in *Der Herr der Ringe* sein »Schatz«, ist für den Schwaben mitnichten sein »Schätzle«, seine Frau, sondern sein Auto. Das muss gehegt und gepflegt werden. Regelmäßig. Liebevoll. Penibel. Schließlich: Das Auto ist und bleibt auch Statussymbol und zeigt, wie weit man es gebracht hat. Allerdings sollte man es da auf keinen Fall übertreiben: Ein Daimler darf es sein, ein Porsche eher nicht, den versteckt man lieber in der Garage und fährt ihn raus, wenn niemand es sieht. Sonst kippt die Stimmung der Nachbarn und aus Respekt wird Neid. Das geht im Schwäbischen schnell und kann sehr bitter werden. Und weil von Montag bis Freitag eben keine Zeit ist, um sich um das »Kärrele« zu kümmern, muss man am Samstag ran. Dabei versucht der echte Schwabe, obwohl es um sein Liebstes geht, auch hier die Kosten neutral zu halten. Heißt: Die Autowäsche soll am besten nix kosten. Aus diesem Grund wird das Gefährt vor der eigenen Haustür geputzt und poliert, dass es nur so eine Freude ist. Das kollektive samstägliche Autowaschen vor dem Haus kam in den 1970ern und 1980ern einem bizarren religiösen Ritual gleich. Inzwischen gab es freilich einige Gesetzesänderungen in Sachen Grundwasserschutz, weshalb die meisten Schwaben inzwischen – murrend und emsig Preise vergleichend – in die Waschanlage fahren. Nur noch selten sehe ich heutzutage schäumendes Wasser den steilen Weg neben meinem Haus herunterfließen – selbst der Zeitgenosse etwas oberhalb von mir scheint es jetzt endlich begriffen zu haben.

Also: Der Samstagmorgen ist gelaufen. Inzwischen ist Nachmittag. Das Wetter ist wunderschön. Blauer Himmel. Sommerliche

Temperaturen. Urlaubsstimmung. Ich schnappe mir eine Sonnen-
liege, platziere sie im Schatten und freue mich darauf, eine Runde
zu fläzen. Gerade bin ich am wohligen Eindösen, da schnelle ich
zu Tode erschrocken hoch. Es dröhnt und heult und röhrt, noch
etwas benebelt sind die Sinne, weshalb ich an eine Panzerdivision
denke, die mit ihren Fahrzeugen über die Dorfstraße donnert.
Aber dann wird mir klar: Der Nachbar links neben mir hat seinen
Rasenmäher angeworfen. Selbstverständlich keinen elektrischen,
der wäre ja viel zu leise, sondern einen mit Dieselmotor. Einen uralten, der scheppert, als würde er jeden Moment explodieren. Ich
frage mich, warum mein Nebenmann nicht wie ich die meditative
Ausstrahlungskraft eines japanischen Steingartens bevorzugt. Und
in diesem Moment keimt Hoffnung in mir auf: Das kann ja alles
gar nicht lange dauern, schließlich ist der Rasen seines Grundstücks
gerade so groß wie ein Kingsize-Bett. Tatsächlich ist der ganze Spuk
nach knapp 20 Minuten beendet. Und ich lasse mich wieder auf die
Liege plumpsen. Noch mal Glück gehabt. Entspannt döse ich vor
mich hin – bis ich erneut hochschnelle. Diesmal glaube ich, von
einer Fliegerstaffel geweckt worden zu sein. Doch es ist nur der
Anrainer rechts neben mir, der seinen Rasenmäher aus der Garage
geholt und angeworfen hat.

Aus völlig unerklärlichen Gründen ist es samstagnachmittags
völlig unmöglich, im Schwäbischen zu entspannen. Das kann ja
wohl auch nicht sein, dass sich da einer noch am helllichten Tag auf
die faule Haut legt und »romschlambert«. Im Schwabenland wird
»gschafft«. Und zwar auch am Samstag. Vermutlich deshalb ist es
auch so, dass der samstägliche Rasenmäher-Wahnsinn sich über
viele Stunden hinzieht, bis in den Abend hinein. Denn erstens muss
natürlich Gartenarbeit verrichtet werden und zweitens müssen es
alle anderen drumherum mitkriegen, wie »schaffig« man ist. Darum wird nicht gleichzeitig, sondern schön nacheinander gemäht.
Die Rasenbesitzer scheinen alle einem übergeordneten Einsatzplan
zu folgen und auf ein geheimes Signal zu warten, um mit den Mäh-

arbeiten zu beginnen. Vorstellbar wäre für mich sogar, dass sie alle nach dem Mittagessen mit ihrem Rasenmäher wie durchgeknallte Navy Seals bereitstehen, den Handstarter fest umklammert. Und jeder wartet darauf, dass der andere fertig ist, und versucht, sobald das nachbarliche Getöse verstummt, ganz schnell den eigenen Mäher anzulassen, um der Nächste sein zu dürfen. Jeder von ihnen strebt eben nach seinen 15 oder 30 Minuten Ruhm. Manche von ihnen müssen sogar noch weiterziehen mit ihrem Mäher, zu ihrem »Gütle«, ihrem Gartengrundstück irgendwo in der Nähe. Die »Gütle« zählen zu den Lieblingsaufenthaltsorten des Schwaben, weil es sich dort von den Alltagssorgen entkommen lässt. Aber natürlich nicht durch Entspannen oder Relaxen. Nein! Der Ärger über den Chef wird weggemäht, -geschnitten oder -gehackt. Weil nun samstags überall im Musterländle geschafft wird und die strebsamen Schwaben wild herumwuseln – in den Schrebergärten, auf dem »Gütle« oder den heimischen Grundstücken –, ist es auch nicht angeraten, mittags entspannt irgendwo spazieren zu gehen, das Wetter, das Leben oder sonst was zu genießen. Wer das Wagnis trotzdem eingeht, erntet im besten Falle irritierte, im schlechtesten böse Blicke, die eindeutig das ausdrücken, was gedacht wird: »Hat der denn nix zu schaffa.«

Glücklicherweise wird ja nicht das ganze Jahr über »das Wiesle gmäht«, aber das Getöse geht bis in den Spätherbst hinein. Dort werden dann die mähenden Höllenmaschinen repariert und winterfest gemacht. Auch da gilt beim Schwaben: »Selbst ist der Mann«, denn der Kundendienst in der Werkstatt »koschded« und »isch eh a Murks«. Immerhin blicke ich mit zarter Hoffnung in die Zukunft, habe ich doch erst vor Kurzem in einem schwäbischen Vorgarten, nicht weit von mir, einen Rasenmäh-Roboter entdeckt, der leise schnurrend seine Bahnen zog.

Weil es hier heißt: »Ned gschumpfen isch globt gnug«

Also: Die Filmpremiere war ein Hit. Gäste aus der ganzen Republik sind angereist. Das Publikum applaudiert frenetisch. Sie klopfen dir auf die Schultern, sie sagen dir, dass das Ganze »super«, »fantastisch«, »der Hammer«, »ein Hit« war. Leicht trunken vom vielen Lob stehst du da, als deine Eltern, die auch Premierengäste sind, sich dir nähern. Die Mutter, aus Brünn stammend und damals nach dem Krieg vertrieben, umarmt dich, hat Tränen in den Augen. Sie stimmt in die Herzlichkeit des Abends ein. Und dann drehst du dich zu deinem Vater, einem Urschwaben aus einem Kaff namens Weilheim, und fragst ihn, wie er denn deinen Film fand. Nach kurzem Zögern brummelt er: »Ned schlecht.« Und wenn er das sagt, dann weißt du, dass es dir wirklich gelungen ist, ganz großes Kino zu machen. Denn »ned schlecht« – das ist im Schwäbischen ein absoluter Ritterschlag. Das verbale Äquivalent zum Oscar. Wenn eine Frau »ned schlecht« aussieht, würde sie anderswo mit Sicherheit als »Granate« bezeichnet werden. Wenn ein Unternehmer davon spricht, dass die Geschäfte »ned schlecht« laufen, dann weiß man, dass es bei ihm rekordverdächtig brummt. Weshalb es sich auch nicht empfiehlt, eine Schwäbin zu fragen, wie die gemeinsame Liebesnacht war. Im allerbesten Falle kann die Antwort »ned schlecht« lauten. Vielleicht wird von der Gefragten auch eine Gegenfrage formuliert, dann nämlich, wenn sie Interesse an dem Mann hat: »Khörat die Möbel alle dir?«

»Ned gschumpfen isch globt gnug«: Dieser Spruch trifft tatsächlich im Kern das Wesen des Schwaben. Denn: im Tadeln, Schimpfen, Meckern und Toben zeigt er sich als wahrer Sprachakrobat, astreiner Poet und verbaler Genius, aber mit dem Lob hat er es nicht so. Da fremdelt er und wird noch maulfauler, als er eh schon ist. Zu Begeisterungsstürmen lässt sich der Schwabe nicht hinreißen.

Immer bodenständig, bescheiden bleiben, lautet die Devise: Nicht über die Stränge schlagen! Und wenn der Normalzustand eben ist, dass immer und überall »gebruddelt« und »geschumpfen« wird, dann kommt es dem Zustand der Ekstase gleich, wenn jemand »Ha, jo scho recht« auf die Frage antwortet, wie denn die Party gestern Abend war oder die neue Freundin ist. »Des isch scho a Rechter«, damit meint der Schwabe nicht, dass jemand eine »rechte« Gesinnung hat, sondern, dass einer ein »Pfundskerl« ist. Wenn der schwäbische Vater die Schwiegertochter toll findet und im Familienkreis akzeptiert, meint er zu seinen Stammtischfreunden: »Des isch a schaffige«, heißt, die arbeitet, die schafft was. Ein größeres Lob kann eine Schwiegertochter im Musterländle kaum bekommen. Und wenn ein Mann zu einer Frau sagt: »I ka de guad leida«, dann ist das eine der feurigsten Liebeserklärungen, zu denen der Schwabe in der Lage ist. »Meega« bedeutet weniger »mögen« als vielmehr heiß und innig »lieben«. Der Schwabe weiß eben weder Begeisterung noch Freude richtig auszudrücken, selbst wenn sein Innerstes in Flammen steht. Auch ist der Schwabe grundsätzlich nur partiell wirklich bereit, sich zu freuen, denn alles hat ja zwei Seiten. Zum Beispiel auch wenn sich Besuch ankündigt, selbst wenn es sich um die liebsten Freunde der Welt handelt. Denn als Hintergedanke kommt da natürlich zum Tragen, dass man zwar Spaß haben wird, aber auch was auftischen muss, eben Essen und Trinken. Das »koschded« und deshalb gilt der Wahlspruch: »A Bsuach sen andrdhalb Fraida – a halba, wennr kommd, ond a ganza, wennr wiedr god.« Die halbe Freude gehört dem Besuch, wenn er kommt, die ganze, wenn er wieder geht. Weshalb die Sonntagseinladung der Schwaben im Prinzip auch lautet: »Kommet glei noch em Kaffee, dass r zom Vespra wiedr drhoim sei kennat.« Frei übersetzt: »Bleibt doch gleich zu Hause.«

Weil der Schwabe trotz »Gebruddel«
das Herz am rechten Fleck hat

Ich besuche mal wieder meine Eltern und sitze mit ihnen in der kleinen, wie gewohnt viel zu dunklen und viel zu kalten Bauernstube. Der Frühstückstisch ist gedeckt, es dampft aus den Tassen, Kaffeeduft erfüllt den Raum. Meine Mutter und mein Vater sitzen sich gegenüber, ich sitze zwischen ihnen. Die pure Idylle, so als hätte der legendäre US-Illustrator Norman Rockwell dieses Tableau ersonnen. Anstatt eines traditionellen amerikanischen Truthahnessens an Thanksgiving eben ein ganz normales Frühstück im Schwabenland. Jetzt würde eigentlich nur noch Doris Day fehlen, die *Que Sera, Sera* trällert. Die aber würde mit Sicherheit übertönt durch das laute »Gebruddel« meiner Mutter, das sich gegen meinen Vater richtet: »Kannschd du di denn ned benemme.« Womit sie beklagt, dass er mal wieder zu essen angefangen hat, bevor die anderen am Tisch sitzen, und das ihr Höflichkeitsempfinden stört. Woraufhin mein Vater, während er gerade zwei Tonnen Wurst kaut, »Hald doch dei Raffel« murmelt und sich vergeblich aus der Patsche zu ziehen versucht. Danach wird über die unzähligen Engelsfiguren, die jeden Quadratmillimeter der Bauernstube ausfüllen, disputiert. Meine Mutter sammelt sie mit nicht nachlassender Leidenschaft, während mein Vater sie mit ebensolcher Hingabe verachtet.

Die »Gsälzbrote« werden geschmiert, die »Landjäger« vertilgt und dabei über alles gestritten, was der Alltag und die Stadt, Gott und die Welt zu bieten haben. Die Mutter will verreisen, der Vater hat null Komma null Lust dazu. Er will im Fernsehen einen Boxkampf gucken, sie Florian Silbereisen. Sie hält es für dringend notwendig, dass er sich neue Schuhe kauft, er lehnt das ab. Und so geht das weiter, ohne die kleinste Verschnaufpause und selbst bei vollem Mund: Es wird unaufhörlich gestritten und gemeckert. Als ich den beiden dann erkläre, ich fände ein Frühstück auch ohne dieses ewige Ehegemecker ganz schön, starren sie mich beide absolut synchron völlig erstaunt an, so als sei ich der Bewohner einer fernen Galaxie, der gerade auf der schwäbischen Erde gelandet ist. »Mir schdreided doch gar ned«, erklärt mir mein Vater. Und meine Mutter gibt ihm ohne zu zögern recht: »Mir schwätzed doch ganz normal miteinander.« Nach all den Jahren glaube ich den beiden inzwischen. Das »Bruddeln« und »Brägeln« gehört zur schwäbischen Seele, wie die Linsen zu den Spätzle. Das alltägliche Meckern ist so sehr in den Genen der Schwaben verankert, dass sie es selbst schon gar nicht mehr merken. Es scheint beinahe wie ein Lebenselixier. Wobei die Unterscheidung zwischen »bruddeln« und »schimpfen« ganz wichtig und von allergrößter Bedeutung ist. Vielleicht könnte man sagen, dass das »Bruddeln« der kleine Bruder des »Schimpfens« ist, aber so richtig trifft das nicht den Punkt. Denn es steckt im täglichen »Gebruddel« auch ein gewisser Charme, eine Nettigkeit, die überhaupt nichts mit einem Zornesausbruch zu tun hat, der mit lauten Schimpftiraden endet. Gebruddelt wird den ganzen Tag. Über das falsch herum geparkte Auto der neuen Nachbarin. Das Geschrei der Kinder auf dem Spielplatz. Den Metzger, der erneut die Preise erhöht hat. Den miesen *Tatort* am gestrigen Abend. Den Apotheker nebenan, der schon wieder nach Mitternacht lautstark seine Garage aufgeräumt hat. Eine endlose Litanei.

Gebruddelt wird meist mit nur ganz leicht, millimeterweit geöffnetem Mund. Es gibt auch ein »vor sich na bruddle«, die introvertierte, fast lautlose Form des »Bruddelns«. Damit drückt der Schwabe auch irgendwie sein melancholisches, nihilistisches Wesen aus. Er will seine Umwelt merken lassen, dass ihm etwas nicht passt, aber auch nicht so weit gehen, zu erklären, was genau ihm nicht passt. Diskussionen werden bei dieser »Bruddel«-light-Version tunlichst vermieden. Denn in einer solchen Stimmung spielt auch Selbstmitleid eine große Rolle, und wenn der Schwabe darin badet, will er keinesfalls gestört werden, sondern die miese Stimmung genießen. Aufmuntern ist da strengstens untersagt. Die Beendigung dieses Zustands, in dem der Schwabe mit Gott, der Welt und sich selbst nicht einig ist, wird häufig eingeleitet mit: »Ha, isch doch aber au wahr, od'r?« Was versöhnlich gemeint ist und doch gleichzeitig auch fatalistischer Ausdruck für die unantastbare Macht des Schicksals, die Grausamkeit des Universums und das harte Los des Schwaben an sich.

Aber auch wenn wir gerne »bruddeln«, sind wir alles andere als ein Haufen griesgrämiger Miesepeter, wie das oft zu lesen steht. Man muss eben die Nuancen unserer Sprache und Diktion heraushören und erkennen können. So ist es durchaus möglich, dass das, was offensichtlich als »Gebruddel«, vielleicht sogar als verbaler Angriff missverstanden wird, sich in Wirklichkeit als Lobeshymne entpuppt. Wer von einem Schwaben als »Du Granatenseggl« bezeichnet wird, muss nicht gleich Anwälte einschalten und eine Beleidigungsklage anstrengen. Dieses Schimpfwort kann nämlich unter bestimmten Umständen sein Gegenteil bedeuten, liebevoll gemeint sein und große Anerkennung ausdrücken. Okay, ich gebe es zu, für Nicht-Schwaben ist das sicher alles wirklich völlig unlogisch, außerordentlich bizarr und extrem schwer zu verstehen. Ja, wir sind einfach ein merkwürdiges »Völkle«. Aber, glauben Sie mir, wir haben trotzdem das Herz am rechten Fleck.

8. GRUND

Weil die Schwaben nicht geizig, sondern nur sparsam sind

Ein Schwabe fällt in der Schweiz in eine Gletscherspalte. Zwei Tage später findet ihn die Bergwacht und ruft durch das Megafon in die Schlucht: »Hier ist das Rote Kreuz.« Darauf der Schwabe: »Mir gebet nix.« So stellt ihn sich jeder vor, den ewig geizigen Schwaben, der lieber in kühler Erde ruht, als sein Geld auszugeben. Der

Schwabe soll den Kupferdraht erfunden haben, weil er ein Pfennig-stück so lange umdrehte, bis es dünn wie ein Draht wurde. Aber ganz so ist es nicht. Der Schwabe ist eher sparsam als geizig. Er hält sein Geld zusammen, überlegt es sich zwei oder drei oder vier Mal, ob er etwas davon ausgeben soll. Mit Geiz hat das doch aber wenig zu tun. Eher etwas mit praktischer Intelligenz. »Em Fernsää d Wärbung gugga, damit mr woiß, was mr edd brauchd«, was so viel bedeutet wie: TV-Werbung angucken, um zu erfahren, was man sich sparen kann. Jawoll, es ist diese kluge, vielleicht auch etwas bauernschlaue Sparsamkeit, die unseren Wohlstand begründet hat. »An Ooschdara Grischdkendla kaufa, no senn se am billigschda« – womit gemeint ist, dass der, der antizyklisch kauft, also an Ostern die Weihnachtsgeschenke, wirtschaftspolitisch am klügsten agiert.

Schließlich: Man muss an kleinen Dingen sparen, was man für die großen Dinge benötigt. Aber weil der Schwabe so gesehen viele große Dinge benötigt, führt das dazu, dass er ständig unter Stress steht, wenn er die Brieftasche öffnen muss. Denn: Beim Geldausgeben lassen sich unendlich viele Fehler machen. Es kommt einer Titanic-ähnlichen Katastrophe gleich, wenn an einer Tankstelle getankt wird und man später an einer vorbeifährt, bei der das Benzin zwei Cent billiger ist. Das lässt durchaus Gedanken an wirtschaftlichen Ruin hochkommen, am Sinn des Lebens zweifeln. Und würden Psychiater nicht so viel kosten, sie hätten hier im Schwäbischen bestimmt mächtig was zu tun. Solche prägenden Erfahrungen oder monetären Versagensängste führen freilich zu einem gewissen Nihilismus: »Em Sonderangebot kaufa, abbr gugga, obs ned no woandersch billiger isch.« Übersetzt: »Nur reduzierte Ware kaufen, aber schauen, ob es nicht irgendwo anders doch noch billiger angeboten wird.« Aber im Prinzip ist doch eigentlich nichts dagegen zu sagen, wenn der Schwabe so ein klein wenig sparsam unterwegs ist. Wenn er im Restaurant das, was er nicht gegessen hat, sich einpacken lässt und mit nach Hause nimmt? »Nix verkomma lassa«, ist die Devise. Oder anders ausgedrückt: »Lieber sich den Bauch verrenken, als dem Gastwirt etwas schenken.« Ein Verhalten, das durchaus auch historisch begründet ist, war die Region vor allem auf der Schwäbischen Alb einst doch recht arm. Daher entwickelten die Bewohner dort auch einen respektvollen Umgang mit Nahrungsmitteln und Ressourcen. Eben auch mit Geld.

Ein früherer Kollege von mir, Heinz Waldmüller, hatte vor Jahren den Einfall, ein Buch zu schreiben, das im Prinzip auf einer ganz einfachen Idee basierte: Er wollte für den Leser zusammenfassen, wo man billig, vielleicht sogar »saubillig« einkaufen kann. Er nannte das Werk »Schnäppchenführer« und landete damit einen absoluten Bestseller. Und zwar in ganz Deutschland. Seither bringt er regelmäßig aktualisierte Fassungen seines Werkes heraus. Der bundesweite Erfolg dieser Reihe dürfte indes beweisen, dass auch der Hanseat oder der Hesse, der Franke oder der Bayer den Cent gern zweimal umdreht. Alles Schnäppchenjäger! Vielleicht steckt ja ein kleiner Schwabe in allen von ihnen. Nur wollen sie das halt nicht wahrhaben. Ich bin jedenfalls der festen Überzeugung, dass es sich bei der Behauptung, Schotten seien wegen Verschwendungssucht ausgewiesene Schwaben, um eine fatale Fehlinformation handelt.

9. GRUND

Weil Verniedlichung sprachliches Grundgesetz ist

Der Schwabe mag vielleicht etwas maulfaul und einsilbig sein, aber er hat das Herz am rechten Fleck, was sich allein schon an seinem Sprachgebrauch zeigt, so er sich tatsächlich mal bemüßigt fühlt, etwas zu sagen. Seine Wortwahl und -gestaltung ist um ein vielfaches liebevoller und netter als bei allen anderen deutschen Dialekten. Niemand hat einen größeren Hang zu sprachlichen Nettigkeiten. Genau deshalb ist der Schwabe ein Weltmeister im Verniedlichen. Was der Sprachwissenschaftler mit »häufige Nut-

111 Gründe, Schwaben zu lieben

Wilhelm IV. auf den Plan. Er war bei einem Besuch von der Ruine so angetan, dass er sich vornahm, alles wieder aufbauen zu lassen. Schließlich handelte es sich hier um die Stammburg seiner Ahnen. 1844 schrieb er: »Die Erinnerung (…) ist mir ungemein lieblich und wie ein schöner Traum, zumal der Sonnenuntergang, den wir von einer der Schlossbastionen aus sahen … Nun ist ein Jugendtraum-Wunsch, den Hohenzollern wieder bewohnbar gemacht zu sehen.«

Dem angesehenen Berliner Architekten Friedrich August Stüler wurde der Auftrag übergeben und er schuf eine der eindrucksvollsten Burganlagen Deutschlands. Was wir heute sehen, ist sein Werk, dessen Grundstein 1850 gelegt wurde. Seine Burg bedeckt fast die komplette Bergkuppe und besteht im Prinzip aus vier Elementen: den Befestigungsanlagen, dem Schlossgebäude, den Kapellen und dem Burggarten. Ab 1952 ließ Prinz Louis Ferdinand von Preußen die Anlage mit künstlerisch und historisch bedeutsamen Gegenständen aus der preußischen Geschichte ausstatten. Neben imposanten Gemälden gehören auch Gold- und Silberschmiedearbeiten des 17. bis 19. Jahrhunderts dazu. Bestaunen lassen sich zudem die juwelenbesetzte Königskrone, der Marschallstab und kostbares Porzellan. Wer eine Führung durch die Burg macht, dürfte auch bei den Schau- und Prunkräumen ins Staunen geraten, sogar die Schatzkammer darf man besuchen, mit unzähligen kunsthistorisch bedeutsamen Gegenständen. Neben edlem Tafelsilber lassen sich die Tabaksdosen Friedrich des Großen betrachten, ebenso sein Uniformrock, der vor allem wegen des legendären Einschussloches interessant ist. Selbst seine Krückstöcke sind hier ausgestellt.

Erstaunlich indes, dass die Burg nach ihrem spektakulären Wiederaufbau nie für längere Zeit bewohnt wurde. Sie diente eher repräsentativen Zwecken. Für Aufsehen sorgte Anfang der 1950er Jahre ein Einbruch, bei dem verschiedene Gegenstände aus der Schatzkammer entwendet wurden. Weil der Dieb Teile der Beute bereits eingeschmolzen hatte oder bei der Flucht in den Main warf, waren diese unwiederbringlich verloren.

Die Burg ist nach wie vor Privateigentum und gehört zu zwei Dritteln der brandenburgisch-preußischen, zu einem Drittel der schwäbisch-katholischen Linie des Hauses Hohenzollern. Heute ist das traumhaft schöne Bauwerk ein touristischer Anziehungspunkt. Rund 300.000 Besucher werden alljährlich gezählt. Dazu finden zahlreiche attraktive Veranstaltungen statt: Konzerte, Ausstellungen, Theatervorführungen. Besonders beliebt ist der Weihnachtsmarkt auf Burg Hohenzollern. Er gilt als einer der schönsten Deutschlands. Kein Wunder bei diesem einzigartigen Ambiente! Die Anbieter präsentieren ihre weihnachtlichen Kreationen im Burggarten, im Burghof, im Kutschenhof, in der Stammbaumhalle und im Grafensaal. Da ist freilich mächtig Rummel angesagt und Menschengewühl vorprogrammiert.

KAPITEL 3

Schwäbischer Tüftler-, Unternehmer- und Erfindergeist

Weil sich hier das Mekka der Modelleisenbahn befindet

Der Franzose aus Nizza, der bei uns zu Besuch war, redete ständig auf mich ein: »Asch Ohhhh«, meinte er immer wieder. Und ich hatte keine Ahnung, wovon er sprach. Mit seinem Kollegen, mit dem zusammen er so viele Hundert Kilometer hier ins Schwäbische gefahren war, suchte er nach »Asch Ohhhh«. Das war den beiden ganz wichtig! Da ich kein Französisch und die Besucher kaum Deutsch sprachen (Englisch konnten sie natürlich als gute Franzosen schon aus Überzeugung nicht!), wurd nach einer wilden Gebärden-Orgie und heftigstem Wortkauderwelsch das Rätsel schließlich gelöst. Die Besucher aus Nizza suchten »Asch Ohhhh«, »H0«, damit war die berühmte Spurgröße der noch berühmteren Modelleisenbahn-Firma Märklin gemeint. Und genau da mussten sie hin, weil sie sich unbedingt »H0«-Züge und -Waggons kaufen wollten, denn ihnen war klar: Der Mittelpunkt des Modelleisenbahn-Universums liegt mitten im Schwäbischen.

Wer glaubt, die Miniaturzüge wären nur etwas für Kinder, der irrt gewaltig. Im Gegenteil, inzwischen glaube ich, dass Märklin-Eisenbahnen gar nicht für Kinder gekauft werden, sondern die Väter diese für sich selbst erstehen. Ich kann mich noch daran erinnern, wie ich als Steppke Freunde besuchte, deren Väter voller Stolz im Keller kunstvolle Eisenbahnlandschaften hatten: mit herrlich beleuchteten Häuschen, Mühlen, deren Mühlräder sich langsam drehten, kleinen Minimenschen, die auf Bänkchen saßen oder am Bahnsteig standen. Und natürlich durften in dieser Miniatureisenbahnwelt auch Schaffner nicht fehlen. In winziger Ausführung wirkten sie freundlicher als im wirklichen Leben. Nur: Anfassen durfte man die Modelleisenbahn natürlich nicht. Das war unter Androhung strengster Strafen verboten. Außerdem war es freilich eine kindliche Illusion zu glauben, man dürfe auch selbst mal einen Zug in Bewegung setzen. Nein, dass durfte nur der erwachsene Besitzer, der mit heiligem Ernst zu Werke ging, weswegen für mich diese Miniaturlandschaften mit ihren Minibergen, -zügen und -menschen immer noch irgendwie wirken, als seien sie sakrale Gebilde. Daran hat sich auch heute nichts geändert. Schauen Sie mal bei der Nürnberger Spielwarenmesse vorbei. Sie werden sehen, dass der größte Menschenpulk nicht bei ultramodernem Quadrocopter-Spielzeug oder bei brandneuen Computer-Games steht, sondern beim altehrwürdigen Märklin-Stand. Da verweilen Papas mit ihren Knirpsen oder alte Herren mit Hüten und schauen mit leuchtenden Augen zu, wie die Züge auf einer liebevoll gestalteten Landschaft langsam über die Gleise rollen. Völlig unspektakulär, leise, fast meditativ eigentlich – dennoch ein absoluter Besuchermagnet. Ich habe den Gesprächen der faszinierten Betrachter zwar gelauscht, sie aber nicht wirklich verstanden, weil mir weder die erwähnten Zugmodelle oder Gleistypen noch die verschiedenen Steuerungsanlagen oder Antriebssysteme etwas gesagt haben. Überhaupt denke ich, dass die Sache mit den Modelleisenbahnen von Märklin kein Freizeitspaß ist, sondern eine ernsthafte Wissenschaft. An den Stand, wo neben neuen auch klassische Modelle ausgestellt werden, kommt man meist nicht ran, weil sich überall Freizeitschaffner und Hobbyeisenbahner mit ihren Fotoapparaten aufgebaut haben. Viele von ihnen schießen ihre Bilder nicht mit einem profanen Smartphone, sondern mit einer mächtigen Spiegelreflexkamera, die natürlich auf dem Stativ steht. Und wer hier ein wenig auf Beobachtungsposten steht, wird feststellen, dass Märklin-Eisenbahnen nicht nur schön und faszinierend sind, sondern für manche gar so etwas wie eine erotische Ausstrahlung zu besitzen scheinen.

Dabei waren die Modelleisenbahnen ursprünglich gar nicht im Sortiment, als Theodor Friedrich Wilhelm Märklin 1859 eine Spielzeugfirma im württembergischen Göppingen gründete. Er hatte vor allem Puppenhäuser und -küchen im Angebot. Erst lange nachdem er 1866 bei einem Unfall gestorben war und seine Söhne 1888 – wie es schien eher widerwillig – die Firma übernommen hatten, wurde auf der Leipziger Frühjahrsmesse 1891 erstmals von den Gebrüdern Märklin eine Miniatureisenbahn vorgestellt. Sie drehte ihre Runden auf einer Schienenanlage in Form einer Acht. Nicht nur, dass die Firma im Laufe der Zeit mit diesen Anlagen einen gigantischen Erfolg hatte und eine wirtschaftliche Spitzenposition einnahm, sie schaffte es auch, die Spurenweiten der Modelleisenbahnen international zu vereinheitlichen. Im Laufe der Jahre wurden die mit viel Liebe zum Detail gestalteten Minizüge, -waggons und -gleise zum Kerngeschäft des schwäbischen Spielzeugherstellers. Nach und nach erhöhte Märklin die Angebotspalette und führte auch neue Spurenweiten ein. Nach Nenngröße »0« kam »00«, diese Bezeichnung wurde später in »H0« geändert, ausgesprochen »Ha Null«. Sie war nur halb so groß wie die vorhergehende Spur »0« und ermöglichte es, dass die Eisenbahnanlagen auch auf einem Tisch aufgebaut werden konnten. Später kamen noch weitere Spurengrößen dazu für Kinder, für Sammler, für große und kleine Eisenbahnfans. Märklin wurde zum Superstar unter den weltweiten Modelleisenbahn-Anbietern. Längst gibt es natürlich auch »Märklin Clubs«, in denen sich die Fans und Nerds über klassische Züge, rare Modelle und den Einzug der Computertechnologie in die Eisenbahnwelt austauschen können. Weil Märklin trotz eher traditionalistischer Ausrichtung längst auch eine Schnittstelle zur digitalen Welt gefunden und in ihre Modelleisenbahn-Technologie hat einfließen lassen, dürfte der Weg in die Zukunft gesichert sein. Wenngleich das Traditionsunternehmen im Laufe der letzten Jahre einige wirtschaftliche Wirbelstürme und dunkle Zeiten überstehen musste – das Zentrum der Modelleisenbahnwelt liegt nach wie vor im schwäbischen Göppingen. Dort befindet sich auch ein Museum, in dem ein Einbruch im Januar 2005 für Schlagzeilen sorgte, weil dort unter anderem auch die erste Lokomotive von 1891 gestohlen worden war. Aber da die Diebe gefasst wurden und die Beute sichergestellt werden konnte, lässt sich auch diese dort wieder bewundern.

Weil auch Janis Joplin gerne
einen Mercedes-Benz gehabt hätte

»Die weltweite Nachfrage nach Kraftfahrzeugen wird eine Million nicht überschreiten – allein schon aus Mangel an verfügbaren Chauffeuren.« Diese grandiose Fehleinschätzung stammt von dem Mann, der die ganze Welt mit seiner Erfindung veränderte: Gottlieb Daimler. Der schwäbische Automobil-Pionier hatte keine Ahnung, welchen Einfluss seine motorisierten Gefährte haben sollten. Es wäre ihm nie in den Sinn gekommen, dass eines fernen Tages Autos, Motorräder oder Schienenfahrzeuge den Kern menschlicher Mobilität ausmachen sollten. Und noch weniger hätte er daran gedacht, dass die Abgase, die sie produzieren, zu einem zentralen umweltpolitischen Problem werden würden.

Der aus Schorndorf stammende Daimler arbeitet als Betriebsleiter bei der »Maschinenfabrik zum Bruderhaus« in Reutlingen, als er den Lehrling Wilhelm Maybach kennenlernt. Zu der schicksalhaften Begegnung kommt es 1867. Daimler schätzt an dem zwölf Jahre jüngeren Maybach sein Konstruktions- und Zeichentalent sowie seine Zielstrebigkeit, während dieser sich wiederum von Daimlers technischem Know-how und Organisationstalent beeindrucken lässt. Die beiden völlig unterschiedlichen Charaktere bilden ein unzertrennliches Team und gründen schließlich 1882 eine Versuchswerkstatt in Stuttgart-Bad Cannstatt. Daimler als versierter Ingenieur und Geschäftsmann, Maybach als brillanter Tüftler und Erfinder. In ihrem Gartenhaus versuchten sie einen Verbrennungsmotor zu entwickeln, der klein und schnell sein sollte. Dabei mussten vor allem Probleme bei der Kühlung und Zündung überwunden werden. Wichtige Patente entstanden während dieser Zeit, zum Beispiel die Glührohrzündung, einer der Grundbausteine für den leichten Fahrzeugmotor. Wegen dieser Glührohrzündung kam es Jahre später, 1896, mit einem ungeliebten Automobil-Konstrukteur aus Karlsruhe zum Patentrechtsstreit: Carl Benz. Daimler konnte den Prozess für sich gewinnen. Mit seinem Kompagnon Maybach ergatterte er ein Patent für schnell laufende, leichte Benzinmotoren und baute schließlich 1885 einen Benzinmotor in ein hölzernes Zweirad ein, das sie »Reitwagen« tauften. Das erste Motorrad der Welt. 1886 entwickelten sie einen der ersten Vorgänger des Autos, in dem sie einen stehenden Einzylinder-Motor in eine Kutsche einbauten. Das Gefährt hatte eine Leistung von über einem PS und eine Höchstgeschwindigkeit von 12 km/h. Daimler reichte es nicht aus, nur Automobile zu bauen, er wollte auch Motorboote, Luftschiffe, Omnibusse und Lastwagen herstellen. So präsentierte er zum Beispiel auch 1897 auf dem Cannstatter Volksfest eine Straßenbahn ohne Pferd und ohne Lokomotive. Sondern mit Benzinmotor. Parallel zu Daimler und Maybach tüftelte im gar nicht mal so weit entfernten Mannheim Carl Benz an seinen Erfindungen. Er begann 1885, das erste Auto, den BENZ PATENT-MOTORWAGEN NUMMER EINS, zu bauen, das allerdings noch dreirädrig war, nicht ganz ein PS hatte und erstaunliche Spitzengeschwindigkeit von 16 km/h fuhr.

Obwohl die beiden Automobil-Pioniere Daimler und Benz nie miteinander gesprochen haben sollen, weil sie sich als Konkurrenten empfanden, wurden ihre Firmen schließlich 1926 zusammengelegt. Daimler aus Stuttgart und Benz aus Mannheim wurden zur Daimler-Benz AG. Während Maybach und Benz das noch miterleben durften – sie lebten beide bis 1929 –, war Daimler bereits 1900 gestorben. Das Zeichen der Firma, der Mercedes-Stern, der seit vielen Jahren eine Art Symbol deutscher genauer gesagt: schwäbischer Wertarbeit in aller Welt ist, hatte weder etwas mit Daimler noch Maybach noch Benz zu tun. Zu dem Namen »Mercedes« kam es durch den begeisterten Rennfahrer und Autohändler Emil Jellinek. Er war nach einem Besuch bei der Firma Daimler-Motoren-Gesellschaft um die Jahrhundertwende von dem »Doppel-Phaeton«-Modell so begeistert, dass er sich entschloss, einen Großteil der Produktion, nämlich 36 Fahrzeuge, zu bestellen. Allerdings wünschte sich der frühe Daimler-Händler anstatt des schwachen 6-PS-Motors einen stärkeren mit 8 PS und äußerte den Wunsch, die Fahrzeuge nach seiner Tochter benennen zu dürfen: Mercedes. Der Leipziger scheint einen etwas merkwürdigen Bezug zu seiner Tochter gehabt zu haben, war er doch vorher schon bei Autorennen unter ihrem Namen aufgetreten und hatte auch sein Haus nach ihr benannt. Jedenfalls: Heute ist »Mercedes« Synonym für die weltberühmte schwäbische Firma und ihre Luxuskarossen, von der selbst Hippie-Ikone Janis Joplin schwärmte: »Oh Lord would you buy me a Mercedes Benz …«

Seit vielen Jahren ist der schwäbische Automobilhersteller auch ganz groß im Motorsport. Der »Silberpfeil«, mit dem die Firma in den 1930er-Jahren Riesenerfolge feierte, ist längst ein Kultobjekt. Ihr Motorsport-Engagement zog sie dann 1955 nach dem tragischen 24-Stunden-Rennen von Le Mans, bei dem es über 80 Tote gab, zurück. Erst 1988 stieg das Unternehmen wieder ein.

Wer eine historische Reise durch die Geschichte des Automobils im Allgemeinen und der von Mercedes-Benz im Besonderen unternehmen will, der sollte unbedingt das Mercedes-Benz Museum in Stuttgart besuchen. Dieses auch architektonisch sehr reizvolle Gebäude, das ein wenig an ein außerirdisches Raumschiff erinnert, befindet sich nur wenige Meter von der Mercedes-Benz Arena entfernt. Um Mobilität, Dynamik und Beweglichkeit – also das, was man mit Automobil assoziiert – auch in der Architektur des Gebäudes darzustellen, gibt es keine rechten Winkel, keine richtige räumliche Ordnung, sondern eine Doppelhelix-Struktur. Schwer zu beschreiben, man muss es sich angucken. Zumal auch die Ausstellungsobjekte aus über 120 Jahren Mercedes-Benz selbst Nicht-Auto-Fans absolut beeindrucken. Und um mit einer weiteren Fehleinschätzung zu enden, lassen wir Kaiser Wilhelm II. zu Wort kommen: »Ich glaube an das Pferd. Das Automobil ist nur eine vorübergehende Erscheinung.«

Weil quadratisch-praktische Schokolade überall gut ist

Das Schoko-Schlaraffenland befindet sich mitten im verschlafenen Waldenbuch, im Landkreis Böblingen, am Nordrand des Naturparks Schönbuch. Dort residiert »Ritter Sport«, ein schwäbisches Familienunternehmen, das seit über 100 Jahren besteht. Jeden Morgen fahren hier Lastwagen aus der ganzen Welt vor und liefern Kakao in Jutesäcken. Die Ware stammt aus Westafrika, Papua-Neuguinea, Madagaskar oder Nicaragua. Sie wird angeliefert, getestet und schließlich verarbeitet. In der Fabrik, in der strenge Hygienevorschriften herrschen und von jedem Besucher Schutzkleidung getragen werden muss, wird die Kakaomasse in verschiedenen, oft komplizierten Schritten zu Schokolade verarbeitet. Computergesteuert und je nach Rezeptur wird alles vermischt. Überall Förderbänder, Feinwalzen oder riesige Kessel. In diesen werden die Rohstoffe verarbeitet. Wie lange was erhitzt, gerührt oder abgekühlt werden muss, bleibt Firmengeheimnis. Der reine Ablauf, stark vereinfacht: Die Schokoladenmasse wird kleingewalzt und in Brösel verwandelt. Das feine Pulver wird erhitzt, flüssig gemacht, in Formen gegossen und »eingetafelt«. Täglich werden in der Schokofabrik im kleinen Waldenbuch 2,5 Millionen Tafeln produziert. Alle natürlich in quadratischer Form. Das Quadrat hat die »Ritter Sport«-Schokolade berühmt gemacht. »Quadratisch, praktisch, gut«, so hieß der Kult-Werbespruch der Firma aus den 1970er-Jahren. In der Tat dreht sich bei »Ritter Sport« alles um diese geometrische Form. Auch das wenige Meter vom Hauptwerk entfernte, äußerst eindrucksvolle Kunstmuseum »Ritter« ist vom Grundriss her ein Quadrat.

»Unsere ganze bunte Produktpalette basiert auf dem Quadrat«, so erklärt die sympathisch-zurückhaltende Schoko-Erbin und Museumsgründerin Marli Hoppe-Ritter. »Außerdem«, so meint sie

weiter, »hat auch meine Kunstsammlung mit dem Quadrat zu tun.«
Weil die abstrakt-geometrische Kunst des 20. und 21. Jahrhunderts
zwangsläufig viel mit quadratischen Formen zu tun hat und durch
den russischen Konstruktivisten Kasimir Malewitsch berühmt wurde, bildet eine seiner Skizzen aus dem Jahre 1915 den Ausgangspunkt ihrer inzwischen aus mehr als 900 Werken bestehenden
Sammlung. Gerne erinnert sie sich an ihre Kindheit: »Es war toll,
weil wir direkt neben dem Werk wohnten. Meine Oma, Clara Ritter,
leitete noch den Kleinverkauf und ich durfte immer bei ihr Schokolade essen. Was mir zu Hause bei meinen Eltern nicht erlaubt war.«
Ihre Oma Clara war es auch, die damals den genialen Einfall mit
der Sportschokolade hatte. »Sie kam 1932 auf die Idee, Schokolade
zum Mitnehmen zu entwickeln. Eine praktische Schokolade«, so
Marli Hoppe-Ritter, »die jeder in die Jackentasche stecken und die
man auch gut zum Sport mitnehmen konnte.« Ursprünglich hatte
Carla Ritter schon Jahre vorher, 1912, mit ihrem Mann Alfred in
Cannstatt eine Schokoladen- und Zuckerwaren-Fabrik gegründet.
Die erste Marke, die sie verkauften, nannte sich: AlRiKa Krem-
Schokolade – ein Akronym von Alfred Ritter Cannstatt.

In den 1970er-Jahren, als das Unternehmen verstärkt auf Fern-
sehwerbung setzte, begann der Bekanntheitsgrad rapide zuzuneh-
men. Zudem wurden zahlreiche Neuerungen eingeführt. Seit 1974
gibt es die bunte Palette, bei der jede Sorte eine eigene Farbe bekam: Vollmilch blau, Marzipan rot, Joghurt weiß. Zudem wurde die
Schlauchbeutelverpackung mit Knick-Öffnung eingeführt. Dazu
passend der Spruch: »Der Trick mit dem Knick und die Masche
mit der Tasche.«

Angeboten werden inzwischen 25 Standardsorten und jede
Menge Sondereditionen, die saisonal produziert werden und stets
reißenden Absatz finden. Nach Milka ist Ritter Sport die erfolg-
reichste Schokoladenmarke in Deutschland mit einem Umsatz
von rund 380 Millionen Euro. Die Tafeln werden heute in mehr als
100 Länder exportiert. Auf der Chefetage hat es vor Kurzem einen

Wechsel gegeben; der Enkel des Firmengründers, Alfred Ritter, der die Führung des Unternehmens 2005 übernahm, räumte den Platz für Geschäftsführer Andreas Ronken. Ritter hatte den Chefposten übernommen, als die Firma in eine Schieflage geraten war. Er hatte damals bereits angekündigt, diesen nur für eine gewisse Zeit übernehmen zu wollen. Seine Maßnahmen damals – Modernisierung der Fabrik, Verringerung von Werbeaktionen für Saisonware, Einführung von Bio-Sorten – zeitigten durchaus Erfolg. Das schwäbische Schoko-Unternehmen steht hervorragend da. Zumal mittlerweile auch der Streit wegen eines Urteils der Stiftung Warentest beigelegt werden konnte. Diese hatte die beliebte Sorte »Voll-Nuss« mit »mangelhaft« bewertet und behauptet, die Firma hätte dabei nicht, wie im Zutatenverzeichnis beschrieben, natürliche Aromastoffe verwendet. Dagegen zog Ritter Sport vor Gericht und gewann in allen Instanzen.

25. GRUND

Weil Albert Einstein aus Ulm stammt

New York 1953. Zwei Ikonen des 20. Jahrhunderts sitzen zusammen in einem Hotelzimmer. Sie plauschen über Gott und die Welt und die wissenschaftliche Forschung. Der Mann mit den wirren Haaren ist Albert Einstein, die Blonde mit den üppigen Rundungen Marilyn Monroe. Wir spüren, dass es zwischen den beiden romantisch funkt. Doch da platzt Marilyns Ehemann, Joe DiMaggio, ins Zimmer und stört aufgewühlt die sich anbahnende Liaison.

Diese Begegnung zwischen Einstein und der Monroe hat natürlich nie stattgefunden, sie stammt aus dem Kinofilm *Insignificance* von Nicolas Roeg. Aber erstens funktioniert sie als Gedankenspiel sehr schön und zweitens sagt sie im Kern auch Wahres über das legendäre Superhirn aus. Denn Einstein war einerseits einer der größten Denker aller Zeiten, andererseits auch ein echter Schwerenöter – wenn man seinen Biografen glauben mag. Er hatte zahlreiche Geliebte und ließ nichts anbrennen. Und so konnte es durchaus sein, dass er bei seinen Überlegungen über die Relativität von Zeit und Raum eine kleine Pause einlegte und sich in erotischer Ablenkung übte. So schrieb er im Februar 1914 einen Brief an seine Geliebte, Elsa Löwenstein, die gleichzeitig auch seine Cousine war. In diesem berichtete er, dass sein Sohn sehr krank sei, und stellte gleichzeitig fest: »Dies hat sein Gutes, denn Miza muss mitgehen, und ich werde einige Zeit allein in Berlin sein.« Damit konnten sich Albert und Elsa zwei Wochen lang verlustieren. Später heiratete Einstein seine Cousine, ohne jedoch auf weitere Geliebte zu verzichten. Dabei soll das Genie zu Hause durchaus auch kindlich-infantile Züge an den Tag gelegt haben. Während seiner Zeit als Single verwahrloste er völlig und war körperlich arg mitgenommen, als er schließlich bei Elsa einzog. Diese wurde natürlich auch mit der negativen Seite seiner Schaffenskraft und Arbeitswut konfrontiert. Er fühlte sich manchmal so schwach, dass er sich nicht zu waschen vermochte, forderte aber stets häusliche Dienste ein: saubere Wohnung und saubere Wäsche. Daneben blieb er oft sehr passiv. Sein Arzt János Plesch konstatierte: »Er schläft, bis man ihn weckt; er bleibt wach, bis man ihn zum Schlafengehen ermahnt; er kann hungern, bis man ihm zu essen gibt – und essen, bis man ihn zum Aufhören bringt.«

Dass tatsächlich ein kleiner Kindskopf in Albert Einstein steckte, zeigt das weltberühmte Bild von ihm, auf dem er auf dem Rücksitz eines Autos sitzt und weit, bis zum Anschlag, die Zunge herausstreckt. Das Foto entstand an seinem 72. Geburtstag, dem 14. März 1951, in Princeton. Dort wurde eine Feier für ihn ausgerichtet und die Paparazzi lagen ständig auf der Lauer, gaben keine Ruhe. Weil er keine Lust hatte, den Fotografen anzumeckern, steckte er eben die Zunge raus. Dabei soll er selbst dafür gesorgt haben, dass dieses Bild um die Welt ging. Ihm soll es ausgesprochen gut gefallen haben. Seiner Sekretärin und Geliebten Johanna Fantova soll er laut ihrer Aufzeichnungen erklärt haben: »Die ausgestreckte Zunge gibt meine politischen Anschauungen wieder.« Womit er auf die Kommunisten-Hetzjagd anspielte, die Senator Joseph McCarthy in jener Zeit in den USA veranstaltete.

Einstein war genialer Wissenschaftler und kauziger Witzbold, kluger Grübler und veritabler Genießer. Eine einzigartige Persönlichkeit, die das Denken über die Welt und den Kosmos komplett auf den Kopf stellte. Seine Theorien und Überlegungen waren wegweisend für die moderne Wissenschaft. Aber auch über die Menschheit machte sich der Mann mit den ständig zerzausten Haaren so seine Gedanken, wie in einem seiner berühmten Zitate: »Zwei Dinge sind unendlich, das Universum und die menschliche Dummheit, aber bei dem Universum bin ich mir noch nicht ganz sicher.«

Im Laufe seines Lebens war Einstein Staatsbürger unterschiedlicher Länder: Mal war er Schweizer, dann Bürger von Österreich-Ungarn, von Preußen, sogar staatenlos war er mal. Als ihm 1922 der Nobelpreis für Physik verliehen wurde und er selbst nicht bei der Verleihung anwesend sein konnte, war man sich uneins, ob denn nun der Schweizer oder der deutsche Botschafter den Preis in Empfang nehmen solle. Schließlich reiste ein Gesandter des Deutschen Reichs nach Stockholm. Einstein war das Gerangel darum, welcher Nation er denn nun angehöre, völlig egal. Er habe dazu, meinte er, das gleiche emotionale Verhältnis wie zur Mitgliedschaft in einer Versicherung. Nachdem er 1933 Deutschland wegen Hitlers Machtergreifung für immer verlassen hatte, schließlich war er Jude, beantragte er die Entlassung aus dem preußischen Staatsverbund, quasi die Ausbürgerung. Das wurde ihm, der inzwischen in Amerika lebte, verweigert. Vielmehr machten die Nazis daraus eine »Strafausbürgerung«. Einstein lebte bis zu seinem Tod am 18. April 1955 in Princeton, dessen Universität ihm einst die Ehrendoktorwürde verliehen hatte.

Was auch immer er letztlich für ein Landsmann gewesen war – Deutscher, Schweizer, Amerikaner, Staatenloser –, eines steht unumstößlich fest: Der Superstar unter den Forschern wurde auf schwäbischem Grund geboren. Am 14. März 1879 erblickte er in Ulm das Licht der Welt. Seine Eltern kamen beide aus dem Musterländle und entstammten alteingesessenen jüdischen Familien. Hermann Einstein aus dem oberschwäbischen Buchau und Pauline Einstein aus Bad Cannstatt. Über seine schwäbische Heimat meinte Albert Einstein gegenüber der *Ulmer Abendpost* im Jahr 1929: »Die Stadt der Geburt hängt dem Leben als etwas ebenso Einzigartiges an wie die Herkunft von der leiblichen Mutter. Auch der Geburtsstadt verdanken wir einen Teil unseres Wesens. So gedenke ich Ulm in Dankbarkeit, da es edle künstlerische Tradition mit schlichter und gesunder Wesensart verbindet.« Dass er mit seiner Familie schon als Baby nach München zog, wollen wir hier zwar erwähnen, ihm aber keine besondere Bedeutung beimessen. Wir Schwaben beanspruchen Einstein selbstverständlich für uns. Er ist hier geboren. Er ist einer von uns! Punkt! Das kann uns niemand streitig machen.

26. GRUND

Weil Artur Fischer der Mann mit den tausend Patenten ist

Was Thomas Alva Edison für die USA, ist Artur Fischer für die Schwaben: der Mann mit den tausend Patenten. Was diesem erfinderischen Geist im Laufe der Jahre alles einfiel, ist tatsächlich einzigartig. Bis heute hat er über 1.100 Patente allein in Deutschland angemeldet. Weltweit sind es fast 6.000. Das soll mal einer nachmachen. Dass nicht aus allen Ideen und Gebrauchsmustern etwas wurde, ist absolut nebensächlich! Der Tüftler und Erfinder – Begriffe, die er eigentlich gar nicht mag, die aber perfekt zutreffen – hatte schon immer eine pragmatische, zupackende Art. Gab es ein Problem, kümmerte er sich darum und grübelte herum, so lange, bis es gelöst war. Sein Wirtschaftsimperium gründete er auf die Erfindung eines speziellen Dübels, der seit vielen Jahrzehnten weltweit Handwerker und Heimwerker in Begeisterung versetzt.

Geboren wurde Fischer 1919 in Tumlingen, einem winzigen Ort im Schwarzwald, nicht weit von Horb und Calw entfernt. Am Anfang seiner schillernden Karriere stand eine bodenständige Schlosserlehre. Dort wurde er schon früh mit handwerklichen Problemen konfrontiert, die er mit Bravour löst. Eine seiner Aufgaben als Lehrling bestand darin, ein Türschloss exakt nachzufeilen. Allerdings spiegelverkehrt! Der technikbegeisterte Fischer machte sich Ende 1947 mit einem elektrischen Glühdraht-Feueranzünder selbstständig. In dieser Zeit soll sich folgende Geschichte zugetragen haben: Ein Fotograf, der im Hause Fischer zu tun hatte, beschwerte sich darüber, in dunklen Räumen keine Möglichkeit zu haben, gute Bilder zu schießen. Fischer grübelte, tüftelte, experimentierte und hatte die Lösung für das Problem: ein Blitzlichtgerät mit Synchronauslösung. 1949 wurde das Patent auf ein »Magnesium-Blitzlichtgerät mit Verschlusssynchronisation« erteilt und das Produkt avancierte zum Verkaufshit.

Sein gigantisches Imperium basiert allerdings auf der Erfindung eines Dübels, des legendären Fischer-Dübels. Das kleine graue Kunststoff-Ding mit seinen Haken und Ösen erlaubte es, schnell, sauber und sicher einen Haken in der Wand zu befestigen. War die Dübelei vorher ein aufwendiger Akt, verwandelte sie sich durch Fischers Idee zum Kinderspiel. Die kleine, feine Erfindung wurde zum gigantischen Welterfolg und machte aus Fischer einen Fabrikanten großen Stils. Und weil er Schwabe aus Leidenschaft zu sein scheint, baute er das Fischer-Werk auch direkt vor der Haustür, in Waldachtal-Tumlingen.

Eine weitere geniale Idee kam ihm, als er den Kindern seiner Mitarbeiter und Händler eine kleine Freude zu Weihnachten machen wollte. Er entwickelte einen Kunststoff-Baustein, der in vielfältiger Weise zusammengesetzt und mit anderen kombiniert werden konnte. Fischer ließ dieses neu entwickelte Baustein-System nicht ruhen. Es bot Möglichkeiten für Räder, Achsen, alle möglichen Verbindungen. Und so war schließlich ein komplexes Baukastensystem entstanden, mit Motoren, Zahnrädern und Getrieben. Die berühmte »Fischertechnik« war geboren, ein Spielzeug, das über Jahrzehnte hinweg das Spielverhalten deutscher Kinder prägte. Meines eingeschlossen. Denn ich träumte damals immer davon, »Fischertechnik« als Weihnachtsgeschenk zu bekommen, weil mir mein Märklin-Baukasten aus Metall nicht ausreichte. Fischers Entwicklung aus Kunststoff bot wesentlich mehr Gestaltungsmöglichkeiten. Obwohl ich dann doch nie einen bekam, konnte ich immerhin bei Schulfreunden mithelfen, gigantische Kräne, kuriose Fahrzeuge oder bizarre Roboterwesen zusammenzubauen. »Fischertechnik« machte uns alle zu kleinen Hobby-Erfindern. Das geniale Baukastensystem hat auch heute noch viele Fans. Wenngleich sie für Fischer kein krisenfreies Geschäft waren. Der Kernpunkt des Unternehmens bleiben eben die Dübel in all ihren zahlreichen Varianten. Ohne sie, so erklärte der schwäbische Star-Erfinder, wäre seine Firma vermutlich kaputtgegangen. Täglich werden in Waldachtal-Tumlingen mehr als zehn Millionen solcher Teile produziert und sorgen für den Löwenanteil des Umsatzes von über 600 Millionen Euro weltweit. Was so alles dazugehört, um ein erfolgreicher Daniel Düsentrieb zu werden, erklärte Fischer in einem Interview: »Das Grüblerische gehört dazu; der Ehrgeiz, etwas G'scheites zu machen. Und ein Schuß Sturheit – was man ja uns Schwaben nachsagt.«

Weil hier der »911er« hergestellt wird

Ja, der Witz ist bekannt: Porsche fahren die, die unter ihrer zu klein geratenen Männlichkeit leiden und diesen Makel mit einer solchen Karre kompensieren wollen. Ein Protzauto für Wichtigtuer, Chauvis oder Machos, für Zuhälter, Neureiche oder sonstige Kotzbrocken. Solche Aussagen freilich sagen mehr über denjenigen aus, der sie verkündet, als über das Objekt des Spotts. Der Sozialneid scheint im Schwäbischen durchaus zum guten Ton zu gehören. Verständlicherweise wird einem Porschefahrer im Musterländle erst mal mit Häme begegnet. Meistens natürlich nicht direkt, sondern hinter vorgehaltener Hand: »Der hod jetzt an Porschä und glaubd, er sei was Bessers …« Aber das Auto soll ja auch Neid erzeugen, das gehört durchaus zur Philosophie. Ebenso wie der proklamierte Rausch der Geschwindigkeit und die ästhetische Stromlinienform. Gerade der 911er war und ist das große Kultauto – damals wie heute. Wer einen solchen einst in dem schwäbischen Dorf, in dem ich aufwuchs, fuhr, war Stadtgespräch. Bei uns war es damals ein freier Architekt mit grau melierten Haaren und meist jungen, attraktiven, häufig wechselnden Beifahrerinnen. Ja, manche Klischees stimmen dann doch.

Der 911er wurde erstmals im September 1963 auf der IAA in Frankfurt vorgestellt und schon bald Ausdruck eines Lebensgefühls. Ursprünglich trug er die Entwicklungsnummer 901. Doch das musste von Porsche geändert werden, da Peugeot bereits die Rechte an der Bezeichnung besaß. So wurde aus dem Porsche 901 der »Neunelfer« oder »Elfer«.

Die Fahrer dieses Sportautos sahen sich als elitärer Kreis, brachten zum Ausdruck, dass sie dazugehören, gleichzeitig aber echte Individualisten sind. Abenteurer. Macher. Selfmade-Men. Allerdings: Porsche war immer auch ein Auto für emanzipierte, selbstbewusste, coole Frauen. An Draufgängerinnen mangelte es bereits in den 1950er-Jahren nicht. Gilberte Thirion waren Rollenklischees völlig wurst. Sie hatte einen rennsportfanatischen Vater und durfte schon in frühen Jahren in einem Porsche 356 SL mit ihren Rennversuchen starten, während ihr Vater auf dem Beifahrersitz assistierte. Auch ihre Rivalin und Freundin Annie Bousquet machte sich als Rennfahrerin einen Namen. Allerdings verunglückte sie 1956 tödlich mit ihrem blauen 550er Spyder beim 12-Stunden-Rennen von Reims. Grund: ein geplatzter Reifen. Die französischen Rennsportfunktionäre entschieden daraufhin, Frauen künftig von allen großen Rennen auszuschließen. Erst 1971 wurde das Verbot aufgehoben.

Im Gegensatz zu den meisten anderen Automarken war und ist Porsche eine Marke, die beide Geschlechter zu begeistern vermag. So war es im deutschen Blätterwald durchaus ein Thema, als bekannt wurde, dass Erfolgsfrauen wie Jil Sander oder Martina Navrátilová überzeugte Porsche-Fans sind. Überhaupt gab es auch einige Kultstars, die sich offen zu der schwäbischen Luxuskarosse bekannten. Wie zum Beispiel Filmlegende Steve McQueen. Als passionierter Freizeit-Rennfahrer wollte er mit einem Porsche am 24-Stunden-Rennen von Le Mans teilnehmen. Daraus wurde nichts, aber immerhin realisierte er den legendären Rennfahrerfilm *Le Man*, in dessen Eingangssequenz er mit dem deutschen Sportwagen über die Piste rast. Am berühmtesten freilich ist die Porscheliebe des Hollywood-Kulststars James Dean. Sein Tod am 30. September 1955 im 550er Spyder ist unvergessen – das Bild des völlig zerstörten Autos, in dem Dean starb, gehört zur Ikonografie tragischer Traumfabrik-Unfälle und wurde zum Symbol des Mottos: Live fast, die young. Dieses erhielt 2014 erschreckende Aktualität, als auch der angesagte Hollywood-Schauspieler und *The Fast and the Furious*-Star Paul Walker in einem Porsche verunglückte. Ob das unter Umständen mit einem gewissen Todestrieb zu tun hat, von dem derjenige vielleicht erfasst wird, der dem Rausch der Geschwindigkeit erliegt? Eine Frage, die nicht uninteressant erscheint, über die sich aber letztlich Psychoanalytiker die Köpfe zerbrechen sollten.

Überhaupt ist es schwer festzumachen, warum Porsche für so viele Autofahrergenerationen Kult war und ist. Vielleicht liegt es auch daran, dass das Fahrgefühl so ganz besonders ist. In jedem Falle ist es alles andere als bequem, in einem Porsche zu sitzen. Es kommt einem in dem tiefergelegten Fahrzeug vor, als liege man auf einer Couch, nur wenige Zentimeter über der dahinrasenden Straße. Das haut manchmal richtig rein und ist ganz schön hart für die Knochen. Längere Strecken zu fahren, kann durchaus eine Herausforderung sein. Aber das alles ist sicher auch Teil des Erfolgsgeheimnisses dieser schwäbischen Automarke: Es soll nicht jeder einen Porsche fahren, sondern nur die, die ihn sich auch verdient haben. Denn das Auto fordert einen beim Fahren, macht es einem nicht leicht. Nix für Weicheier. Auch nichts für Leute, die profan auf den Euro gucken. Denn nicht nur das Auto selbst ist sündhaft teuer, sondern auch die Ersatzteile. Aber um dieses Lebensgefühl kultivieren zu dürfen, muss man halt auch bereit sein, tief in die Tasche zu greifen. Ohne Murren. Ohne nachzudenken. Auch deshalb ist der Porsche natürlich nichts für den Durchschnittsschwaben, der sich für das Geld lieber eine Wohnung oder ein Häusle kauft. Er würde sich diesen schicken Sportwagen allein schon aus dem Grund nicht zulegen, weil die Nachbarn böse reden könnten. Tatsächlich wurde in der Region, in der ich lebe, einem Arzt, der neu hierhergezogen war und eine Praxis eröffnet hatte, nahegelegt, sich bloß keinen Porsche zu kaufen, das würde sonst »Gerede« geben und hätte vielleicht zur Folge, dass niemand zu ihm käme. Er hat es trotzdem getan! Die Praxis war zumindest halb voll.

Dass die Autos seiner Firma die Menschen später einmal so polarisieren würden, hätte sich Porsche-Gründer, Ferdinand Porsche, sicher nie träumen lassen. Sein erstes Konstruktionsbüro eröffnete er 1930 in Stuttgart und wuchs schnell über sich selbst hinaus. Als einer der ersten Aufträge musste er für die Firma Zündapp einen

Kleinwagen, den Porsche Typ 12, entwickeln. Während der Nazizeit konstruierte Ferdinand Porsche für den Reichsverband der Automobilindustrie den deutschen Volkswagen, den VW Käfer. Allerdings hatte er sich hierbei, wie später festgestellt wurde, der Ideen des Konstrukteurs Béla Barényi bedient. 1937 wurde in Stuttgart-Zuffenhausen ein riesiges Entwicklungswerk mit Blechbearbeitungs-Abteilung, Lackiererei und Montagehallen eröffnet. Noch heute werden die Fahrzeuge dort im Stammwerk hergestellt, aber auch an anderen europäischen Standorten. Die Teststrecke befindet sich ebenfalls im Schwabenland, in Weissach. Mit angeschlossenem Entwicklungszentrum. Und natürlich, das darf auch nicht fehlen, gibt es seit 2009 in Zuffenhausen ein riesiges Porschemuseum, in dem man mehr als 80 Fahrzeuge bestaunen kann. Wie sehr die Marke Porsche sich mit dem Musterländle verbunden fühlt, zeigt sich auch im Wappen: Das schwarze Rössle auf gelbem Grund ist das Stuttgarter Wappentier.

28. GRUND

Weil der Schneider von Ulm in der Donau baden ging

Durch die Lüfte zu fliegen wie ein Vogel, über den Wolken zu segeln, dort wo die Freiheit, laut Reinhard Mey, grenzenlos ist: Ein uralter Menschheitstraum. Er erfüllte auch schon die griechische Mythenwelt, die von Ikarus zu berichten wusste, der sich mit seinen Flügeln aus Wachs und Federn in den Himmel erhob. Zuerst schien sein Bemühen tatsächlich Früchte zu tragen und er schwebte übermütig über der Erde. Doch sein Hochmut führte dazu, dass er der Sonne zu nahe kam und das Wachs, das seine Flügel zusammenhielt, zu schmelzen begann, die Federn sich auflösten und der unglücksselige Himmelsstürmer in die Fluten des eiskalten Meeres stürzte.

Ein gewisser Bezug lässt sich da durchaus, so man es nicht zu genau nimmt, zum Schneider von Ulm herstellen. Auch er fiel buchstäblich ins Wasser. In das der Donau. Und ähnlich wie bei seinem mythologischen Vorgänger verwandelte sich für ihn der Traum vom Fliegen in einen Albdruck. Jedoch sind die Gründe seines verhängnisvollen Fehlschlages anders gelagert. Nicht Hybris dürfte dazu geführt haben, sondern Unsicherheit und der Druck der Öffentlichkeit. Denn eigentlich war er zu seinem Sprung mit dem selbst gebauten Fluggerät noch gar nicht bereit. Aber als am 30. Mai 1811 König Friedrich I. von Württemberg in Ulm zu Besuch war, wollte die Stadt ihm zu Ehren ein besonderes Spektakel aufführen. Und so wurde der Tüftler, Bastler und hauptberufliche Schneidermeister Albrecht Ludwig Berblinger dazu auserkoren, den royalen Besucher mit einem Flug über die Donau zu beeindrucken. Obwohl er seinen Flugversuch eigentlich für den 4. Juni angekündigt hatte, weil er sich des selbst gebauten Apparates noch nicht wirklich sicher war. Mit seinem Hofstaat versammelte sich der König am Ufer des stolzen Flusses, um von der ersten Reihe aus dem waghalsigen Unterfangen des mutigen Schneiders zu folgen. Dem gingen einige Dispute voraus. So wollte Berblinger ursprünglich vom noch nicht fertiggestellten Ulmer Münster springen. Aber die Ratsherren der Stadt misstrauten ihm, schüttelten den Kopf und verboten das Ansinnen. Schließlich konnte Einigung darüber erzielt werden, den verrückten Flug-Träumer von den Mauern der Adlerbastei am Ufer der Donau abspringen zu lassen. Berblinger ließ daraufhin ein Sprunggerüst bauen, damit eine Gesamthöhe von 20 Metern entstand. Und so warteten Kind und König an diesem 30. Mai darauf, Zeuge eines eigentlich unmöglichen Vorgangs zu werden, einem Menschen beim Fliegen zuzusehen. Doch Berblinger brach den Versuch ab, weil die Thermik an diesem Tag nicht kommod erschien und außerdem ein Flügelarm beschädigt war. Enttäuscht reiste der König ab. Was den Schneider von Ulm jedoch nicht abhielt, einen erneuten Versuch für den nächsten Tag anzukündigen. Immerhin war zwar nicht mehr der König in der Stadt, so aber doch sein Bruder, Herzog Heinrich.

Der Start war für 16 Uhr angesetzt. Um 17 Uhr war Berblinger aber immer noch nicht gesprungen. Unruhe machte sich unter den Zuschauern breit. Schließlich forderte der Herzog den zaghaften Flugpionier barsch auf, endlich sein Experiment zu wagen. Dieser zeigte sich so erschrocken über dieses Verhalten und fühlte einen solchen Druck durch anwesende Blaublüter und Öffentlichkeit, dass er schließlich sprang. Er fiel wie ein Stein ins Wasser oder wie Ikarus ins Meer. Bereitstehende Fischer zogen ihn aus den Fluten des Flusses. Berblinger hatte zuvor an dieser Stelle noch nie Flugversuche unternommen, weshalb ihm die Abwinde bei fließenden Gewässern nicht bekannt waren. Sein restliches Leben wurde er als Scharlatan, Spinner und Witzfigur verspottet: »Der Schneider von Ulm hat's Fliega probiert. No hot'n der Deifel en d'Donau nei g'führt.« Außerdem blieb die Kundschaft aus, weil ihn der Volksmund zum Lügner und Betrüger gestempelt hatte. Völlig verarmt starb er am 28. Januar 1829 im Alter von 58 Jahren im Ulmer Spital.

Heute weiß man, dass Albrecht Ludwig Berblinger sehr wohl ein ernst zu nehmender Flugpionier und ein tragisches Genie war. Aus Anlass des 175. Jahrestages seines gescheiterten Experiments schrieb die Stadt Ulm nämlich einen Flugwettbewerb aus, um zu testen, ob ein Gleitflug über der Donau an dieser Stelle, wegen der dort herrschenden Fallwinde, überhaupt möglich ist. Tatsächlich schaffte es von 30 gestarteten Modellen nur ein moderner Hängegleiter. Im selben Jahr wurde an einem Ulmer Berghang bewiesen, dass Berblingers Konstruktion sehr wohl flugfähig war.

Berblinger hatte neben seiner Tätigkeit als Schneider schon 1810 begonnen, Flugapparate zu bauen. Als Vorbild dienten ihm Konstruktionen des Schweizer Uhrmachers Jakob Degen, der 1808 in Wien und anderen Städten seine fliegerischen Gehversuche vorführte. Sein Apparat konnte jedoch nur mit Hilfe eines Ballons in die Höhe aufsteigen. Dieses Prinzip war bereits seit 1783 bekannt, als sich die Brüder Montgolfier mit ihrem Ballon in die Lüfte erhoben. Im Gegensatz zu Degen wollte Berblinger aber nicht vom Boden aufsteigen, sondern von der Höhe herabschweben. Er wandte sich von der Idee des Schwingenfluges ab, orientierte sich am Gleitflug und konstruierte eine durchaus flugtaugliche Maschine. Aber er war eben seiner Zeit voraus, niemand wollte ihm recht glauben und noch dazu schien er ein echter Pechvogel zu sein.

Auch ein anderes Projekt von ihm konnte sich nicht durchsetzen. 1808 entwickelte er die erste Beinprothese mit Gelenk, ein Vorläufer heutiger Prothesen, die er speziell für den Kriegsinvaliden Elias Schlumperger entwarf. Als Berblinger seine Erfindung autorisieren lassen wollte, musste er sich an den bayerischen König wenden, da Ulm sich von 1802 bis 1810 in bajuwarischer Hand befand. Doch dieser lehnte den Antrag ohne Begründung ab. Dabei hätte in diesen kriegerischen Zeiten vielen verkrüppelten Soldaten damit geholfen werden können. Ein wahrlich tragischer Tüftler, dem Regisseur Edgar Reitz, der Erfinder der Kult-TV-Serie *Heimat*, 1978 mit Vadim Glowna in der Titelrolle ein filmisches Denkmal setzen wollte. Obgleich der Film durchaus ambitioniert und qualitativ hochwertig war, erlitt sein Macher einen finanziellen Absturz. Nein, das Karma des armen Ulmer Schneiders scheint wirklich nicht das beste gewesen zu sein.

29. GRUND

Weil der Teddy mit dem Knopf im Ohr die Welt eroberte

Hand aufs Herz: Für wen wäre die Welt als Kind nicht untergegangen, wenn der geliebte Teddybär nicht mit im Bett gewesen wäre? Als Kumpel und Schutzpatron. Eine berühmte Opernsängerin soll sogar den Auftritt verweigert haben, weil sie ihren Teddy im Hotelzimmer vergessen hatte. Ohne Zweifel ist der Teddybär das berühmteste Stofftier der Welt. Seinen Namen hat er nicht von irgendjemand, sondern von dem Anfang des 20. Jahrhunderts einflussreichsten Politiker der westlichen Hemisphäre, dem amerikanischen Präsidenten Theodore Roosevelt. Dessen Spitzname lautete »Teddy«. Den Anfang machte eine an sich harmlos-liebevolle Karikatur von Clifford K. Berryman, der Roosevelt für die *Washington Post* bei einem Jagdausflug zeigte. Ein kleiner, kuscheliger Jungbär wird festgehalten, damit der Präsident ihn schießen kann. Doch der lehnt empört ab. Die Zeichnung kam bei den Lesern so gut an, dass Berryman künftig alle seine Roosevelt-Karikaturen mit einem Bären schmückte. Zur gleichen Zeit unternahm eine schwäbische Firma aus Giengen an der Brenz einen erneuten Versuch im Land der unbegrenzten Möglichkeiten, ihre Stofftiere zu verkaufen. Es handelte sich dabei um das »Bärle«. Durch Roosevelts Popularität, den Spitznamen »Teddy« und die Bärenkarikaturen wurde das kleine Plüschtier 1905 zum Kultobjekt und eroberte den amerikanischen Kontinent. Erst wurde er »Teddy's Bär« genannt, später dann »Teddybär«. Dabei war er nicht nur bei Kindern begehrt, sondern auch bei den feinen Herren, die ihn in ihren Klubzimmern aufstellten, oder bei der Damenwelt, die ihn als Modeaccessoire betrachtete.

Der kleine, knopfäugige Kerl war allerdings nicht das erste Modell der schwäbischen Firma »Steiff«, sondern bereits eine Weiterentwicklung. Es begann mit Modell 55 PB (»55« steht für die Größe, »P« für »Plüsch« und »B« für »Beweglichkeit«), das aber anfangs ziemlich erfolgslos produziert und vermarktet wurde. Erst das weiterentwickelte Modell 35 bringt es zu einem gewissen Erfolg, 1904 können 12.000 Stoffbären verkauft werden. Doch erst Modell 35 PAB, der spätere Teddybär, wird zum Superhit. 1907 werden bereits 975.000 Bären hergestellt. Aus der kleinen, beschaulichen Stofftierfirma in Giengen an der Brenz wird ein international bekanntes Unternehmen.

Gegründet wurde es von Margarete Steiff, deren Lebensgeschichte sich liest wie ein Rosamunde-Pilcher-Roman. Die kleine Margarete erkrankt im Alter von 18 Monaten an Kinderlähmung und leidet ein Leben lang darunter. Der linke Fuß ist vollständig, der rechte teilweise gelähmt, ihr rechter Arm nur eingeschränkt belastbar. Obwohl ihre Eltern keine Mühen scheuen, das kranke Kind wieder gesund zu machen, helfen weder Kuren noch Operationen. Trotz ihrer Behinderung erlebt Margarete, die von ihren Schulkameraden in einem Wägelchen zur Schule gezogen wird, eine glückliche Kindheit. Sie ist fleißig und wissbegierig, weshalb sie nach dem Unterricht eine Nähschule besucht. Margarete spart auf eine eigene Nähmaschine, es wird die erste sein, die es in Giengen gibt. Mit Näharbeiten verdient sie sich ein erstes Zubrot. Ihr Kundenkreis wächst. Mit 25 Jahren näht sie Kleider im Stil der damaligen Mode und eröffnet schließlich 1877 ein Filzgeschäft. Bald kommt die Rollstuhlfahrerin mit den Aufträgen nicht mehr nach, weshalb sie zusätzlich Arbeiterinnen anstellt. Das erste Tier, das Margarete 1880 entwickelt, ist ein Elefant aus Filz. Das »Elefäntle« dient als Geschenk für Freunde und Bekannte. Dann überredet sie ihr Bruder Fritz, einen ganzen Sack voll Filzelefanten zu fertigen, den er am Heidenheimer Markt anbieten will. Es wird ein sensationeller Erfolg. Der Beginn einer einzigartigen Karriere. Margarete Steiff hatte stets den Wahlspruch: »Für Kinder ist nur das Beste gut genug.« Der hohe Qualitätsanspruch dürfte sicher auch Teil ihres unglaublichen Erfolges gewesen sein. Um ihre Produkte von anderen unterscheidbar zu machen, ließ sie ab dem 1. November 1904 an jedem Steiff-Produkt einen Metallknopf mit eingeprägtem Elefanten befestigen. Damit war der Begriff »Knopf im Ohr« geprägt, der im Dezember desselben Jahres als Warenzeichen angemeldet wurde. Ab 1905 wird der Elefant dann durch die Druckbuchstaben STEIFF ersetzt. Später kommt dann noch ein Textilfähnchen dazu, mit aufgedruckter Produktnummer. Die Kennzeichnung der Steiff-Tiere verändert sich immer wieder über die Jahre in Details und ist im Prinzip eine Wissenschaft für sich.

Die bewundernswerte Frau mit der ungeheuren Schaffensfreude verstarb überraschend am 9. Mai 1909. In ihrem Heimatort wehten die Fahnen auf Halbmast. Seit 2005, aus Anlass des 125-jährigen Firmenjubiläums, wurde das Steiff-Museum in Giengen an der Brenz eröffnet. Eine Erlebniswelt für die ganze Familie auf drei Ebenen und insgesamt 2.400 Quadratmetern. Der Besucher kann hier über 2.000 Steiff-Tiere bewundern. Zu sehen ist auch die originalgetreu nachgebaute Nähstube von Margarete Steiff. Festzuhalten bleibt noch, dass Steiff nach dem gigantischen Erfolgen des Teddybären versuchte, für Roosevelts Nachfolger, den heute kaum mehr bekannten Präsidenten William H. Taft, ein Opossum zu kreieren. Das deshalb, weil Taft bei einem Dinner sich besonders lobend über ein Gericht auf der Speisekarte ausließ. Opossum mit süßen Kartoffeln. Der Spitzname Billy Possum war geboren. Ein großer Erfolg war diesem Stofftier jedoch nicht beschieden. Der Teddybär ist und bleibt eben der unbestrittene Superstar unter den Stofftieren. Und, ich gebe es gerne zu, ein bisschen stolz bin ich schon, dass ausgerechnet er aus dem Schwabenland stammt. Diesen Triumph kann uns keiner nehmen!

Weil Johannes Kepler Schwabe war

Weil der Stadt. Schwäbische Idylle durch und durch. Fachwerkhäuser und Natur pur. Hier wurde einst einer der berühmtesten Astronomen aller Zeiten geboren, Johannes Kepler. Hier stolpert man an jeder Ecke über ihn. Kepler dominiert diese Stadt noch immer. Nicht nur dass ein großes Denkmal mitten in der Stadt an ihn erinnert. Es gibt ein Kepler-Gymnasium und natürlich ein Kepler-Museum, das sich in der Keplergasse 2 befindet. Ein kleines, aber liebevoll gepflegtes Museum, in dem sich der Besucher auf die Spuren des astronomischen Genies begeben kann. Zu den eindrucksvollsten Ausstellungsstücke gehört eine mehrere Hundert

Jahre alte Rechenmaschine. Sie gilt als eine der ersten überhaupt und wurde von Keplers Freund und Kollegen Wilhelm Schikard gebaut. Was die beiden hier ersannen, ist erstaunlich, allerdings sollte der Benutzer durchaus mathematisches Grundverständnis mitbringen, sonst dürfte er das Geheimnis dieser Maschine, seine seitlichen Schieber, Drehknöpfe und Fenster kaum durchschauen. Jedenfalls lässt sich mit ihr addieren, subtrahieren und multiplizieren. Mit diesem Gerät wurde bewiesen, dass es mitnichten nur Blaise Pascal war, der die Rechenmaschine erfand. Auch wenn hier Johannes Kepler nur marginal beteiligt gewesen sein soll: Solche brillanten Gerätschaften zeichnen sein Schaffen aus. Nicht nur, dass er Öl- und Zahnrad-Pumpe entwickelte: Er wurde vor allem durch sein Wirken als Mathematiker und Astronom zum Superstar unter den wissenschaftlichen Pionieren. Seine drei Planetengesetze haben noch heute Geltung, auch die von ihm entwickelten astronomischen Fernrohre, welche aus zwei Sammellinsen bestehen, waren Meilensteine wissenschaftlicher Entwicklungen.

Dabei hatte er selbst große Probleme bei der Himmelsbeobachtung, erklärt Wolfgang Pleithner vom Kepler-Museum, denn eine Pockenerkrankung als Kind hatte sein Sehvermögen beeinflusst. »Kepler war eher ein Theoretiker, ein Mathematiker. So entdeckte er das Gesetz der Lichtbrechung oder aber auch die Gesetze, die die Bewegung der Himmelskörper bestimmen.« Heutige Satelliten, die sich im All befinden, gehorchen dem keplerschen Gesetz. Weil die Entdeckungen des brillanten Wissenschaftlers noch heute große Bedeutung haben, wurde eine NASA-Mission nach ihm benannt, ebenfalls ein Krater auf dem Mond. »Das Wichtigste, was man von ihm wissen sollte«, meint Kepler-Kenner Pleithner, »ist, dass er als einer der Ersten Himmelsbewegungen nicht mystisch erklärte, sondern physikalisch. Damit stellte der eigentlich gottesfürchtige Kepler die Astronomie auf eine wissenschaftliche Basis.« Er war ebenso standfest wie visionär. Von den kirchlichen Dogmen ließ er sich nicht beirren, ebenso wenig wie von wissenschaftlichen

Grundsätzen. Während Nikolaus Kopernikus oder Galileo Galilei keinen Zweifel an der Kreisbahn ließen, zweifelte Kepler an ihr, weil Beobachtungen seines zeitweiligen Lehrmeisters Tycho Brahe auf etwas anderes hindeuteten, nämlich eine elliptische Bahn. Der schwäbische Wissenschaftler revolutionierte mit seiner frischen, undogmatischen Denkweise Astronomie und Naturphilosophie und wurde zu einem der großen Vordenker der modernen Wissenschaft.

Und im Kepler-Museum lässt sich auch ein weiteres faszinierendes Gebilde des viel beschäftigten Tausendsassas bewundern. Das Modell des »Mysterium Cosmograficum«, das er 1595 entwickelte, soll das Weltgeheimnis erklären. Kepler versuchte, die Bahnen von Merkur, Venus, Mars, Jupiter und Saturn, den einzigen Planeten, die bis dahin entdeckt worden waren, in Beziehung zu setzen. Die Umlaufbahn des Saturn ist dabei ein großer Kreis – noch keine Ellipse. Dieser umschließt einen Würfel, der wiederum eine Kugel umschließt, welche ein Tetraeder umhüllt. Keplers Weltformel steckt aus heutiger Sicht voller Unzulänglichkeiten, basierte aber auf der Annahme, dass von der Sonne eine Kraft ausgeht, die auf alle anderen Planeten einwirkt. Für ihn, den studierten Theologen, waren Astronomie und Religion kein Gegensatz. Im Gegenteil: Die Zentralstellung der Sonne entsprach für ihn der Allmacht Gottes.

Das Leben des leidenschaftlichen Forschers und Wissenschaftlers war von unzähligen Höhen und Tiefen geprägt. Die verheerenden Auswirkungen des Dreißigjährigen Krieges, die Glaubenskämpfe um Reformation und Gegenreformation und der Hexenprozess gegen seine Mutter Katharina zehrten an den Nerven des leidenschaftlichen Gelehrten. Obwohl man es heute kaum glauben kann, waren er und seine Entdeckungen jahrhundertelang vergessen gewesen. Niemand wollte seinen Nachlass kaufen. Den Württembergern war ihr berühmter Sohn völlig schnuppe. Erst lange nachdem die Zarin Katharina II. von Russland alle seine Aufzeichnungen für die Akademie der Wissenschaften in Sankt Petersburg gekauft und mit Juwelen bezahlt hatte, begann im 18. Jahrhundert das Interesse an Kepler wieder größer zu werden. Der Philosoph und Kepler-Landsmann Friedrich Wilhelm Joseph von Schelling setzte sich im 19 Jahrhundert vehement für Kepler ein und erklärte 1840 in einem Brief an den Philologen Joseph Kopp: »Wenn ein Mensch je den nach aller Herabwürdigung erhaben bleibenden Namen Genie verdient, so ist es Kepler.« Heute ist dessen Platz im Olymp wissenschaftlicher Größen gesichert, und wie visionär der brillante Schwabenkopf wirklich war, zeigt sich auch an einem kleinen Satz wie diesem, den Kepler 1610 in seiner *Dissertatio Cum Nuncio Sidereo* an Galileo Galilei schrieb: »Man schaffe Schiffe und Segel, die für die Himmelsluft geeignet sind. Dann wird es auch Menschen geben, die vor der öden Weite des Raumes nicht zurückschrecken werden.«

31. GRUND

Weil in einem kleinen schwäbischen Kaff Unterwäsche für die ganze Welt designt wird

Ein kleiner Streifzug durch die 10.000-Seelen-Gemeinde Heubach auf der Ostalb. Wie sich das so gehört für ein richtiges schwäbisches Örtchen, hat auch dieses ein eigenes, kleines Schloss. Da sind Stadtbibliothek, Heimatmuseum und sogar ein Trauzimmer untergebracht. Noch dazu kann sich der geneigte Besucher auf eine kleine Zeitreise, in ein historisches Klassenzimmer von 1900, begeben. Wer ein genaues Bild davon haben will, wie der Schulunterricht damals ablief, lässt sich das am besten von Gerda Fetzer zeigen: In stilechten Klamotten von einst erklärt sie, wie das einstmals lief mit den Fleißbildchen, deren Sprüche auswendig gelernt werden mussten. Auch die Strafen von damals demonstriert sie schmerzhaft deutlich: Schläge mit dem Stock auf die Hände oder die Eselsmütze auf dem Kopf. Highlight des Schlosses ist aber zweifelsohne das einzigartige Miedermuseum, in dem Unterwäsche aus verschiedenen Jahrhunderten ausgestellt wird. Das älteste Ausstellungsstück ist ein Mieder von 1780. Der geneigte Besucher kann Unterwäsche aus Fischbeinknochen, Sanduhrkorsetts oder die »Unaussprechlichen« bewundern, so wurden die Unterhosen für Frauen genannt. Ihnen war es erst im 19. Jahrhundert erlaubt, dieses eigentlich Männern vorbehaltene Beinkleid zu tragen. Besonders prickelnd in diesem Zusammenhang: ein gigantisches Stück Wäsche, das sich bevorzugt unter den weiten Röcken der Bauersfrauen befand und sich »Stehbrunzhose« nennt.

Dass sich ausgerechnet im beschaulichen Heubach ein Miedermuseum befindet, ist kein Zufall. Denn dieses verweist auf eine Unterwäsche-Firma, die hier einst in einer alten Scheune entstand und die es seit über 125 Jahren gibt. »Triumph« gehört sicher zu den berühmtesten und erfolgreichsten Unterbekleidungs-Herstellern der Welt und gilt als Mercedes unter den Dessous. Bei Frauen jedenfalls ist die Firma heiß begehrt, was man hautnah miterleben kann, wenn man hier einmal den Werksverkauf miterlebt hat.

Gegründet wird das Unternehmen 1886 von Korsettmacher Johann Gottfried Spießhofer und dem Kaufmann Michael Braun. Sie wollen eine Korsettmacherei betreiben. Zu Beginn besteht die Firma aus sechs Nähmaschinen und ebenso vielen Beschäftigten. Vier Jahre später sind es schon 150 Mitarbeiter. Nachdem das Geschäft mit der Korsettwarenfabrik boomt, suchen die beiden Inhaber einen griffigen Markennamen. Ihnen ist klar, dass »Spießhofer & Braun« nicht wirklich sexy klingt. So lassen sie sich von einem weltberühmten Pariser Bauwerk inspirieren, dem Arc de Triomphe, und kommen folgerichtig auf den Namen »Triumph«. 1902 wird er sie als Markenname eintragen. Zuerst konzentriert sich die Firma auf den deutschsprachigen und englischen Markt, gründet dann 1933 eine Niederlassung im Schweizer Zurzach. Nach dem Krieg expandiert das Unternehmen weiter rasant und beginnt, den europäischen Raum zu erobern. In den 1960er-Jahren geht es dann auch nach Asien, was nicht leicht ist, denn eine wirkliche Miedertradition existiert dort nicht, weshalb zu Beginn des Exports eine gewisse Skepsis gegen den schwäbischen Büstenhalter vorherrscht.

Im Laufe der Jahre entsteht in Heubach eine riesige Fabrik, in der die Unterwäsche-Mode hergestellt wird. Inzwischen gibt es solche Produktionsstätten auf der ganzen Welt. In dem eindrucksvollen Firmengebäude residiert heute das Design- und Produktions-Entwicklungszentrum des Unternehmens. Hier sind auf mehreren Stockwerken Näherei, Entwicklung und Herstellung untergebracht. Die Abteilungen arbeiten beim Erstellen neuer Produkte eng zusammen. In der Design-Abteilung tüfteln kluge Köpfe mit Unterstützung von Computern an den neuesten Rennern in Sachen Unterwäsche. Haben sie sich auf neue Ideen geeignet, werden diese in die Näherei gebracht, die aus den Vorstellungen der Entwickler handfeste Prototypen herstellt. Diese kommen dann wieder zurück in die Design-Abteilung, wo darüber diskutiert wird, ob die Neuentwicklungen tatsächlich etwas taugen. Nach internen Präsentationen wird endgültig über die Markttauglichkeit entschieden. Bei grünem Licht kommt das neue Produkt international heraus.

Was in Heubach kreiert wird, ist überall in der westlichen Welt zu kaufen, dort eben wohin »Triumph« exportiert. Ausgenommen ist dabei allerdings der asiatische Markt, der anderen Gesetzen folgt. Weshalb dieses Geschäft von Hongkong aus gesteuert wird. Aus der kleinen Scheunenfirma ist längst der internationale Marktführer in Sachen Unterwäsche, Dessous oder Bikinis geworden. Das Familienunternehmen exportiert in über 120 Länder, beschäftigt weltweit rund 37.500 Mitarbeiter, der Umsatz wird auf rund zwei Milliarden Euro geschätzt. Nicht schlecht für ein Unternehmen, das einst mit sechs Nähmaschinen begann. Die schwäbische Firma hat immer wieder die Zeichen der Zeit erkannt und ihre Mode darauf abgestimmt. Das funktionierte selbst in der BH-losen Zeit der

1970er-Jahre. Dort wurde mit großem Erfolg ein softes, saumfreies Modell angeboten. In den 1980ern reagierte man auf den Aerobic-Trend, indem Sport-BHs auf den Markt gebracht wurden. Zudem bewies »Triumph« stets ein außergewöhnliches Gespür für wirkungsvolle Marketing-Strategien. Nicht wenige der Werbesprüche trafen voll ins Schwarze. »Triumph krönt die Figur« etwa, oder »für den Körper, für die Sinne«. Auch die Kampagnen in den 1990er-Jahren mit Topmodels wie Naomi Campbell oder Monica Bellucci zeitigten großen Erfolg. Zudem kennt die schwäbische Erfolgsfirma längst auch die nationalen Vorlieben ganz genau, weiß, dass deutsche Frauen es dezent und glatt mögen, während Französinnen Spitze bevorzugen. Es heißt, bei jeder zweiten Frau zwischen 14 und 70 sei Triumph drunter. Wer das wohl getestet hat …

KAPITEL 4

Süßes und Saures

Weil Bubenspitzle und Nonnenfürzle wirklich lecker sind

Der Schwabe hat es nicht nur mit dem Diminutiv, der Verkleinerungsform, er scheint auch, zumindest in seiner Ausdrucksweise, genital und anal fixiert zu sein. So sagt die klassische schwäbische Mutter zu ihrem Sohn auch gerne mal »Stinkerle« oder »Scheißerle«. Und meint das natürlich nicht vulgär, sondern liebevoll. Es ist die schwäbische Art, »Schatz« oder »mein Kind« zu sagen. Aber das geht noch weiter. Auch in den kulinarischen Bereich hinein. Besonders pikant sind da »Nonnenfürzle« und »Buabaspitzle«. Beide absolut essbar, durchaus lecker und weit davon entfernt, etwas Unanständiges zu sein.

Mit »Nonnenfürzle« ist ein Gebäck gemeint, das vor allem an Fasching gegessen wird. Es schmeckt sehr lecker, ist allerdings auch eine waschechte Kalorienbombe. Das »Nonnenfürzle« besteht aus Brandteig. Der wird aus Mehl, Butter und Milch gemacht. Dazu kommen noch Eier, Zucker und Backpulver. Aus dem daraus entstehenden Teig formt man mit einem Teelöffel kleine Knödel. Die werden dann in heißem Fett goldgelb gebacken. Am Schluss wird das Ganze in Zucker gewendet.

Der Namen »Nonnenfürzle« kommt eigentlich von dem Begriff »Nonnenfürtchen«, was aus einem mittelniederdeutschen Wort entstanden ist, das übersetzt so viel heißt wie »von den Nonnen am besten zubereitet«. Wie es dann zu dem anderen Begriff kam, ist nicht ganz geklärt, immerhin gibt es eine nette Geschichte dazu. Einer Novizin passierte folgendes Malheur: Sie sollte Schmalzgebäck herstellen, war in dieser Kunst aber nicht so bewandert. Deshalb war ihr der Teig auch etwas feucht geraten. Und so soll es geschehen sein, dass dieser ein recht unflätiges Zischgeräusch von sich gab, als die Novizin ihn ins heiße Schmalz tauchte. Und wie das in solchen Geschichten immer so ist, kam genau in diesem

Augenblick ein Bischof herein, der gerade im Kloster zu Besuch weilte und die Küche besichtigte. Verständlich, dass es der armen Klosterschülerin so peinlich war, dass sie vor Scham errötete. Der Bischof soll ob dieser vermeintlich rektalen Unpässlichkeit aber humorvoll reagiert und das Gebäck »Nonnenfürzle« getauft haben.

Neben dieser süßen kulinarischen Merkwürdigkeit existieren noch die eher herzhaften »Buabaspitzle«. Die schwäbische Bezeichnung für die allseits bekannten Schupfnudeln. Die gibt es schon ganz lange. Sie sollen bereits von den Landsknechten im Dreißigjährigen Krieg zubereitet und gegessen worden sein. Diese formten aus Mehl und Wasser längliche Nudeln und bereiteten sie zu. Nach der Einführung der Kartoffel im 17. Jahrhundert wurden die Schupfnudeln dann aus Kartoffelteig hergestellt und mit Sauerkraut serviert. Aber egal wie sie auch zubereitet wurden, ihre Form war immer dieselbe. Und dieses Aussehen dürfte irgendwann mal irgendjemand auf die Ähnlichkeit mit den Pimmelchen kleiner Jungs gebracht haben. Und so wurde daraus »Buabaspitzle«. Mit solchen nicht wirklich geschmackssicheren Vergleichen würzt der Schwabe gerne seine kulinarische Sprache. Und er denkt sich nichts dabei.

33. GRUND

Weil die Schwaben ihren Wein am liebsten selber schlotzen

Natürlich wird gemunkelt, dass der erste Präsident der Republik, Theodor Heuss, nicht selten durch ein Glas Lemberger beflügelt seine Reden schrieb. Auch literarische Meister wie Schiller oder Hölderlin sollen durch den Geist schwäbischen Weines zu dichterischen Höchstleistungen inspiriert worden sein. Aber mal ehrlich: Hinter »Cannstatter Zuckerle« oder »Esslinger Glockenspiel« vermutet man ja nun nicht wirklich einen großen Wein. Und das Trinken des köstlichen Rebensaftes als »Schlotzen« zu bezeichnen klingt auch nicht gerade kultiviert. Sagen wir es doch, wie es ist: Der Ruf schwäbischer oder besser: württembergischer Weine ist nicht gerade gut. Er war sogar für lange, lange Zeit ganz fürchterlich. Ganz im Gegensatz beispielsweise zu den Weinen an der Mosel galten die schwäbischen Weine als Zumutung: Synonym für Weine aus dem Schwabenland war der Trollinger und der galt als schwach-rote Plörre. Da half auch der Werbespruch aus den 1980er-Jahren, »Kenner trinken Württemberger«, nicht.

Tatsächlich war die Qualität schwäbischer Weinerzeugnisse ursprünglich keines Kenners würdig. Genau das aber lag wohl an den strukturellen Gegebenheiten des hiesigen Weinanbaus. Das in Württemberg praktizierte Modell sorgte wahrhaft nicht für qualitativ hochwertige Produkte. Sowohl der Adel als auch Klöster oder Großgrundbesitzer wollten mit dem Rebensaft Geld verdienen. Das Risiko wälzten sie aber auf die Weingärtner ab. Diese verfügten meist nur über kleinste Anbauflächen und waren sowieso in ihrem Herzen keine Winzer, sondern eigentlich Bauern, die auch noch vom Gemüse- und Getreideanbau lebten. Um einen möglichst hohen Ertrag zu erlangen, mischten sie fröhlich alle denkbaren Rebsorten durcheinander. Die Gefahr einer Missernte war so minimiert, die Qualität dadurch aber extrem niedrig. Hochwertige Sorten wurden selbst im 19. Jahrhundert nur von wenigen Weingütern angebaut. Dabei bieten Böden und klimatische Bedingungen eigentlich hervorragende Voraussetzungen für guten Wein. Schwarzwald und Schwäbische Alb beispielsweise schützen die Tallage des Neckars und sorgen für ein weinfreundliches Klima. Die Weinregion Württemberg verläuft von Öhringen im Norden bis Rottenburg am Neckar im Süden, von Knittlingen im Westen, bis Strümpfelbach im Osten. Und es gibt auch eine Württemberger Weinstraße. Sie führt über mehr als 500 Kilometer am Neckar und seinen Seitentälern, von Weikersheim bis Metzingen, entlang. Selbst in der Landeshauptstadt Stuttgart befinden sich Weinberge, die wegen des besonders günstigen Klimas durchaus qualitätsvolle Produkte hervorbringen. Die Stuttgarter

Mönchshalde ist Weinkennern durchaus ein Begriff. Ebenso wie viele Erzeugnisse aus dem Remstal.

Und wirklich tut sich schon seit Jahren etwas im Ländle, immer mehr Spitzenwinzer stechen hervor. Zu den wichtigsten Weingütern gehören sicherlich Graf Adelmann, Gerhard Aldinger, Markus Heid, Graf Neipperg oder Rainer Schnaitmann. Und es gibt noch viele, viele mehr. Heute braucht sich der Schwabe für seine Weine wahrlich nicht zu schämen. Denn das Vorurteil, nur Trollinger würde hier angebaut, dürfte wohl längst ausgeräumt sein. Zwar liegt sein Anteil bei 20 Prozent, aber auch sonst werden zahlreiche Rotwein-Rebsorten gehegt und gepflegt: Schwarzriesling, Spätburgunder oder Lemberger, der ursprünglich aus Österreich nach Württemberg kam. Auch wenn die Roten eindeutig die württembergische Weinwelt dominieren, so gibt es doch auch veritable Weiße: Riesling, Müller-Thurgau, Silvaner, Kerner oder Grauburgunder. Viele kleine Wengerter haben sich freilich zu Genossenschaften zusammengeschlossen. Aber auch dieser Wein zeigt oft eine hervorragende Qualität.

Zudem gibt es unter ihnen einige findige Schwaben, die ihre Region originell zu vermarkten wissen. Zu ihnen gehört die Kellerei Rosswag. Rund 370 Winzer haben sich hier zusammengeschlossen. Ihre Weinberge befinden sich an den sonnenüberfluteten Steilhängen mit ihren Muschelkalk-Böden nahe der Enz. Sie produzieren nicht nur genussvolle Lemberger, sondern auch Merlot oder Cabernet Sauvignon. Was sie von vielen anderen Weingenossenschaften unterscheidet, sind die vielen einfallsreichen oder auch skurrilen Events, mit denen sie immer wieder für Schlagzeilen sorgen. So findet jedes Jahr der sogenannte »401-Stäffele-Teamlauf« statt, weil es eben insgesamt 401 Stäffele sind, die es bei diesem sportlichen Wettbewerb in den Weinbergen hoch und runter zu rennen gilt. Daneben wird für Laien das Programm »Wengerter für ein Jahr« angeboten, bei dem jeder einmal Winzer spielen darf. Wer Lust hat, kann entspannt mit einem schicken Segway durch die Weinberge und das Naturschutzgebiet cruisen. Unter fachlicher

Aufsicht natürlich. Absolutes Highlight aber zweifellos: die Weinprobe im Heißluftballon. Und da sage noch jemand, die Schwaben hätten keinen Sinn für Exzentrik.

Im Übrigen wurde nicht selten behauptet, die Römer hätten den Wein nach Württemberg gebracht, das indes wird von Kennern angezweifelt, die eher davon ausgehen, dass die Franken den Württembergern im 8. Jahrhundert die Weinherstellung beibrachten. Um einen weiteren Irrtum aufzuklären: Der Schillerwein ist nicht etwa dem gleichnamigen Dichterfürsten gewidmet, sondern bezeichnet ein Gemisch aus weißen und roten Trauben, welche noch vor der Maische vermengt werden und vom selben Weinberg stammen. Seinen Namen erhielt er wegen seiner schillernden Farbe.

34. GRUND

Weil es in einem Besa saugmütlich ist

Sie brauchen keine Angst zu haben, wenn Sie am Eingang eines alten schwäbischen Bauernhauses oder Gebäudes das Symbol eines Besens hängen sehen. Selbst wenn der Besen nicht nur als Symbol, sondern ganz in echt da hängt: Dieses Zeichen bedeutet mitnichten, dass Sie hier die schwäbische Kehrwoche näher kennenlernen dürfen. Es steht für einen »Besa«, eine Besenwirtschaft. Und nein, auch das brauchen Sie nicht zu befürchten: Besenwirtschaft bedeutet keineswegs, dass Sie hier mit Besen-Gerichten verwöhnt werden. Der Besa ist eine ganz besondere Version von Gasthaus und geht auf das Jahr 800 zurück. Karl der Große soll ein Förderer des Weinbaus gewesen sein, weshalb er einen Erlass verfügt hat, dass Bauern auch ohne Schankkonzession einen Teil ihres Weins direkt verkaufen und ausschenken dürfen. Sie sollten einfach nur einen Kranz aus Tannenreisig oder Stroh am Haus befestigen, um den Besuchern zu signalisieren, dass hier getrunken und gegessen werden kann.

An dieser Tradition hat sich bis heute im Kern nicht viel geändert. Außer dass inzwischen keine Kränze, sondern Besen am Eingang hängen. Aber es gibt für Besenwirtschaften ganz klare Regeln, an denen nicht gerüttelt wird. Der Wengerter bekommt die Erlaubnis, im Jahr maximal bis zu vier Monaten in höchstens zwei Zeitabschnitten ihre Wirtschaft zu öffnen. Dabei muss alles klein, fein und persönlich bestimmt sein, weshalb es maximal 40 Sitzplätze geben darf. Zu dem ausgeschenkten Rebensaft, der aus eigener Produktion stammen muss, dürfen auch keine aufwendigen Speisen serviert werden, sondern nur einfache Hausmannskost. Schlachtplatte, Maultaschen oder Ripple mit Sauerkraut. Ein zünftiges Vesper oder auch Zwiebelkuchen ist im Besa sehr gefragt. Letzterer vor allem, wenn er zusammen mit einem neuen Wein genossen wird.

Viele Besenwirtschaften befinden sich in den Wohnstuben der Weinbauernhöfe, in umgebauten Ställen oder alten Gewölbekellern. Sie sind urgemütlich und durchaus auch für »Reigschmeckte« zu empfehlen, die das Schwabenland und seine Ureinwohner mal näher kennenlernen möchten. Im Besa muss man auf Tuchfühlung mit den Einheimischen gehen, denn meist ist es eng und kuschelig warm. Die Devise heißt, ganz im schwäbischen Geist: gemütlich, gesellig, günstig. Ein Viertele im Besa zu schlotze ist im Schwäbischen ein Muss. Nicht nur für alte, sondern auch für junge Besucher ein wunderbar kauziges, unterhaltsames und uriges Vergnügen. Inzwischen werden nicht mehr nur Trollinger und Riesling ausgeschenkt, auch andere Sorten, zum Beispiel im Holzfass gereifte Weine und Cuvees, werden feilgeboten, die den Aufenthalt in der Besenwirtschaft noch angenehmer machen sollen.

Die Besenwirtschaftdichte ist um Stuttgart herum sehr hoch: Bad Cannstatt, Uhlbach, Ober- und Untertürkheim sind in dieser Hinsicht Ballungsräume. Gleiches gilt für das Remstal. Obwohl als Hauptsaison für Besenwirtschaften Frühjahr und Herbst gelten, ist das von Gebiet zu Gebiet, von Wirtschaft zu Wirtschaft völlig unterschiedlich. Die Wengerter haben da alle ihre eigenen Köpfe, schließlich findet der Ausschank ja in ihren Privaträumen oder zumindest in deren Nähe statt. Sie machen das so, wie sie wollen. Und sind da auch absolut »eigen«, um das Wort »dickköpfig« zu vermeiden. Deshalb bietet es sich an, sich vor dem Besuch eines Besa im Internet oder telefonisch über die Öffnungszeiten zu informieren. Es lohnt sich auf alle Fälle immer, rechtzeitig zu kommen, denn üblicherweise ist der Besa brechend voll, weil sich viele dort inzwischen auch mit ihrer Clique verabreden, um ein Viertele »zu schlotzen«. Ich wurde jedenfalls schon oft wieder fortgeschickt, ohne Wein und Zwiebelkuchen probiert zu haben. Sollte es übrigens den einen oder anderen in eine Reutlinger oder Tübinger Besenwirtschaft verschlagen, dann bitte nicht den alten Gerüchten und Legenden glauben, die zum Beispiel behaupten, dass Prinz Eugen nach einem Schluck Reutlinger Wein erklärte, dass er lieber noch einmal Belgrad erobern würde, als einen Becher dieses Gesöffs zu trinken. Die ausgeschenkten Weine in den dortigen Besa sind normalerweise immer bekömmlich. Vielleicht ist ihr schlechter Ruf nur durch gegenseitiges Dissen der beiden Orte entstanden. So meinte einst der schwäbischste aller Schwaben, der Mundartdichter Thaddäus Troll: »Die Tübinger behaupteten, der Reutlinger Wein schmecke, als ob man eine Katze durch die Gurgel jage. Die Reutlinger konterten mit der Feststellung, der Tübinger schmecke, als ob man die Katze am Schwanz wieder hochziehe.«

Weil Linsen und Spätzle das schwäbische Nationalgericht sind

Fragt des Äffle des Pferdle: »Du – was isch groas?«
  Pferdle: »A Elefant.«
  Äffle: »Ond was isch größer?«
  Pferdle: »Schtuargat!«

Äffle: »Was isch denn überhaupt's Gröschde?«

Pferdle: »Lensa med Spätzla ond Soidawirschtla!«

Der Dialog zwischen den berühmtesten schwäbischen Cartoon-Figuren bringt es auf den Punkt, sagt viel Wahres über die kulinarischen Vorlieben traditioneller Schwaben. Tatsächlich gelten »Linsen und Spätzle« als das Größte, als das Nationalgericht für die Menschen aus Deutschlands Südwesten. Nicht zu vergessen die Saitenwürste, die inzwischen auch dazugehören, wie die Streiks zur Deutschen Bahn. Vegetarier hin, Veganer her. Und wie so viele Gerichte auf der urschwäbischen Speisekarte entstammt auch dieses der Armeleuteküche. Schon viele Notzeiten konnten von den Schwaben überstanden werden, weil sie sich als äußerst erfindungsreich zeigten. Es wurde extensive Resteverwertung betrieben, indem man »Lompesüpple« kochte, eine Suppe, in der sämtliche Überbleibsel aus der Küche hineingeworfen wurden. Hackbraten ist sehr beliebt, weil er sich mit alten Weckle strecken lässt, und Saure Kutteln mögen für manche außerhalb der Region ein »Abfallessen« sein, hier gelten sie als Delikatesse. Frei nach dem Motto: »Koche ischt kei Kunscht, esse muaß mer kenna!«

Und so ist auch »Linsen und Spätzle« ein Gericht, das aus schwäbischer Not und Sparsamkeit geboren wurde. Weil im Winter kein saisonales Gemüse auf den Feldern wuchs, griffen die schlauen Schwaben eben auf getrocknete Linsen zurück. Die waren sättigend, nahrhaft und schmeckten außerdem recht gut. Dazu kam, dass sie erstens leicht anzubauen waren, auf kargen Böden wachsen konnten und auch noch einfach zu lagern waren. Eigentlich ist »Linsen und Spätzle« ein deftiges Herbst-und-Winter-Gericht, wärmend und sättigend. Als leichte Sommerspeise eher wenig geeignet. Trotzdem wird es das ganze Jahr über in gutbürgerlichen Lokalen und Kantinen angeboten. Vielleicht gilt für manche eben noch das eigentlich längst überkommene Schwaben-Motto: »Egal, was i fress, Hauptsach', mei Ranza spannt.« Nicht vergessen sollte man allerdings, dass es durchaus eine Kunst sein kann, »Linsen und Spätzle« richtig gut zuzubereiten. So gibt es zum Beispiel auch ein Rezept dafür vom berühmten schwäbischen Sternekoch Vincent Klink. Auf *chefkoch.de* finden sich sogar 39 Varianten für das schwäbische Nationalgericht.

Im Übrigen kann es in schwäbischen Küchen zu heftigen ideologischen Grabenkämpfen kommen, wenn es um die Herstellung der für die Speise so wichtigen Spätzle geht. Bei Spätzle hört der Spaß auf. Für die echte schwäbische Hausfrau steht fest: Die dürfen nur auf dem Spätzlebrett geschabt werden. Das besteht in der Regel aus Holz, hat oben einen Griff und ist an der Unterseite keilförmig angespitzt, damit sich der Teig leicht vom Brett schaben lässt. Der Schaber selbst ist aus Metall. Das Brett wird an die Oberfläche kochenden Wassers gehalten, auf die untere Hälfte kommt der Teig, der mit dem Schaber ins Wasser geschabt wird. Das ist allerdings eine Kunst für sich. Es muss schnell gehen, erfordert Kraft, Ausdauer und Können, da sonst die Spätzle nichts werden. Genau deshalb gibt es auch die Baden-Württembergischen Meisterschaften im Spätzlesschaben, wo sich die besten Schaber des Musterländles messen. Um den Vorgang zu vereinfachen, wurde die Spätzlepresse, auch »Spätzleschwob« genannt, erfunden. In das Gerät wird einfach Teig hineingegeben, der über kochendem Wasser durch die kleinen runden Öffnungen am Boden der Presse gedrückt wird. Solche Geräte lässt die echte schwäbische Hausfrau natürlich nicht gelten, weshalb die auf diese Weise hergestellten Teigwaren als »Faule-Weiber-Spätzle« beschimpft werden. Was natürlich Unsinn ist, denn sie schmecken genauso gut. Und wem die Spätzlepresse nicht reicht, der kann auch zum Spätzle-Hobel, zur Spätzle-Hex oder zum Spätzle-Shaker greifen. Probieren Sie »Linsen und Spätzle« ruhig mal aus, auch wenn Sie aus dem hohen Norden sind, die werden Ihnen bestimmt schmecken. Denken Sie aber daran: »Lensa, Spätzle ond Kraut henn scho manch a Figur versaut.« Worauf ein echter Schwabe natürlich schlagfertig antworten könnte: »Liebr en Ranze vom Fresse als en Buckel vom Schaffe.«

Weil Maultaschen ein göttlicher Schwindel sind

Es ist Mitte des 17. Jahrhunderts. Im Ländle herrschen Armut und Hunger. Und in dieser Situation werden die Zisterziensermönche im Kloster Maulbronn in eine tiefe Glaubenskrise gestürzt. Mitten in der Fastenzeit, kurz vor Karfreitag, bekommen sie ein großes, feines, leckeres Stück Fleisch geschenkt. Eine wahre Verheißung für die hungrigen Mägen. Doch das Problem an der Sache: In der Fastenzeit darf kein Fleisch gegessen werden. Es einfach verrotten und verfaulen zu lassen, wäre aber wohl auch als Sünde anzusehen. Also, was machen in dieser verzwickten Situation? Der Schwabe an sich gilt nicht umsonst als Cleverle, als jemand, dem immer wieder etwas einfällt, um einen kleinen Vorteil für sich herauszuschlagen. Und so kamen die schlauen Mönche auf folgende Idee. Sie hackten das Fleisch erst mal klein, dann sammelten sie in ihrem Klostergarten frische Kräuter und Spinat, was sie ebenfalls klein schnitten. Das mischten sie dann mit der Fleischmasse so zusammen, dass alles nach Gemüsebrei aussah. Da die Glaubensbrüder aber daran zweifelten, dass sich der Herrgott damit austricksen ließe, gingen sie lieber auf Nummer sicher. Und so umhüllten sie die grünliche Masse mit Nudelteig als Deckmäntelchen, damit definitiv nichts mehr von der Fleisch-Kräuter-Spinat-Masse zu sehen war. Gegart wurde das Gericht in einer Gemüsebrühe. Auf diese Weise soll einer der Eckpfeiler schwäbischer Kulinarik entstanden sein. Den Namen »Maultasche« soll diese Speise vom Ort ihrer Entstehung bekommen haben, dem Kloster Maulbronn. Und weil es bei der Entstehung schlicht darum ging, Gott zu täuschen, wird die Schwabenspezialität auch »Herrgottsbscheißerle« genannt. Ob die Maultaschen wirklich auf diese Weise entstanden sind oder das alles auf einer Legende beruht, weiß natürlich niemand. Immerhin: Die Geschichte klingt einfach zu gut, um sie nicht weiterzuerzählen.

Selbstverständlich gibt es auch andere Theorien, die weniger schwabenfreundlich sind. So wird behauptet, dass im 14. Jahrhundert die aus Tirol stammende Herzogin Margarete von Tirol-Görz, auch Margarete Maultasch genannt, ein Nudelgericht aus ihrem Land mitbrachte und die flinken Schwaben das Rezept einfach kopierten. Ihr Beiname »Maultasch« meint übrigens mitnichten das schwäbische Kultgericht, sondern bedeutet »Hure« oder »liederliches Weib«. Was aus den Reihen des Klerus gekommen sein könnte, denn dieser schien ihr nicht sonderlich wohlgesinnt. Es wurde auch behauptet, es beziehe sich auf ihren missgestalteten Mund oder vielleicht doch nur auf Burg Neuhaus, die sie gerne besuchte und die »Schloss Maultasch« genannt wurde. Ein weiterer Erklärungsversuch für die Entstehung der Maultaschen bezieht sich auf ein Kochbuch aus der Zeit des römischen Imperiums, in dem von Nudeltaschen mit einer Füllung zu lesen ist. Im Unterschied zu den schwäbischen Maultaschen waren diese Nudeltaschen aber mit etwas Süßem gefüllt. Eine der skandalösesten, nahezu blasphemischen Behauptungen über den Ursprung der Maultasche besagt, sie seien einfach eine Kopie italienischer Ravioli oder Tortellini. Als Beleg gelte, dass in der Nähe des Klosters Maulbronn – ja, da sind wird dann doch wieder gelandet – zahlreiche Waldenser, protestantische Glaubensflüchtlinge aus Norditalien, gelebt hätten. Von Ihnen sei das Gericht quasi importiert worden. Ob der Schwabe diese Erklärung gelten lässt oder gutheißt, darf bezweifelt werden. Er dürfte es eher als »domms Lättagschwätz« oder als »Dummgebabbel« brandmarken. Frei nach dem Motto: »Domm rausgschwäzd ond gschissa isch glei an Haufa«.

Wo auch immer sie herkommen, eines ist sicher: Was die Weißwürste für die Bayern, sind die Maultaschen für die Schwaben. Ob in der Brühe, geschmälzt oder »geröstet«, das heißt in Streifen geschnitten und in der Pfanne gebraten. Ohne Maultaschen auf dem Tisch läuft nix. Das Gericht galt lange Zeit als Armeleuteessen. Es bietet nämlich der schwäbischen Hausfrau die Möglichkeit, in der

Küche sparsam zu haushalten und die Reste vom Vortag darin zu verarbeiten: Hart gewordenes Brot, altes Gemüse oder übrig gebliebenes Siedfleisch. Inzwischen hat sich da aber einiges geändert. Maultaschen finden sich durchaus auch in der schwäbischen Edelgastronomie. Da besteht die Füllung dann eben nicht aus Brät, Spinat und Zwiebeln, sondern aus Forellen und Kaviar, Wachtelfleisch und Morcheln oder aus Steinpilzen. Und wer es lieber günstig mag, geht einfach zu einem Maultaschen-Schnellimbiss in der schwäbischen Landeshauptstadt. Da gibt es Maultaschen mit Curry, mit Ricotta und Parmesan oder im Laugenbrötchen. Für besonders Interessierte gibt es bei Bad Urach sogar einen Maultaschenwanderweg. Alle Wege, die durch idyllische Landschaft der Schwäbischen Alb führen, haben nur ein Ziel: die Stärkung des Wanderers mit köstlichen Maultaschen-Variationen.

Das Schwabenland in Atem hielt vor wenigen Jahren auch der sogenannte »Maultaschenfall«, er erlangte sogar bundesweite Berühmtheit. Eine Altenpflegerin hatte heimlich Maultaschen mitgehen lassen und ihr wurde daraufhin von ihrem Arbeitgeber fristlos gekündigt. Es soll sich um sechs Maultaschen im Wert von vier Euro gehandelt haben. Sie waren ursprünglich als Essen für die Heimbewohner bestimmt gewesen und wären eigentlich weggeworfen worden. Der Arbeitgeber wollte von dieser Erklärung aber nichts wissen, seiner Meinung nach galt die Regel, dass die Reste der Bewohnerverpflegung nicht mitgenommen werden dürften, und feuerte die Frau wegen Diebstahls. Diese zog in mehreren Instanzen vor Gericht. Die beiden Parteien einigten sich schließlich auf eine Abfindung und Gehaltsnachzahlung. Maultaschen als Kern von spektakulären gerichtlichen Auseinandersetzungen, das gibt es eben nur im Schwabenland.

Weil der »Gaisburger Marsch« besser schmeckt, als er klingt

Nachvollziehbar ist es durchaus, dass jemand, der nicht aus dem Schwäbischen stammt, diesem Eintopfgericht skeptisch gegenübersteht: Denn hier werden Kartoffeln und Nudeln miteinander kombiniert. Was doch eher ungewöhnlich ist und weshalb der »Gaisburger Marsch« ursprünglich auch »Kartoffelschnitz und Spätzle« oder, in Anspielung auf diese merkwürdige Verbindung, »Verheierte« (»Verheiratete«) hieß. In die Fleischbrühe werden aber nicht nur Kartoffeln und Spätzle, sondern auch Fleischwürfel und geröstete oder angeschmälzte Zwiebeln gegeben. Und das schmeckt wirklich lecker. Vor allem in den Wintermonaten. Der ehemalige Bundespräsident Horst Köhler outete sich als Fan dieses schwäbischen Eintopfs, er ließ es bei seinem Amtsantritt 2004 beim »Mahl der Demokratie« servieren. Auch Drei-Sterne-Koch Harald Wohlfahrt ist von dem einfachen Traditionsgericht der schwäbischen Küche begeistert. Was den »Gaisburger Marsch« aber so außergewöhnlich macht, ist seine Entstehungsgeschichte. Die ist zwar inzwischen weitgehend enthüllt, aber trotzdem noch nicht endgültig geklärt, weshalb sich zahlreiche Legenden um die Genesis des Namens ranken. Kein Zweifel besteht daran, dass der Stuttgarter Stadtteil Gaisburg, im Bezirk Stuttgart-Ost, irgendwie eine wichtige Rolle gespielt hat. Aber welche genau – das ist eben die Frage. Immerhin: In Gaisburg wird seit vielen Jahren in schöner Regelmäßigkeit ein Fest zu Ehren dieses schwäbischen Gerichts gefeiert.

Die bekannteste Erklärung zur Entstehung des Namens stammt vom schwäbischen Mundartdichter Thaddäus Troll. Im 19. Jahrhundert sollen junge Stuttgarter Offiziersanwärter mit dem Essen ihrer Kantine nicht zufrieden gewesen sein, weshalb sie sich jeden Mittag versammelten, um außerhalb, in der nahe gelegenen Gaststätte »Bäckerschmide«, zu speisen. Dort wurde ihnen ein

Ochsenfleischeintopf mit Spätzle und Kartoffeln serviert. Die Offiziersanwärter machten sich natürlich in der geforderten militärischen Marschordnung auf den Weg von der Berger Kaserne zu dem Wirtshaus. Eine andere Version der Entstehungsgeschichte spielt im 18. Jahrhundert. Sie handelt von Gaisburger Männern, die von den französischen Besatzern festgenommen und in ein Gefangenenlager gebracht worden waren. Den Frauen wurde erlaubt, ihren inhaftierten Männern pro Tag eine Schüssel Essen zu bringen. Die guten Seelen warfen natürlich alles in die Schüssel, was gut schmeckte und auch nahrhaft war. Ihre Gatten sollten schließlich zu Kräften kommen. Als sehr geschickt stellte sich dabei der Trick heraus, Spätzle in den Eintopf zu tun, denn diese schwammen oben, weshalb die Wächter die Fleischstücke nicht bemerkten, die sich darunter tummelten. Auch diese besorgten, jeden Tag zum Gefängnis marschierenden Ehefrauen könnten dem »Gaisburger Marsch« seinen Namen gegeben haben. Oder die treusorgenden Gattinnen, die sich zu ihren bei Daimler arbeitenden Männern über die Gaisburger Brücke bis nach Untertürkheim aufmachten, um ihnen Essen zu bringen.

Unterschiedliche, aber immerhin stets romantisch-amüsante Erklärungsversuche, die sicher ihren festen Platz in schwäbischen Legendenbüchern behalten dürften. Ein schwäbischer Historiker kam indes 2008 bei seinen Nachforschungen auf eine wesentlich nüchternere, geradezu skandalöse Erklärung, wie es zu dem Namen kam. Er geht davon aus, dass der Begriff während der Nazizeit etabliert worden war, schließlich fand er in einem Zeitungsartikel von 1933 den »Gaisburger Marsch« erstmals erwähnt. In dem Beitrag geht es um den sogenannten Eintopfsonntag, den die Nationalsozialisten kurz vorher eingeführt hatten, am jeweils ersten Sonntag, um das eingesparte Geld an das Winterhilfswerk spenden zu können. Auch Gaststätten soll es da nur erlaubt gewesen sein, Eintopf anzubieten. In der »Bäckerschmide« wurde er unter »Gaisburger Marsch« angeboten, so der Forscher. Er veranstaltete sogar eine

Ausstellung zum Thema. Zum befürchteten Skandal und Aufschrei der schwäbischen Bevölkerung kam es indes nicht. Seine Enthüllungen dürften eher für Schulterzucken gesorgt haben. Der Schwabe nimmt es maulfaul, gelassen. Außerdem, wie heißt es so schön und passend in einem wundervollen John-Ford-Westernklassiker: »When the legend becomes fact, print the legend.«

Weil die Schwaben ihren eigenen Whisky haben

Die Schotten und die Schwaben haben zwei Dinge gemeinsam? Als Erstes – klar – ihren sprichwörtlichen Geiz, werden Sie sagen. Aber was sonst noch? Kommen Sie drauf? Beide haben ihren eigenen Whisky. Jenes Getränk, dessen Herstellung erstmals 1494 schriftlich nachgewiesen werden konnte. Der Benediktinermönch John Cor stellte aus 500 Kilogramm Malz »uisge beatha« her, was durch Steuerunterlagen des schottischen Schatzamtes belegt ist. »Uisge beatha« bedeutet auf Schottisch-Gälisch: »Wasser des Lebens«. Erst wurde daraus »usquebaugh«, dann »usky« und schließlich »Whisky«. Heute wird längst nicht allein in Schottland oder Irland Whisky hergestellt, sondern ebenfalls in Amerika, Japan oder auch im Schwäbischen. Und was die Sache noch erstaunlicher macht: Auch dieser aus Süddeutschland stammende Exot unter den Whiskys kann sich sehen und, noch besser, sogar trinken lassen.

Einer der bekanntesten Whisky-Brenner des Ländles ist Walter Seeger aus Holzbronn: Er ist weit über die schwäbischen Grenzen hinaus bekannt für seinen »Black-Wood-Whisky«. 2011 wurde er vom *Whisky Guide* als eine der besten Whisky-Brennereien Deutschlands ausgezeichnet. »Mich hat Whisky schon immer begeistert«, meint Seeger. »Als ich jung war, habe ich Bücher über das Thema verschlungen. Für mich war und ist es das beliebteste Getränk der Welt und ich glaube einfach an den berühmten Spruch des Komikers W. C. Fields: ›Man sollte immer ein kleines Fläschchen Whisky dabeihaben, für den Fall eines Schlangenbisses. Außerdem sollte man immer eine kleine Schlange dabeihaben.‹« Eigentlich wollte Seeger von Großvater und Vater nur die Schnapsbrennerei übernehmen. Und es war eine Selbstverständlichkeit, dass der Enkel respektive der Sohn das Traditionsgetränk der Gegend herstellt: Korn. Doch dann ging der junge Nachwuchsbrenner zu einem Lehrgang in Stuttgart-Hohenheim und traf auf einen Dozenten, der absoluter Whisky-Fan war. Er verwandelte Seeger in einen glühenden Fan des bernsteinfarbenen Getränks. Als dieser vom Lehrgang zurückkam, meinte er zu seinem Vater, der damals Vorstand der lokalen Schnapsbrenner war, er wolle ab sofort in Whisky machen. Der Vater tippte sich an die Stirn und erklärte dem Sohn: »Du spinnst!« Jahre später entwickelte er großen Respekt für das, was sein Sohn da destillierte, und war ausgesprochen stolz auf ihn und das, was in seinen Eichenfässern im Keller lagerte. Allerdings: Die ersten Jahre, ab 1990, waren extrem hart für den ambitionierten schwäbischen Whisky-Destillateur. Wer die Schwaben kennt, weiß, dass sie aus Prinzip erst mal skeptisch gegenüber allem Neuen sind. Nicht umsonst ist folgendes Sprichwort hier sehr populär: »Was d'r Bauer ned kennd, des frisst er ned.« Und so war das auch, als Seeger das ureigene Edelgetränk zum Verkauf anbot. »Whisky aus dem Schwarzwald – des geht ja gar ned«, so erinnert sich der schwäbische Whisky-Pionier an die ersten Reaktionen. Sein Traum war erst mal geplatzt. Um Geld zu verdienen, arbeitete er als Informatiker und eröffnete die Kneipe »Krabba-Nescht«, die im Laufe der Jahre sehr bekannt wurde. Sein Faible für Whisky stellte er mehrere Jahre hinten an. Doch nach und nach verkauften sich die Flaschen. Anfang 2000 begann das Geschäft mit dem »Black-Wood-Whisky« plötzlich regelrecht zu boomen, hatte sich doch auch im Schwäbischen herumgesprochen, dass einheimische Produkte nicht unbedingt schlecht sein müssen. Inzwischen gehören bei Seeger Whisky-Verkostungen zur Tagesordung. Außerdem stellt er mittlerweile auch edle Single Malt Whiskys her. Trotz stolzer Preise bringt er sie problemlos an den Mann.

Inzwischen gibt es im Schwäbischen viele Whisky-Hersteller und es werden immer mehr. Das Geschäft mit dem goldgelben Getränk scheint prächtig zu laufen. Es gibt Whisky-Shops und es werden Whisky-Tage veranstaltet. Auf der Schwäbischen Alb wird seit 2012 sogar ein Whisky-Walk angeboten. Die Teilnehmer wandern durch das Biosphären-Gebiet rund um die geschichtsträchtige Burg Teck und machen bei drei heimischen Whisky-Brennern halt. Sie besuchen die Destillen und probieren die dort hergestellten Produkte wie zum Beispiel den »echt schwäbischen Albdinkel-Whisky«. Alle drei Whisky-Brennereien befinden sich erstaunlicherweise in einem Ort, der gerade mal 3.500 Einwohner zählt: Owen. Bei dessen Aussprache sollte jeder Besucher aufpassen, denn es gilt der Spruch: »Auen sagen die Schlauen, Owen nur die Doofen.« Dass es hier so viele Whisky-Destillerien gibt, liegt daran, dass die Tradition des Brennens in Owen uralt ist. Alles, was auf den zahlreichen umliegenden Streuobstwiesen wächst, wurde und wird zu Obstbränden verarbeitet. Ohne diese Tradition wäre Christian Gruel wohl nie auf die Idee gekommen, hier, in dieser Region, Whisky herzustellen. Er wechselte beim Brennen einfach von Äpfeln, Kirschen und Birnen zu Getreide, zu Weizen oder Gerste, was seit jeher mit der Schwäbischen Alb untrennbar verbunden ist. Auch Gruel gilt als großer Pionier schwäbischen Whiskys und stellt diesen schon seit Ende der 1980er Jahre her. Zwischenzeitlich hat er die Geschäfte an seinen Enkel weitergegeben. Wie der schwäbische Whisky genau schmeckt, lässt sich indes kaum bestimmen, dafür sind die Methoden der Hersteller und die Fässer, in denen das edle Getränk gelagert wird, zu unterschiedlich. Mittlerweile haben die Schwaben so viel Selbstbewusstsein in Sachen Whisky entwickelt, dass sie sogar schon eigene Gläser kreieren. Diese erinnern optisch an das typisch schwäbische Vierteles-Weinglas mit Henkel. Nur ist die Whisky-Variante eben viel kleiner.

Weil der Streit um die Champagner Bratbirne
die Gerichte beschäftigte

Der schwäbische Hotelier, Koch und Obstwein-Spezialist Jörg Geiger ist ein echter Macher. Einer der experimentiert, neue Dinge ausprobiert oder alte, längst vergessene wieder aufleben lässt. Von seinem Vater lernte er das Schnapsbrennen, von den Eltern übernahm er das Gasthaus. Aber er ging einen eigenen, ganz speziellen Weg und entschloss sich, Produkte anzubieten, die sonst niemand im Sortiment hat.

Weil er in der Region und darüber hinaus für viel Furore gesorgt hat, habe ich schon vor Jahren ausprobiert und getestet, was er in seiner Manufaktur und seinem Restaurant in Schlat bei Göppingen eigentlich wirklich zu bieten hat. Als ich auf der Speisekarte »Mostsuppe« entdeckte, empfand ich zuerst eine Mixtur aus Skepsis und Erstaunen. Dieses Gericht klingt schließlich eher kühn als wirklich lecker. Und überhaupt: Most und Suppe – wie passt denn so was zusammen? Aber es passt. Perfekt sogar. Ich bin froh, dass ich dieses Experiment damals gewagt habe. Seit ich die Mostsuppe gegessen habe, bestelle ich sie jedes Mal, wenn ich mal in Geigers Restaurant vorbeischaue und sie auf der Speisekarte zu finden ist. Bei meinem ersten Besuch wollte ich natürlich als Aperitif die Spezialität des Hauses ausprobieren, Geigers legendären Birnenschaumwein aus der Champagner Bratbirne. Das klingt so lecker, wie es ist. Umwerfend! Ich gestehe allerdings, vorher noch nie von dieser Obstsorte »Champagner Bratbirne« gehört zu haben. Das jedoch ist eine uralte Obstsorte, die einfach lange in Vergessenheit geraten war. Urkundlich wurde sie erstmals 1760 erwähnt als Rohstoff für die Herstellung von Schaumwein. Vermutet wird, dass sie eine württembergische Sorte ist, die sogar bei Stuttgart entstanden sein soll. Mitte des 19. Jahrhunderts wurde sie in ganz Württemberg angebaut, vor allem auf den Feldern bei Stuttgart, im Neckartal oder im Remstal. Im Laufe der Zeit geriet sie indes etwas in Vergessenheit. Jörg Geiger aber verhalf dieser uralten Obstsorte Ende der 1990er-Jahre zu einem großen Comeback – eben in Form eines Birnenschaumweins. Tatsächlich schmeckt die Champagner Bratbirne, wenn man sie roh isst, eher bitter und pelzig als lecker. Erst in Form von Most, Obstbrand oder Schaumwein entfaltet sie ihr leckeres, prickelndes Aroma.

Geigers Getränke wurden schnell zum Geheimtipp – auch über die schwäbischen Grenzen hinaus. Selbst in der Edelgastronomie entschloss sich so mancher Restaurantchef, Geigers Birnenschaumweine als Aperitif-Angebot auf die Karte zu setzen. Aber damit begannen die Probleme. Obwohl die Bezeichnung »Champagner Bratbirne« uralt ist, kam zorniger Einspruch aus Frankreich. Die Hersteller des Champagners fühlten sich durch Geiger so bedroht und den Ruf ihres Edelgetränks so gefährdet, dass sie gar einen Prozess gegen den schwäbischen Obstweinhersteller anstrengten. Sie wollten es gerichtlich untersagen lassen, dass für den selbst produzierten Fruchtschaumwein mit der Bezeichnung »Champagner Bratbirne« geworben wird. Nach vielen Jahren gerichtlicher Auseinandersetzung konnte sich das »Comité Interprofessionel du Vin de Champagne« tatsächlich durchsetzen. Die Richter des Karlsruher Bundesgerichtshofs untersagten Geiger das »blickfangmäßige« Verwenden der Bezeichnung »Champagner Bratbirne« für seine Schaumweine. Einen dezenten Hinweis auf die verwendete Obstsorte räumte man ihm allerdings ein.

Seinem Erfolg tat dieses Gerichtsurteil glücklicherweise keinen Abbruch. Auch heute noch ist sein Birnenschaumwein ein Hit und hat längst eine Riesen-Anhängerschaft gefunden. Geiger selbst produziert und experimentiert in seiner Manufaktur ungebrochen und sorgte erst kürzlich wieder für Aufsehen, weil er neue alkoholfreie Sekte entwickelt hat. Seine Priseccos heißen »Rosenzauber« oder »Apfelsinfonie«. Sie bestehen aus unterschiedlichen Obstsorten, die von Streuobstwiesen am Fuß der Schwäbischen Alb stammen und mit Kräutern und Gewürzen kombiniert werden. Den Prisecco »weißduftig« trinkt man zu Gebratener Rotzunge oder Ziegenfrischkäse. »Rotfruchtig« dagegen passt wunderbar zum Dessert, zum Beispiel Roter Grütze mit Vanilleeis. Die brandneue Serie der einmalig im Jahresverlauf entstehenden Priseccos, denen Geiger nur noch eine Nummer nach dem Zeitpunkt der ersten Herstellung gibt, sind tatsächlich auch beim Genuss eines Mehrgänge-Menüs eine wundervolle, alkoholfreie Alternative zur sonst üblichen Weinbegleitung und korrespondieren erstaunlich gut mit den Speisen. Seit Neuestem macht Geiger übrigens auch herrlichen Portwein. Den darf er aber natürlich nicht so nennen.

Weil hier Laugenweckle zum Frühstück gehören

Selber schuld, dass er hier im Schwabenland nicht zu den beliebtesten Personen aller Zeiten zählt. Tatsächlich ist das, was sich der ehemalige Präsident des Deutschen Bundestags, Wolfgang Thierse, da geleistet hat, allerhand. Man könnte es gar als »Lättagschwätz« bezeichnen. Allen Ernstes pampte der »Catweazle«-Bart tragende Politiker herum, er wünsche sich, »dass die Schwaben begreifen, dass sie jetzt in Berlin sind und nicht mehr in ihrer Kleinstadt mit Kehrwoche«. Hätte er sich getraut, so was über andere Minderheiten zu sagen? Wohl kaum. Aber auf den Schwaben darf man ja herumhacken. Man möchte Herrn Thierse gerne antworten, dass es der Stadt vielleicht guttäte, wenn sie mehr Schwaben hätte. Vielleicht wären durch die Kehrwoche einige Viertel in Berlin angenehmer und sauberer, mit Sicherheit aber wären die Brötchen besser! So ist es geradezu ein Hohn, wenn der betagte Politiker meckert, dass es beim Bäcker »keine Schrippen gibt, sondern Wecken«. Erstens mal heißt es, wenn schon gegen Schwaben gehetzt wird, dann richtig »Weckle«. Zweitens: sollte sich Herr Thierse doch eigentlich freuen, wenn es so was aus schwäbischen Backöfen in Berlin gäbe. Denn: Ob Schrippen oder Wecken – dort schmeckt beides entweder gar nicht oder höchstens medioker. Egal was ich bei meinen häufigen Besuchen in der deutschen Hauptstadt da beim Bäcker angeboten kriege, es lässt mich als backwarenverwöhnten Schwaben innerlich aufheulen. Wer eine richtige schwäbische Brezel oder ein richtiges Laugenweckle gewohnt ist, läuft hier schreiend davon. Reden wir Klartext: Keiner macht so gutes Brot und so gute Brötchen wie der Schwabe. Was das tägliche Backwerk angeht, sind wir Feinschmecker! Und was Laugenweckle angeht – da sind wir Weltmeister!

Wie dieses entstanden ist, weiß man zwar nicht genau, aber mit Sicherheit war da ein Schwabe am Werk. Behauptet wird, es sei alles Zufall gewesen. Einem Bäcker seien einst Teigrohlinge in heiße Lauge gefallen, die eigentlich für die Reinigung von Backblechen gedacht war. Wie auch immer das Laugenweckle tatsächlich entstanden sein mag: Bei mir gibt es kein Samstagsfrühstück ohne mindestens zwei davon, die ich bei der kleinen Hof-Bäckerei nebenan – eben nicht bei der Riesenkette – kaufe. Sie gehören für mich und für viele meiner Landsleute zum Wochenendfrühstück wie die Zwiebeln zum Rostbraten. Das Weckle in der Mitte durchgeschnitten, dann Salami, Schinken oder Leberkäs drauf – selbstverständlich ohne Butter!!! –, wunderbar! Ein Gedicht! Und wer ein Laugenweckle richtig genießen und das Aroma in sich aufnehmen will, dem sei ein Geheimnis verraten: Die Unterseite des Brötchens kurz ablecken und danach dann daran riechen! Klingt merkwürdig, mag es auch sein, lohnt sich aber! Lecker! Probieren Sie's aus. Und wenn wir schon beim richtigen Genuss eines Laugenweckles sind, möchte ich natürlich auch auf den Ideologiestreit zu sprechen kommen, der wegen des vielen Salzes auf dem Backwerk entbrannt ist. Für die eine Fraktion gibt es nichts Leckereres, als diese Köstlichkeit mit vollem Salzbehang zu genießen, die anderen pulen es weg, weil ihnen das Ganze sonst zu salzig ist. Für mich gibt es da gar keine Frage: Weg mit dem Salz, das braucht kein Mensch. Das Laugenweckle muss rein, salzfrei sein zum Verzehr, dann schmeckt es wie ein Stück Himmel. Dabei gestehe ich allerdings, dass ich auch zu denjenigen gehöre, die die Rosinen aus dem Hefezopf pulen. Und, um auch das klarzustellen: Zweifelsfrei besteht das Laugenweckle nicht aus einem Laugenteig. So was gibt's ja auch gar nicht. Es wird aus einem Hefeteig gemacht und nach dem Formen in Brezel-Lauge getaucht oder bestrichen. Niemand braucht Angst zu haben vor der Lauge, denn die ist in ihrem ursprünglichen Zustand unzweifelhaft gefährlich, nicht aber in Form eines Laugenweckles oder einer Brezel. Durch das kurze Eintauchen in Natronlauge entsteht die typische braune Färbung und ihr ganz eigener Geschmack. Durch Wärmeeinwirkung geschieht eine chemische Reaktion: Das Natriumhydroxid auf der Oberfläche des Gebäcks kommt mit Kohlendioxid aus der Luft in Berührung und es entsteht Natron, ein Salz, das völlig harmlos ist. Dieses kann unter Umständen sogar gegen Sodbrennen helfen, weshalb das Laugenweckleessen schon fast so was wie eine Medizin wäre. Einige behaupten, man könne diese wieder aufbacken oder in der Mikrowelle warm machen. Aber davon rate ich ab: Ich habe das schon mehrmals ausprobiert, es hat mir nie geschmeckt. Viel zu trocken, viel zu hart, eben nicht, sagen wir mal al dente. Laugenweckle oder Brezel müssen unbedingt frisch gegessen werden – am besten noch warm. Wie sehr das Laugengebäck im Alltag und der Psyche der Schwaben verankert ist, zeigt sich auch im Titel des Erfolgsromans von Elisabeth Kabatek. Titel: *Laugenweckle zum Frühstück*.

Weil selbst Prinz Charles Wibele liebt

Der königliche Besuch hat sich für 9.30 Uhr angekündigt. Im Café Bauer in Langenburg, Landkreis Schwäbisch Hall, herrscht am Morgen des 27. Mai 2013 große Aufregung. Noch einmal geht man alles durch. Die genaue Anrede, nämlich nicht unbedingt »Sir«, sondern lieber »Your Royal Highness« zu sagen, und dann, letzter Check, ob die Geschichte über die Entstehung um das berühmte Hausgebäck auf Englisch auch richtig sitzt. Vorsorglich wurde alles auswendig gelernt. Dann kommt er, der englische Thronfolger, Prinz Charles, der hier in Langenburg an einer Tagung im fürstlichen Schloss seines Neffen Prinz Philipp teilnehmen will. Er will es sich aber nicht nehmen lassen, eine Stippvisite in der bekannten Konditorei zu machen. Schließlich stellt sie »Echte Wibele« her und besitzt seit 1911 das Patentrecht dafür. Da Prinz Charles selbst Kekse unter dem Namen »Duchy Originals« vertreibt, ist er, als er endlich das Café betritt, durchaus interessiert an der Historie des berühmten hellbraunen, nach Vanille duftenden Minigebäcks. Und die Verantwortlichen im Café Bauer sind glücklich, sie ihm erläutern zu dürfen. Sein gesteigertes Interesse an dem einzigartigen Dessertgebäck dürfte zudem vielleicht damit zu tun haben, dass schon seine Mutter, Queen Elizabeth, bei ihrem Besuch 1965 in Langenburg als Geschenk »Echte Wibele« bekam. Der damalige Bürgermeister, Fritz Gronbach, übergab das Geschenk in einem kultverdächtigen Kauderwelsch-Englisch an eine sichtlich um Contenance ringende englische Königin: »Se Wibele are se träditschionell and originäll Biscuit of Langenburg«, lauteten seine verzweifelt gestammelten Worte. Den Feierlichkeiten geriet dies indes nicht zum Nachteil, denn die Queen nahm freundlich lächelnd das wohlschmeckende Geschenk entgegen.

Ursprünglich hießen die Wibele, die erstmals 1763 hergestellt wurden, Geduldszeltle oder Geduldzeltlich, was auf die anstrengende Herstellung anspielte, die dem Macher viel Geduld und Zeit abverlangte. Der musste den Teig durch einen Trichter und winzige Düsen drücken, um das 22 Millimeter lange und 12 Millimeter breite Süßgebäck mit seinen zwei tropfenförmigen Bestandteilen zu erhalten. Heute wird das alles natürlich maschinell gemacht, und so ist man im Café Bauer stolz auf die hauseigene Maschine »Erika«, mit der täglich 300.000 Wibele hergestellt werden. Damals im 18. Jahrhundert, als Jakob Christian Carl Wibel, der Hofkonditor von Fürst zu Hohenlohe-Langenburg, seine begehrten Wibele herstellte, wurde noch alles in Handarbeit gemacht. Obwohl in jener Zeit auch andere Konditoren das leckere Gebäck anboten, machte Wibel schließlich das Rennen und erntete den Ruhm. Der Legende nach kam es zu dem Namen »Wibele«, als der Fürst verärgert war über die schlechte Qualität der anderen Lieferanten und verlangte, gefälligst nur noch »vom Wibele« beliefert zu werden.

Eine andere, nicht wirklich glaubhafte, aber trotzdem recht amüsante Erklärung für die Entstehung des Begriffs geht von dem mittelhochdeutschen Wort »Wip« aus, das so viel wie »Frau« oder »Eheweib« bedeutet. Durch die Verkleinerungsform »-le« könnte das »p« zu einem »b« erweicht worden sein, womit »Wibele« entstanden wäre. Und um das noch auf die Spitze zu treiben, könnte man das Gebäck dann nicht als zwei aneinanderhängende Tropfen, oder Minischuhsohlen, sondern als weibliche Brüste ansehen. Dazu gehört jedoch durchaus ein gewisses Maß an Fantasie.

Was zweifelsfrei geklärt ist: woraus der Wibele-Teig besteht: aus Eiweiß, Puderzucker, Mehl und Vanillezucker. Das genaue Rezept wird allerdings wie ein Geheimnis gehütet. Niemand im Café Bauer würde es je ausplaudern. Bäckermeister Wibel hatte damals vor mehreren Hundert Jahren den Vorfahren der heutigen Betreiber den Betrieb samt seiner Erfindung verkauft. Heute besteht es in der siebten Generation und stellt das schmackhafte Naschwerke für die ganze Welt her. Allerdings: Das Café Bauer besitzt nur die Rechte für »Echte Wibele«, deshalb werden auch andere Wibele als die aus

Langenburg auf dem Markt angeboten. Als größter Hersteller gilt die Confiserie Bosch aus dem schwäbischen Uhingen. Der Großvater des heutigen Inhabers soll das Rezept aus einer Konditorei im schwäbischen Schnait, bei der er in die Lehre ging, mitgebracht haben. Zweifelsohne sind Wibele heute ein beliebtes schwäbisches Exportprodukt, das international verkauft wird, sogar nach China. Kein Wunder: Schon zu Zeiten von Konditormeister Wibel war es ein begehrter Gaumenschmaus für Feinschmecker im In- und Ausland. Bei der Weltausstellung 1913 in Paris wurden die Wibele als weltweit bestes Gebäck ausgezeichnet. Überliefert ist außerdem die Geschichte von Gräfin Feodora Gleichen aus London, die nicht etwa Wibele bestellte, nein, das schien ihr wohl zu wenig vornehm, weshalb sie nach »Wibelchen« verlangte.

KAPITEL 5

Landeshauptstadt Stuttgart

Weil man in Stuttgart 20 Kilometer treppauf, treppab gehen kann

Wer die Einwohner der schwäbischen Landeshauptstadt adäquat schmähen will, nennt sie: Schbätzlesschwoba, Schengawurscht oder Stäffelesrutscher. Letztgenanntes Schimpfwort hat eine lange Tradition und auch sehr viel mit Stuttgart zu tun. Denn die »Stäffele« gibt es dort tatsächlich und wer sie im Winter betritt und nicht auf die spiegelglatten Stufen achtet, kann am eigenen Leib miterleben, woher dieser Begriff stammt, weil er nämlich die Stufen heruntersaust oder besser -rutscht. Stuttgart jedenfalls ist berühmt für seine Stäffele. Diese Treppen gibt es dort überall: über 400 an der Zahl. Gepflegte oder verwilderte, sonnige oder schattige, prunkvolle oder schlichte, lange oder kurze, bedeutende oder unbedeutende. Insgesamt sind es stattliche 20 Kilometer, die ein passionierter Treppensteiger hier auf und ab steigen kann. Vielleicht ein Vorschlag für einen Eintrag im *Guinness Buch der Rekorde*: An einem Tag Stuttgarts Stäffeles rauf und runter. Das wär doch was!

Ursprünglich waren die Stäffele nicht als Open-Air-Fitness-Studio gedacht, sondern wurden von den dortigen Weinbauern erschaffen. Sie entsprangen der puren Notwendigkeit, in die Weinberge an den Hängen zu gelangen. In der Mitte des 19. Jahrhunderts dehnte sich Stuttgart aber immer mehr aus, während gleichzeitig die Weinberge nach und nach verschwanden. Neue Straßen, Häuser und Wohngebiete entstanden. Aus den Weinbergstaffeln wurden Treppen und Fußwege. Heute sind die Stäffele eine echte Attraktion für Stuttgart-Besucher. Zumindest für die mit guter Kondition.

Sicherlich eines der Highlights: die Eugenstaffel, benannt nach dem Stabsoffizier Wilhelm Eugen von Württemberg. Man schätzt ihre Länge auf 121 Meter, die Anzahl ihrer Stufen soll zwischen 175 und 179 liegen. Sie beginnt direkt zwischen der Staatsgalerie und dem Haus der Geschichte und endet am Galatea-Brunnen: einem prunkvollen Gebilde mit einer spärlich bekleideten üppigen Nymphe als Mittelpunkt. Die russische Großfürstin Olga, Gemahlin von König Karl Friedrich Alexander von Württemberg und engagierte Königin, ließ diesen prachtvollen Brunnen von Architekt Otto Rieth errichten. 1890 wurde er feierlich eingeweiht und sorgte für einen waschechten Skandal. Denn auch in jener Zeit scheint der schwäbische Wutbürger schon existiert zu haben: Viele Stuttgarter waren wegen der prallen Formen dieser Schönheit aus Stein entrüstet. Ihr eindrucksvoll-üppiges und vor allem nacktes Hinterteil sorgte für einen regelrechten Aufschrei selbsternannter Moralapostel – auch die gab es einst bereits zuhauf. Königin Olga zeigte wenig Verständnis für das Verhalten der Stuttgarter Spießbürger und drohte den Einwohnern der Stadt damit, die Figur umdrehen zu lassen. Die dralle Brunnen-Schönheit hätte damit ihr voluminöses Hinterteil der Stadt zugewandt. Diese undenkbare Vorstellung, mit allen damit einhergehenden Implikationen, sorgte erst für Tumult und anschließend für Ruhe. Die aufgebrachten Suttgarter Biedermänner und -frauen gaben sich geschlagen. Allerdings nur für kurze Zeit, da stürzten sich die passionierten Meckerer auf ein anderes Detail des Skandal-Brunnens. Das neu aufkeimende Gebruddel bezog sich auf die Ungeheuerlichkeit, dass Vorbild für die schöne Galatea nicht eine echte Stuttgarterin, sondern das damals berühmte Berliner Künstlermodell Anna Sasse gewesen war.

Wer die Stäffele zum Galatea-Brunnen beschreitet, wird mit einem einzigartigen Ausblick über die Stadt belohnt. Bei schönem, sonnigen Wetter genießt man am besten ein leckeres Mops-Eis an der Eisdiele am Eugensplatz. Benannt nach den Lieblingshunden der Humoristen-Legende Loriot, der dort, am Eugensplatz, auch mal gewohnt hat. In Kauf zu nehmen sind allerdings lange Warteschlangen, denn die Lokalität ist bei den Stuttgartern bekannt und beliebt.

Eine weitere Staffel, die es zu erklimmen gilt, obwohl ihr Name alles andere als einladend klingt, ist die Sünderstaffel. Ihr romantisches Flair erhält sie von der zauberhaften Parkanlage, durch die sie führt. Verzierte Treppengeländer und stolze Kastanienbäume inklusive. Mehrfach unterbrochen wird die Treppe von runden Plattformen, auf denen jeweils ein Baum steht. Blätterrauschen, Vogelgezwitscher, Natur pur. Der Großstadtlärm scheint Lichtjahre entfernt zu sein. Um die Herkunft des Namens ranken sich verschiedene Geschichten und Legenden. Die Rede ist von einem ehemaligen Richtplatz, auf dem ein Galgen stand, aber auch von einem früheren Weinberg »Gewann Sünder«. Eine weitere Erklärung bietet das Gedicht *Die Weinberghalde zum Sünder* von Karl Gerok: Dort lässt sich ein unglücklich verliebter Jüngling, nachdem er einen Nebenbuhler ermordet hat, nach eigenem Wunsch enthaupten. Genau an der Stelle, an der sein Vater den ersten Weinberg gepflanzt hat.

Wer auf den Stuttgarter Stäffeles unterwegs ist, begegnet Schwaben aller Coleur: der alten, in sich gekehrten Dame, die gebeugt am Stock unermüdlich Stufe um Stufe bezwingt, dem gestressten Anzugträger, der unauffällig versucht, den Schweiß von der Stirn zu wischen, oder dem grundentspannten Studenten, der gemütlich hinaufschlendert, um oben in Ruhe zu chillen. Asiatische Touristengruppen indes sucht man hier vergeblich: Sie bevölkern zwar die Stuttgarter Königstraße, nehmen aber kaum diesen beschwerlichen Stäffeles-Weg auf sich. Unsterblich gemacht wurden die Stuttgarter Stäffele vom 1995 verstorbenen Mundartdichter Friedrich E. Vogt in seinem *Stäffelesgedicht*:

»Wenn Stuagert koine Stäffele hätt,
no wärs koi Stuagert meh,
no wäret seine Mädla net
so schlank ond net so schee!
Dia steile Stuagerter Stäffele,
die haltet se en Schwong!
Dia, wenn de nuff- ond ronderrutscht,
do bleibscht jo röösch ond jong!«

Wenig verwunderlich ist es da freilich, dass es seit 1997 in Stuttgart Stäffele gibt, die nach Friedrich E. Vogt benannt wurden.

Weil die Markthalle teure Einkaufsstätte und echtes Schmuckstück ist

Die Markthalle ist sauteuer! Da braucht niemand drumrum zu reden. Wer hier eingelegte Vorspeisen, exotische Früchte, Gewürze, Fleisch oder Wurst kauft, der muss richtig löhnen. Was die Preise angeht, ist die Stuttgarter Markthalle eine Apotheke. Dafür werden aber auch erstklassige Waren präsentiert und Produkte verkauft, die man mit Sicherheit im Supermarkt um die Ecke nicht bekommt: Beeren aus Tibet, tasmanischer Pfeffer, Wikinger-Salz, Granatapfel-Likör mit Chili oder Kaviar aus dem Iran. Natürlich werden daneben viele einheimische Produkte angeboten: Linsen von der Alb, Fleisch von Münsinger Lämmern oder Bœuf de Hohenlohe. Nicht umsonst nennt der schwäbische Sternekoch Vincent Klink die Markthalle liebevoll »mei Paradiesle«. Sie ist in der Tat wunderschön, diese riesige Halle mit ihren eindrucksvollen Stahlbetonträgern und dem alles überspannenden Glasdach. Wer dieses Feinkostparadies betritt, vergisst augenblicklich die happigen Preise. Allein ein Rundgang wird zum sinnlichen Genuss. Alle erdenklichen Düfte mäandern durch die Luft und kitzeln die Nase, ob Gewürze, Kräuter, Tee oder Käse. Ein echter Augenschmaus: die herrlichen Stände, die kulinarische Kostbarkeiten aus Frankreich, Griechenland, der Türkei, Serbien, Kroatien, Ungarn, Indien oder dem Schwabenland offerieren. Und wer dann auch noch die Ohren spitzt, erfährt gelebte Entschleunigung: Die Gespräche zwischen Verkäufer und Kunden – entspannt und freundlich. Hier wird großer Wert darauf gelegt, dass man nicht schnell und hektisch einkauft, sondern ein nettes kleines Schwätzle hält: Slow Food – das trifft auch auf die Einkaufsgeschwindigkeit zu. Und wer es dann durch das fröhlich-relaxte Gewimmel im Erdgeschoss geschafft hat, kann in den ersten Stock. Da gibt es keine Lebensmittel mehr, sondern schöne Shops, die Bijouterie, Wohnaccessoires, Kunstobjekte oder Wellness-Artikel anbieten. Natürlich ist auch dort kaum Billigware zu finden, sondern eher etwas für den gehobenen Geschmack und den gefüllten Geldbeutel. Dort oben ist es deshalb so schön, weil man einen herrlichen Blick über das Treiben einen Stock tiefer hat.

Als Vorbild für die Stuttgarter Markthalle diente dem Architekten Martin Elsaesser ursprünglich »Les Halles« in Paris. 1914 wurde der eindrucksvolle Jugendstilbau eingeweiht, der damals noch eine Lebensmittelbörse war. Einst boten hier 400 Händler ihre Waren an, heute gibt es nur noch rund 40 Stände. In der Anfangszeit mussten die Bauern und Bäuerinnen von den Fildern ihre Ware in riesigen Gefäßen hierhertransportieren, aber schon bald wurde eine angenehmere Lösung gefunden. Die Markthalle bekam einen eigenen Gleisanschluss, der ans Schienennetz der Stuttgarter Straßenbahn angebunden war. Die Straßenbahngüterzüge konnten damit bis direkt vor die Halle fahren. Der entsprechende Waggon mit den Waren wurde dann vom Triebwagen abgekoppelt und in die Halle rangiert. So war es ein Leichtes für die Händler, ihr Kraut, Gemüse oder Obst zu den Ständen zu bringen. Bis Ende der 1940er-Jahre wurde so verfahren, dann stellte Stuttgart den Güterverkehr mit der Straßenbahn schließlich ein. Noch heute zeugt ein 20 Meter langes Gleisstück in der Markthalle von dieser ungewöhnlichen Epoche. Seiner kompletten Zerstörung entging das historische Gemäuer zweimal nur ganz knapp: Im Zweiten Weltkrieg wurde es bei Bombenangriffen getroffen, aber nicht völlig zerstört. In den 1970er-Jahren dachte dann der Gemeinderat über einen Abriss nach. Die Abstimmung war erschütternd knapp: Dank einer einzigen Stimme Mehrheit konnte das Desaster verhindert und der Erhalt der Markthalle gesichert werden. Irgendwelche Polit-Hirnis hatten es sich in den Kopf gesetzt, anstelle dieses wundervollen Jugendstilbaus ein »multifunktionales Zentrum« zu errichten. Da kann man freilich nur noch den Kopf schütteln. Heute steht die Stuttgarter Markthalle glücklicherweise unter Denkmalschutz. Inzwischen wurde auch der eindrucksvolle Ceresbrunnen, ein wuchtiges Gebilde aus dunkelgrünen Keramikkacheln, originalgetreu restauriert. Der erste Brunnen entstand zwei Jahre nach Errichtung der Markthalle und wurde 1944 von Fliegerbomben komplett zerstört. Die 1,5 Tonnen schwere Neuversion stammt aus der berühmten Karlsruher Majolikamanufaktur. Sie dient den Besuchern als Trinkwasserbrunnen, ist aber zuallererst mal ein echter Blickfang. Wer eine kleine Städtetour nach Stuttgart macht, sollte auf alle Fälle der Markthalle einen Besuch abstatten. Selbst wenn er nicht vorhat, hier irgendetwas zu kaufen.

44. GRUND

Weil der VfB niemals wieder Deutscher Meister wird, aber alle es hoffen

Ein wunderschöner Tag. Es ist warm an diesem 21. April 2007, die Sonne scheint. In Stuttgart-Bad Cannstatt findet gerade das Frühlingsfest statt. Aber vor allem steht das große Fußball-Saison-Highlight an: Der VfB tritt gegen seinen Angstgegner FC Bayern München an. Das Spiel ist Monate vorher schon ausverkauft, aber mein Cutter und Kumpel Kris hat das Unmögliche möglich gemacht und Karten für mich ergattert. Das liegt daran, dass er seit seinem 15. Lebensjahr Mitglied im VfB-Fanclub ist und seit dieser Zeit eine Dauerkarte für die Cannstatter Kurve besitzt. Dort wo die echten, die wahren Fans des Schwabenvereins ihre Helden anfeuern.

Ich war noch nie bei einem Spiel im Stadion, das zu dieser Zeit den Namen »Gottlieb Daimler« trägt, wenig später in »Mercedes-

Benz Arena« umgetauft wird, zuvor »Neckarstadion« und ganz früher auch mal »Adolf-Hitler-Kampfbahn« hieß. Um uns stilecht auf das Fußball-Duell vorzubereiten, schlendern wir zwei Stunden vor Anstoß, der um 15.30 Uhr sein wird, gemächlich Richtung Stadion. Unser Ziel: Das Rote Haus, das VfB-Clubheim, in dem sich viele eingefleischte Fans treffen, um vor dem Match ein Bierchen zu trinken und über den mutmaßlichen Ausgang des Spiels zu schwadronieren. Leider ist das Rote Haus schon brechend voll, bei dieser Fußball-Begegnung ja auch kein Wunder. Also suchen wir eine Alternative und finden sie im nahe gelegenen PSV, dem bekannten Vereinsheim des Stuttgarter Polizeisportvereins. Überall auf den Straßen Trommelgetöse und Fan-Gesänge. Nachdem wir uns in Laune geredet und getrunken haben, geht es schließlich ins Stadion. Und so wie das Bier zum Ritual eines VfB-Besuchs gehört, muss es jetzt natürlich eine Stadionwurst sein. Für mich ist das alles, als wäre ich auf dem Mars gelandet: lauter Aliens um mich herum, die mit Fahnen, Schals, Trikots, Gashupen oder Trommeln bewaffnet durch die Sicherheitsschleusen ins Stadion einmarschieren. Die laute Gesänge anstimmen, merkwürdige Brüll-Rituale absolvieren und ab und zu despektierliche, aber nicht wirklich böse Bemerkungen gegen die gegnerischen Fans schleudern. Das alles gehört hier dazu. Fußball live! Und ich muss zugeben: Es hat mir damals verdammt viel Spaß gemacht – die Atmosphäre, die Stimmung, der Trubel –, obwohl ich später nie wieder hierhergekommen bin.

Besonders spektakulär war es freilich für mich und die anderen 55.999 Zuschauer, miterleben zu dürfen, wie der VfB die verhassten Bayern alt aussehen ließ und dank Cacau 2:0 gewann. Der VfB wurde in diesem Jahr sogar Deutscher Meister. Was dazu führte, dass auf dem Stuttgarter Schlossplatz und in der gesamten Innenstadt rund 250.000 Fans ausgelassen feierten. Glorreiche Zeiten! Das Golden Age des VfB – so erklärt es mir Kris heute. »Es war die Zeit der jungen Wilden«, erinnert sich der passionierte VfB-

Fan sehnsüchtig, und ich bemerke, wie seine Augen einen leichten Schimmer bekommen. »Timo Hildebrand, Kevin Kuranyi, Sami Khedira, Thomas ›The Hammer‹ Hitzlsperger – those where the days my friend.«

Kaum vorstellbar, aus heutiger Sicht, dass die Schwaben-Fußballer mal richtig gut waren. Vor über 100 Jahren wurde der Verein gegründet. Er entstand als Fusion von Stuttgarter FV 1893 und FC Krone Cannstatt. Die befreundeten Vereine entschieden im Spätsommer 1912, sich in den VfB Stuttgart zu verwandeln. Als neue Vereinsfarben verwendeten sie weder das Schwarz-Gelb des FV 93 noch das Grün-Weiß-Rot des FC Krone, sondern eine Mixtur daraus: Rot-Weiß mit drei schwarzen Hirschangeln auf gelbem Grund. Mit ihrem Trainer Georg Wurzer, der die Mannschaft von 1947 bis 1960 trainierte, erlebten sie eine echte Hochzeit. So unglaublich das auch klingen mag, der VfB wurde sogar Deutscher Meister, gleich fünf Mal! 1950, 1952, 1984, 1992 und 2007.

Und heute? Keine jungen Wilden, keine Highlights, schon gar keine Tore. Eher Abschiedsangst und Verlierer-Trauma. Der VfB scheint ein Loser-Verein geworden zu sein, mit auffallend häufigem Trainerwechsel. Sieben Trainer in sieben Jahren – ein rekordverdächtiger Verschleiß. Erst im vergangenen Jahr nahm Armin Veh den Hut und übergab an Huub Stevens. Kurioses Detail am Rande: Beide waren schon früher mal Trainer des VfB gewesen. Stevens immerhin hatte das Glück, dass die Mannschaft beim ersten Spiel, das er nach seinem Wechsel betreute, mit einem glücklichen 4:1 gegen Freiburg gewinnen konnte. Inzwischen steht allerdings auch seine Zukunft auf der Kippe.

Aber auch wenn die Schwaben manchmal schlechter zu spielen scheinen, als die Polizei erlaubt: Die echten VfB-Fans interessiert das nicht. Sie halten ihrem Verein die Treue. So auch Kris, mein Cutter, der jedes Jahr 450 Euro für seine Dauerkarte ausgibt. Er versucht inzwischen schon, seinen fünfjährigen Sohn zu den Spielen mitzunehmen. Ihn will er schon mal drauf einstimmen, für welchen Verein er später zu jubeln hat. »Es ist allerdings so«, gibt Kris zu, »dass wir beim Fanclub die Schwierigkeit haben, dass die Kids irgendwann mal zu erfolgreicheren Vereinen überlaufen.« Das kommt für ihn natürlich nicht infrage, denn »der VfB steht für meine ganze Jugendzeit. Ich würde mich freuen, wenn meine Kinder dies irgendwann verstehen und es mir nachmachen. Für mich bedeutet der Verein ein Stück Heimat.« Und so wie ihm geht es natürlich vielen anderen Fans dieses Clubs, dessen Chancen, eine deutsche Meisterschaft zu gewinnen im Moment vermutlich so hoch sind wie die Wahrscheinlichkeit, von einem Meteoriten erschlagen zu werden. Aber der Schwabe an sich ist ein Kämpfer, einer, der den Kehrwochenbesen nicht einfach hinschmeißt, sondern weitermacht. Deswegen geben dieser Verein und seine Fans nicht auf. Denn die Hoffnung stirbt bekanntlich zuletzt. Das Einzige, woran sich die Geister der Fans scheiden, ist das Maskottchen, das Fritzle. Ein Krokodil mit der Rückennummer 92. Während die einen Fritzle sympathisch finden, ihn heiß und innig lieben, finden ihn andere, wie Kris, einfach schrecklich: »Fritzle wirkt spießig, altbacken und überhaupt nicht modern. Aber das soll der Fußball, den der VfB spielt, ja sein.«

45. GRUND

Weil der Stuttgarter Weihnachtsmarkt zu den größten Europas gehört

Ein flirrendes, märchenhaftes Lichtermeer im vorweihnachtlichen Stuttgart. Der Duft von frisch gebrannten Mandeln und Glühwein liegt in der Luft. Überall wundervoll geschmückte und dekorierte Stände. Sie bieten Christbaumschmuck, Spielzeug, Haushaltswaren und Süßigkeiten an. Rund um das Alte Schloss, den Schlossplatz und den Marktplatz findet der Weihnachtsmarkt statt. Einer der ältesten und größten in Europa. Urkundlich erwähnt wurde er zum ersten Mal 1692.

Wer alle Stände abläuft, so hat das jemand mal ausgerechnet, legt eine Strecke von 1,6 Kilometer zurück. Das dürfte allerdings dauern, denn es ist wahrlich nicht einfach, seinen Weg durch das Menschengewühl zu finden. Oder, anders formuliert: Man muss schon aufpassen, in diesem gigantischen Gewimmel nicht erdrückt zu werden. Rund vier Millionen Besucher zählt der Stuttgarter Weihnachtsmarkt jedes Jahr. Sie reisen aus ganz Deutschland hierher, oft auch aus dem Ausland, vor allem der Schweiz, aus Frankreich und Asien. Nicht selten werden sie mit Bussen angekarrt, aus denen sie schnell und aufgeregt hinausschnattern, dem Marktgewusel entgegen. Natürlich nicht ohne sich vorher eine entsprechende Kopfbekleidung gekauft zu haben. Seit einigen Jahren kommen nämlich zum funkelnden Lichterschmuck der Stände die blinkenden Nikolausmützen vieler Besucher dazu. Die meisten von ihnen dürften sich allerdings nicht wirklich für die feilgebotenen Waren interessieren, die ohnehin jedes Jahr dieselben zu sein scheinen. Die gleichen Räuchermännchen, Honigprodukte oder Holzspielzeuge. Ohne Frage sind der eigentliche Anziehungspunkt des Weihnachtsmarktes die immer zahlreicher werdenden Fressstände. Da tummeln sich die meisten der illuminierten Mützen und hüpfen wild umher. Manch eine liegt auch umgeknickt und nicht mehr blinkend auf dem Boden, wenn der Besitzer etwas zu viel Glühwein getrunken hat. Mit Beschaulichkeit, Heimeligkeit und Nettigkeit, die in der Adventszeit so gefragt sind, hat das natürlich nicht viel zu tun. Auch ein Weihnachtsmarkt muss heutzutage Event-Charakter haben: Besinnlichkeit ade, Besäufnis olé.

Doch trotz dieses Kritikpunktes ist und bleibt der Stuttgarter Weihnachtsmarkt etwas Besonderes und auf alle Fälle einen Besuch wert. Denn der eine oder andere betrunkene Nikolaus kann dem weihnachtlichen Zauber der überbordend dekorierten Stände nur wenig anhaben. Und wenn es dann auch noch schneit, darf man sich endgültig in einem Märchen der Brüder Grimm wähnen. Dazu kommen noch zahlreiche weihnachtliche Konzerte in der traumhaft schönen Kulisse des Alten Schlosses.

In früheren Zeiten hatte der Weihnachtsmarkt noch eher den Charakter eines Jahrmarktes. Mit Seiltänzern, Gauklern, Zauberern und Tiervorführungen. Nach und nach wuchs jedoch der Umsatz und alles begann sich zu verändern. 1850 sollen 1.200 Händler ihre Waren angeboten haben. Erstaunlicherweise fand der Weihnachtsmarkt auch während des Zweiten Weltkrieges alljährlich statt. Wegen fehlender Ressourcen konnte jedoch in dieser Zeit kein Weihnachtsbaum aufgestellt werden. Der Boom begann dann in den 1970er-Jahren, nach und nach verschwanden Klapptische und Zelte und machten einheitlichen Holzbuden Platz. Seither strömen Touristen aus aller Welt hierher.

Vor allem zwei Freizeitangebote sind inzwischen zu einer Institution auf dem Weihnachtsmarkt geworden: die Schlittschuhbahn auf dem Schlossplatz und das Märchenland mit Mini-Riesenrad, nostalgischem Kinderkarussell und Miniatur-Dampfeisenbahn. Kinderherzen beginnen da höher zu schlagen. Und wer ein passendes Mitbringsel sucht, sollte auf alle Fälle ein Hutzelbrot mitnehmen: Ein durchaus leckeres Früchtebrot, das nach dem Eduard-Mörike-Märchen *Das Stuttgarter Hutzelmännlein* benannt wurde. Darin bekam ein Schustergeselle genau ein solches Brot als Wegzehrung. Und sollte jemand durch den Besuch des Stuttgarter Weihnachtsmarktes auf den Geschmack gekommen sein: Im Schwäbischen ist die Weihnachtsmarkt-Dichte enorm. Wen es also in der Adventszeit hierher verschlägt, der mag vielleicht auch die zauberhaften und stilvollen Märkte in Ulm oder Ludwigsburg besuchen. Ein echtes Highlight ist auch der mittelalterliche Weihnachtsmarkt in Esslingen. Er gewinnt von Jahr zu Jahr an Popularität und ist inzwischen genauso überlaufen wie der in der Landeshauptstadt. Deshalb der Tipp: lieber unter der Woche vorbeischauen und Glühwein trinken.

Weil die neue Bibliothek als Bücherknast beschimpft wird

Ob Denkmäler, Wahrzeichen oder neue Bahnhöfe, der Stuttgarter gibt sich gerne als »Neinsager«. So war es auch, als 2011 die neue Stadtbibliothek ihre Eröffnung feierte. Das Gebäude, das überall sonst gefeiert wurde – 2013 wurde das Bauwerk als Bibliothek des Jahres gekürt –, bekam in seiner Heimatstadt nur Hohn und Spott zu spüren. Für die einen war es ein Bücherknast, für die anderen gar Stammheim II. Von außen mag die Stadtbibliothek tatsächlich auf den ersten Blick irritieren, besonders wenn man sie tagsüber sieht: Sie besteht aus einem grauen Betonwürfel und wirkt erst einmal nicht sonderlich einladend. Wer aber hineingeht, dürfte schnell eines Besseren belehrt werden: Das riesige, offene Raumquadrat, ganz in Weiß gehalten und komplett lichtdurchflutet, ist ein Meisterstück moderner Architektur. Über offene Treppen lässt sich das Bücherparadies auf mehreren Ebenen erkunden: Das Herz der Bibliothek ist ein asketischer Raum, der sich über vier Stockwerke erstreckt und wie aus einem Guss präsentiert. Überall gibt es Möglichkeiten zu sitzen, zu lesen, zu arbeiten. 400 solcher Lese-Inseln und 120 Laptops stehen zur Verfügung, sogar ein elektrisches Piano – das allerdings nicht ausgeliehen werden kann. Printmedien und digitale Quellen sind dabei absolut gleichberechtigt: Die Bibliothek ist am Puls der Zeit. Wer seine Bücher lieber online ausleiht, hat Zugriff auf einen riesigen Schatz von digitalen Medien wie E-Books, E-Papers oder E-Videos. Angeboten wird auch die »Bibliothek für Schlaflose«. 24 Stunden am Tag lassen sich da Bücher ausleihen oder zurückgeben. Die Stuttgarter Stadtbibliothek bietet einen Komfort, von dem die meisten Bibliotheken sonst nur träumen können. Ihr richtungsweisendes Zukunftskonzept hat durchaus Vorbildcharakter.

Zum ersten Mal Bücher ausleihen konnten die Stuttgarter 1901 in der »Volksbibliothek«, die in einer Legionskaserne untergebracht war. Diese stand dort, wo sich heute der Wilhelmsbau befindet. 1965 zogen die Bücher in das Wilhelmspalais. Im Oktober 2011 folgte der große Umzug ins neue Gebäude auf dem Gelände des ehemaligen Güterbahnhofs. Dort finden seit der Eröffnung zahlreiche Veranstaltungen statt: Vorträge, Konzerte, Lesungen. In der neuen Stadtbibliothek kann sogar geheiratet werden. In einem Raum namens »Fräulein Fritz«. Benannt nach der ersten Bibliothekarin Stuttgarts. Allerorten wird die Bibliothek als »innovativer Lernort« gewürdigt. In einer Verlautbarung der Jury des nationalen Bibliothekspreises heißt es zudem: »Die Bibliothek hat sich schon beim ersten Spatenstich des Neubaus für Toleranz ausgesprochen und sich ganz bewusst an Menschen mit Migrationshintergrund gewandt.« Gebaut wurde das eindrucksvolle, würfelförmige Gebilde von dem aus Südkorea stammenden Eun Young Yi, der in Köln ein Architektenbüro betreibt. Er gewann den Wettbewerb, den die Stadt ausgeschrieben hatte. 235 Architekturbüros nahmen daran teil. Der von Yi entworfene Kubus mag zwar tagsüber ein wenig nüchtern aussehen, ist aber nachts eindrucksvoll beleuchtet. Die multimediale Bibliothek steht auf dem Mailänder Platz, mitten im neuen Europaviertel, wo im Oktober 2014 das 200 Shops umfassende Einkaufscenter MILANEO eröffnet wurde. Wohnungen und ein Hotel sollen im Sommer 2015 folgen. Von der Dachterrasse der Bibliothek hat man einen fantastischen Ausblick auf die Stadt und, ja, auch auf die Großbaustelle von Stuttgart 21. Erst kürzlich sorgte das moderne Hightech-Gebäude einmal mehr für Schlagzeilen. Negative versteht sich. So berichtete die eine oder andere schwäbische Provinzpostille genüsslich darüber, dass bereits zweieinhalb Jahre nach der Eröffnung erste Rostspuren an der Betonfassade entdeckt worden waren. Aber was wäre ein solch außerordentliches Gebäude auch ohne das Gemecker, Gebruddel und Geschimpfe drum rum?

Weil die Weißenhofsiedlung
von Kult-Architekten erschaffen wurde

»Weniger ist mehr«, das war der Wahlspruch eines der bedeutendsten Architekten des 20. Jahrhunderts: Ludwig Mies van der Rohe. Der Vertreter der architektonischen Moderne verband konstruktive Logik mit räumlicher Freiheit. Um seine Vorstellungen in die Realität umzusetzen, entwickelte er spezielle Tragstrukturen aus Stahl. Diese machten eine großflächige Verglasung möglich und boten eine hohe Variationsmöglichkeit bei der Raumgestaltung. Das Farnsworth House in Plano/Illinois oder sein Barcelona-Pavillon zeigen ihn auf der Höhe seiner Kunst. Seine Häuser mussten funktional und modern, schnörkellos und klar strukturiert sein.

Und genau dieser Mann, dessen Bauten freilich auch nicht unumstritten waren, schließlich fand so mancher seiner Zeitgenossen sie schmucklos und das damit propagierte variable Raumkonzept nicht gemütlich, kam 1926 nach Stuttgart. Er sollte bei einem absolut ungewöhnlichen, ambitionierten und zukunftsweisenden Projekt mitmachen, gar federführend sein. Es ging um eine Bauausstellung der Stadt und des Deutschen Werkbundes. Im Norden Stuttgarts, nahe dem Killesberg, sollte eine Mustersiedlung entstehen, die neue Möglichkeiten modernen Wohnens aufzeigt. Die Ausstellung wurde schlicht »Die Wohnung« genannt und war eine Reaktion auf die damals in Europa herrschende Wohnungsnot. Die Siedlung sollte zeigen, dass kostengünstig und platzsparend gebaut werden konnte und die Häuser trotzdem gut durchlüftet und lichtdurchflutet waren.

Unter der Leitung von Mies van der Rohe machten sich 17 namhafte Architekten aus fünf europäischen Ländern – aus Deutschland, Belgien, der Schweiz, Österreich und den Niederlanden – ans Werk. Das Stuttgarter Architekturprojekt sollte die wichtigsten

Erfahrungen und Ideen aus ganz Europa bündeln und in einer Siedlung verwirklichen. Obwohl jedes der Häuser, die hier gebaut wurden, seinen eigenen Charakter hatte, bildeten sie doch eine Einheit. Am 23. Juli 1927, nach knapp vier Monaten Bauzeit, wurde die Weißenhofsiedlung schließlich auf dem brach liegenden Gelände des landwirtschaftlichen Unternehmens von Georg Philip Weiß – daher auch der Name – eröffnet. Heute ist die Weißenhofsiedlung weltbekannt und gilt als eines der bedeutendsten Zeugnisse modernen Baustils. Nicht zuletzt auch deshalb, weil sich hier die Häuser dreier Ikonen der Moderne in unmittelbarer Nachbarschaft befinden: von Mies van der Rohe, Le Corbusier und Walter Gropius. Das was sie und ihre Avantgarde-Kollegen da ausstellten, war revolutionär und widersprach radikal den damals vorherrschenden Wohnvorstellungen. Deshalb schüttelten viele Besucher den Kopf ob der nüchternen Gebäude. Immerhin blieb dieser Mustersiedlung das Schicksal ähnlicher Ausstellungen erspart, die nach der Besichtigung normalerweise abgerissen werden. Die Wohnungen der Weißenhofsiedlung dagegen wurden vermietet – zu durchaus hohen Preisen. Denn die Lage über Stuttgart war freilich spektakulär.

Obwohl viel über dieses architektonische Experiment geredet wurde, so richtig warm wurde Stuttgart nicht mit diesem Monument der Moderne. Vor allem den Nazis war die Flachdachsiedlung ein Dorn im Auge. Die Stadt Stuttgart gab 1939 tatsächlich grünes Licht für den Abriss des »Araberdorfes«, wie die Siedlung despektierlich wegen der weißen Dachterrassen genannt wurde. Geplant war an ihrer Stelle ein Militärverwaltungsbau. Zu diesem kam es jedoch nicht – wegen des Kriegsausbruchs. Während eines Luftangriffes wurden allerdings mehrere Häuser der Siedlung zerstört. Doch auch nach dem Krieg maß man der Siedlung nicht wirklich große Bedeutung bei. Immerhin wurde sie 1958 unter Denkmalschutz gestellt. Erst in den 1970er- und 1980er-Jahren engagierte sich der »Freundeskreis der Weißenhofsiedlung« und setzte es durch, dass die Häuser umfangreich renoviert und in ihre ursprüngliche Gestalt zurückverwandelt wurden. Heute kann man das Doppelhaus von Le Corbusier besichtigen. Ein Teil dient als Museum, im anderen befindet sich eine Ausstellungswohnung. Die anderen Häuser und Wohnungen werden privat genutzt, bieten aber auch von außen betrachtet ein aufregendes Bild. Ein Besuch der Weißenhofsiedlung lohnt sich für Architekturinteressierte auf alle Fälle, weshalb jedes Jahr auch 30.000 Besucher aus der ganzen Welt gezählt werden.

Inzwischen sorgt dort auch ein neues Experiment für Aufsehen: Architekt Werner Sobek stellt hier einen Wohnprototyp der Zukunft vor, ein Aktivhaus aus Holz und Leichtbeton. Das Besondere: Durch ein selbst lernendes Gebäudeautomationssystem erzeugt es doppelt so viel Strom, wie es braucht. Mit dem Stromüberschuss werden zwei Elektroautos sowie das benachbarte Weißenhofmuseum versorgt. Der Baumeister nennt dies »das Prinzip der Schwesterlichkeit«. Ob es etwas taugt? Das wird zwei Jahre lang von einem Projektteam getestet. Eines zeigt es aber auf alle Fälle: Die Stuttgarter Weißenhofsiedlung scheint auch heute noch zukunftsweisend zu sein und nichts von ihrer Faszination verloren zu haben.

48. GRUND

Weil der Cannstatter Wasen seine Existenz einem Vulkan zu verdanken hat

Invasion der Trachtenträger. Ein buntes Gewimmel aus Dirndln und Lederhosen. Sie bevölkern ganz Stuttgart, pilgern über die Königsstraße oder sorgen für brechend volle Stadt- und U-Bahnen. Haben es die Bayern endlich geschafft, zu expandieren, ihre schwäbischen Nachbarn brüderlich in ihren Freistaat aufzunehmen, ist Stuttgart bajuwarisch geworden? Wer sich traut, näher an die Träger dieser im Schwäbischen gänzlich unüblichen Trachten heranzutreten, dürfte zu seinem Erstaunen bemerken, dass kaum jemand von ihnen das zu erwartende rollende »R« von sich gibt. Nein. Sie alle sprechen harte Konsonanten weich aus, verwenden häufig Doppelvokale, Diphtonge und bemühen nicht selten den Diminutiv, die Verniedlichungsform. Kurz: Sie sprechen waschechtes Schwäbisch. Und sie haben alle ein Ziel. Das liegt in Bad Cannstatt. Es ist der berühmte Cannstatter Wasen, von Einheimischen auch liebevoll »Der Wasen« genannt. Warum die Schwaben sich aufführen wie beim Fasching und Kostümierung tragen, um auf das Volksfest zu gehen, weiß niemand so genau. Fest steht, dass es diesen Trend seit etwa fünf Jahren gibt und sich kaum noch jemand ohne Dirndl und Lederhose ins schwäbische Bierzelt traut. Dass das überhaupt nix mit schwäbischer Tradition zu tun hat und es auch sonst keine wirklich logische Begründung dafür gibt, als falscher Bayer zum Wasen zu gehen, schert niemanden. Es ist angesagt. Punkt. Aus. Ob kleine Privatgruppen oder große Geschäftstreffen: Niemand geht ohne Tracht da hin. So wie beim Oktoberfest soll es sein. Das bringt Flair und vor allem Aussichten, hauptsächlich auf die weiblichen Vorzüge vieler Dirndlträgerinnen. Dass die Maß Bier schon über neun Euro kostet und ein halbes Hähnchen genauso viel, interessiert selbst die sonst als knausrig verschrienen Schwaben nicht. Meist sind die Plätze in den Kult-Bierzelten eh schon Monate im Voraus ausverkauft, obgleich die Reservierungsbedingungen manchmal ziemlich happig sind. So muss man, will man einen Tisch zu gewissen Zeiten reservieren, eine Abnahme von vier Bierkrügen und einem halben Hendl garantieren. Und den Zuschlag bekommt bevorzugt der, der den kompletten Tisch mit Personen zu füllen imstande ist.

Um die vier Millionen Gäste zählt der traditionelle Cannstatter Wasen jedes Jahr. Er gilt neben der Münchner Wiesn als eines der größten Volksfeste Europas. Seine Entstehung hat er, so absurd das auch klingen mag, dem Ausbruch eines Vulkans zu verdanken. 1815 kam es auf der Insel Sumbawa in Indonesien zu einer Naturkatastrophe. Der dortige Vulkan Tambora sorgte für eine gigantische Eruption und 710.000 Tote. Der entstandene Ascheregen reichte bis nach Borneo und die Molukken und verdunkelte in weiten Teilen der Welt die Sonne. Das hatte zur Folge, dass es im darauf folgenden Jahr keine Sommersonne gab. Auch nicht auf der Schwäbischen Alb. Im Juni und Juli 1816 lag dort Schnee. Der Vulkanausbruch auf der fernen Insel sorgte selbst im Schwäbischen für Missernten und Hungersnöte. Aus diesem Grund trat Königin Katharina, die Gattin König Wilhelms I., auf den Plan. Um den Bauern zu helfen, gründete sie – gemeinsam mit ihrem Gemahl – die »Zentralstelle des landwirtschaftlichen Vereins« und ließ 1818, quasi als Geschenk an das gebeutelte Volk, den ersten Cannstatter Wasen ausrichten. Sie selbst verstarb völlig überraschend bereits ein Jahr später im Alter von 31 Jahren und liegt auf dem Rotenberg in der für sie erbauten Grabkapelle begraben. Beim Volk war sie wegen ihres sozialen Engagements sehr beliebt. Königin Katharina gründete die Uni Hohenheim, die erste württembergische Sparkasse und das Katharinenhospital. Spärlich bekleidet zog sie sich bei einem Spaziergang durch den Stuttgarter Schlosspark eine an sich harmlose Erkältung zu, an der sie jedoch wenige Tage später starb. Die Legende besagt, sie sei in jener Nacht ihrem untreuen Gatten gefolgt, der eine Affäre mit einer italienischen Adligen hatte, und schließlich an gebrochenem Herzen gestorben. Das von ihr mitinitiierte Volksfest erfreute sich nicht nur damals außerordentlicher Beliebtheit, sondern ist auch heute noch, immer um den 27. September herum, dem Geburtstags ihres Gatten, ein Publikumsmagnet.

Während der Cannstatter Wasen ursprünglich nur an einem Tag gefeiert wurde, waren es 1920 schon fünf und 1972 ganze 16 Tage. Heute dauert das Fest 17 Tage. Mehrere Hundert Schausteller präsentieren alte und brandneue Attraktionen und natürlich laden unzählige Bierzelte zum Verweilen mit hohem Maß-Konsum bei dröhnender Schunkelmusik und ohrenbetäubendem Techno-Beat ein. Und nach wie vor das Wahrzeichen der Schwaben-Gaudi: die 26 Meter hohe und drei Tonnen schwere Fruchtsäule. Auf deren

Spitze thront inzwischen eine Webcam, die Live-Bilder des feucht-fröhlichen Geschehens fürs Internet liefert. Wie bei der Wiesn unserer bayerischen Nachbarn sorgt auch hier der Fassanstich am Eröffnungstag für ein multimediales Spektakel! Und selbstverständlich wird verglichen, welcher OB wie viele Versuche braucht, um das Bier fließen zu lassen. Während Wolfgang Schuster bei seinem letzten Anstich nur drei Schläge benötigte, musste der momentane OB, Fritz Kuhn, vier Mal auf den Zapfhahn einschlagen, bevor der Gerstensaft heraussprudelte. Er trug es jedoch mit Fassung und meinte über den Wasen: »Da brennt die Luft, da boxt der Papst.« Im folgenden Jahr benötigte er sogar fünf Schläge – was jedoch weitgehend unkommentiert blieb und nicht in Zusammenhang mit seiner Politik gebracht wurde. Dass die Besucher des Cannstatter Volksfestes eines Tages vom Dirndl- und Lederhose-Stilirrsinn ablassen und sich auf die hier einst vor langer Zeit gepflegte schwäbische Trachtentradition besinnen, scheint unwahrscheinlich. Dazu sind diese zu altbacken und bieder. Keine Chance für wohlgeformte Frauen, ihre Vorzüge zur Schau zu stellen. Und das wäre für den Wasen schlicht eine Katastrophe.

49. GRUND

Weil die Primaten-Babys der Wilhelma affengeil sind

Da lag es. Träge, faul, aber trotzdem auf der Lauer. Nur wenige Meter vom Betrachter entfernt. Völlig unbeweglich, majestätisch und sehr gefährlich: »Das große Weiße« – mit seinen viereinhalb Meter Länge und seinen 500 Kilogramm Gewicht war es der fleischgewordene Angsttraum eines jeden Kindes. Genauso furchteinflößend wie faszinierend. Deshalb zog es einst alle schwäbischen Knirpse magisch an. Noch heute läuft mir ein wohliger Schauer über den Rücken, wenn ich an das weiße Krokodil der Wilhelma denke. Obwohl ich es eigentlich nie in Bewegung gesehen habe. Im Grunde war es so agil wie eine steinerne Statue. Und trotzdem sorgte es für eine Gänsehaut, nährte es doch unsere kindliche Fantasie. Wenn wir von der kleinen Brücke im Krokodilhaus zu dem Tier mit der schmutzigen, weiß-gelben Lederhaut blickten, stellten wir uns vor, wie es blitzschnell nach oben schießt und seine scharfen, kegelförmigen Reißzähne in das Fleisch seiner Beute schlägt. Leider lebt das weiße Leistenkrokodil, das ursprünglich aus einer Farm in Asien stammt, längst nicht mehr. Es starb am 17. Februar 2000, als es im Schwabenalter war. Und das obwohl solche Leistenkrokodile in Gefangenschaft durchaus 100 Jahre alt werden können. »Der Weiße« wurde nur 40, wegen einer Schwermetallvergiftung. Er hatte zu viele von den Münzen verschluckt, die die Besucher ins Becken geworfen hatten. Das weiße Krokodil war aber vom Zeitpunkt seiner Ankunft in der Wilhelma, 1967, der absolute Star. Heute hängt es in ausgestopfter Form von der Decke des Naturkundemuseums Schloss Rosenstein in Stuttgart.

Freilich ist und bleibt die Wilhelma aber trotz dieses Verlustes ein einzigartiger Anziehungspunkt für Jung und Alt. Und das nicht allein, weil auch die Nachfolger vom großen Weißen durchaus zu faszinieren vermögen: Deng »die Rote«, Sue »die Hübsche«, Nunu »die Kleine« und Tong »die Goldene«: Alle vier Krokodile wurden 2000 geboren, wiegen zwischen 60 und 130 Kilogramm und haben eine Länge von 2,40 bis 3,20 Meter. Nicht so gewaltig wie ihr Vorgänger, aber dafür wesentlich agiler.

Der einzige zoologisch-botanische Garten Deutschlands wurde 1837 von König Wilhelm I. als privater Rückzugsort in Auftrag gegeben. Zuerst bestand die Wilhelma aus einem maurischen Landhaus mit Gewächshäusern und einem weitläufigen Park. Die Tiere kamen erst später hinzu. Dafür sorgte nach dem Zweiten Weltkrieg Direktor Albert Schöchle, der auf die Idee kam, verschiedene Tierausstellungen zu organisieren. Während es das Finanzministerium gar nicht gut fand, dass nach jeder Ausstellung die Tiere im Park eine Bleibe gefunden hatten, war das Publikum absolut begeistert. Mit einem Trick machte Schöchle die strengen Beamten mundtot: Er ließ ein Löwenbaby vom Finanzminister höchstpersönlich taufen und machte ihn damit gewogen. So wurde aus der Wilhelma nach und nach ein großer, herrlicher Zoologischer Garten, der heute rund 9.000 Tiere und 6.000 Pflanzenarten beherbergt und jährlich mehr als zwei Millionen Besucher anlockt. In den Sommermonaten sind die Parkplätze für Busse und Pkw schon morgens völlig überfüllt, ebenso wie die Stadtbahn Linie 14, die zur Wilhelma fährt. Die gehört in der Tat zu den bezauberndsten und schönsten Ausflugszielen in Stuttgart. Berühmt vor allem dafür, dass hier seit über 30 Jahren Menschenaffenbabys aus ganz Europa aufgezogen werden, die von ihren Müttern einst verstoßen wurden. Über 60 solcher Tiere – Bonobos, Orang-Utans oder Gorillas – werden hier gehegt und gepflegt. Auch sie ein Publikumsmagnet.

Seit die Wilhelma 1846 anlässlich der Hochzeit von Kronprinz Karl mit der Zarentochter Olga Nikolajewna eingeweiht wurde, sorgte sie für kuriose Geschichten. Eine der berühmtesten passierte vor 150 Jahren. König Wilhelm I. stellte sich keine normalen Birken oder Nadelbäume für sein neues botanisches Reich vor, er träumte von Exotischerem. Weil er von den gigantischen Mammutbäumen aus Nordamerika begeistert war, bestellte er gleich ein Pfund Samen. Was er, seine Förster und seine Untertanen von der königlichen Bau- und Gartendirektion jedoch nicht bedachten: Obwohl es sich bei den Bäumen um Riesen handelt, stellten sich die Samen des »Sequoiadendron giganteum« als Winzlinge heraus. Aus einem halben Kilo dieser Samen können 10.000 Bäume entstehen. Bei der Aussaat in der Wilhelma waren die königlichen Mitarbeiter vor das majestätische Problem gestellt, dass sich hier binnen kürzester Zeit 5.000 Sprösslinge entwickelt hatten, für die natürlich kein Platz war. Deshalb wurden die Jungpflanzen von der königlichen Forstdirektion 1865/66 in den württembergischen Wäldern eingesetzt. Zudem wurden sie auf königliche Schlossgärten und Parkanlagen oder an Privatleute verteilt. In der Wilhelma sind heute noch 35 dieser Giganten zu bestaunen, insgesamt soll es im Ländle an vielen verschiedenen Orten rund 200 solcher Mammut-Bäume geben.

Eine weitere skurrile Wilhelma-Geschichte handelt von einem Papagei, einer Gelbkopfamazone. Dieser war Mitte der 1980er-Jahre aus einem Privathaushalt entflohen. Und weil er entdeckt hatte, dass in der Wilhelma viele seiner Kumpels leben, flog er häufig dort zu einem Besuch vorbei. Ein Pfleger, der Mitleid mit dem Single-Vogel hatte, besorgte ihm eine Lebensgefährtin. Inzwischen ist aus dem Paar eine Papageien-Großfamilie geworden. Über 40 Gelbkopfamazonen flattern inzwischen am Himmel von Stuttgart. Es ist damit die größte Population dieser Papageienart außerhalb des südamerikanischen Urwalds. Wie sie die Wintermonate überleben, gibt den Wissenschaftlern indes nach wie vor Rätsel auf. Wer also in Stuttgart Ost oder Bad Cannstatt auf laut kreischende Vögel mit grünem Gefieder und gelbem Kopf stößt: Nicht erschrecken, die sind nicht aus der Wilhelma ausgebrochen, sondern es sind ganz normale tierische Bewohner des Schwabenländles.

50. GRUND

Weil der Schlossplatz einer der schönsten in Europa ist

Nein, den 25. September 2004 werde ich nie vergessen. Ich war verantwortlicher Sendungsredakteur für eine Live-Show des ARD Tigerenten Clubs auf dem Stuttgarter Schlossplatz. Nicht nur, dass mir, der eigentlich seit vielen Jahren fast täglich an diesem Platz vorbeiläuft, erst durch die Arbeit an der Sendung klar wurde, dass er nicht zu Unrecht als einer der schönsten Europas gilt. Wir verwendeten das wunderschöne, verträumte Bild, das er abgibt, für unsere Sendung und ließen sogar den weltberühmten Hochseilartisten Johann Traber und seine Familie an diesem historischen

Ort einen neuen Weltrekord aufstellen. Während Traber zusammen mit seinem jüngsten Sohn auf dem Motorrad saß und das 200 Meter über dem Schlossplatz gespannte Seil entlangraste, befand sich seine Familie direkt unter ihm, auf einer Schaukel, die an seinem Gefährt befestigt war. Passiert ist glücklicherweise nichts. Die Livesendung wurde ein Hit.

Jahre später konnte ich noch einmal die Magie dieses einzigartigen Platzes hautnah erleben. Nicht als Fernsehmacher, sondern als Besucher und Fan. Bei der Fußball-WM in Deutschland 2006, dem legendären Sommermärchen, wurde der Schlossplatz in ein riesiges Public-Viewing-Areal verwandelt, wo Tausende Fußballfans sich auf dem mit Matten geschützten Rasen tummelten und gemeinsam einen Riesenspaß hatten. Auch wenn ich bedauerlicherweise ausgerechnet das Spiel am 4. Juli ausgewählt hatte, bei dem die erhoffte Siegerparty nicht stattfand, sondern ich mich nach dem Match einem Trauermarsch anschloss. Viele Hundert Fußballfans schlurften mit gesenkten Köpfen über die am Schlossplatz vorbeiführende Königsstraße, nachdem Italien Deutschland mit 2 : 0 besiegt hatte. Public Viewing war damals noch brandneu und niemals mehr schöner und aufregender als in jener lauen Sommernacht 2006.

Auf dem Schlossplatz finden die größten Events statt, die Stuttgart und Umgebung zu bieten haben. Ob Konzerte, *Tatort*-Premieren oder das Internationale Trickfilm-Festival. Aber der Platz braucht gar keine Veranstaltung, um seine Aura zu entfalten. Er ist die Oase im Herzen von Stuttgart, im Sommer fläzen auf der großen Rasenfläche unzählige Sonnenanbeter, Bücherwürmer, Geschäftsleute, die Entspannung suchen, oder turtelnde Pärchen, um die ganz besondere Atmosphäre dieses Platzes, der sich mitten in der Fußgängerzone befindet, zu genießen. Dabei war der Platz ursprünglich gar nicht mal so schön. Denn seit 1775 diente er als einfacher Paradeplatz. Im Halbkreis waren Kastanien gepflanzt, die König Wilhelm I. in den 1820er-Jahren wieder entfernen ließ, um im rechten Winkel neue Kastanien einpflanzen zu lassen. Es kamen Kies dazu und ein Exerzierplatz. Jahre später dann, zum 25-jährigen Thronjubliläum von König Wilhelm I. – im Zentrum die 30 Meter hohe Jubiläumssäule, weitere 17 Jahre danach wurde die Concordia hinzugefügt. Pünktlich zu des Königs Geburtstag wurden dann 1863 zwei Brunnen installiert, mit jeweils vier Putten, welche die wichtigsten Flüsse Württembergs symbolisieren sollten. Neckar, Kocher, Fils und Enz auf dem einen, Donau, Nagold, Tauber und Jagst auf dem anderen Brunnen.

Die signifikantesten Punkte, die den Schlossplatz definieren, sind zum einen natürlich das Neue Schloss, das sich im Übrigen nur einen Steinwurf vom Alten Schloss entfernt befindet. Wunderschön, wenngleich auch architektonisch recht wild, was aber auch daran liegen mag, dass sich an ihm vier verschiedene Baumeister ausprobiert hatten. Weil Herzog Carl Eugen von Württemberg das Alte Schloss nicht genügte, ließ er eine neue Residenzschlossanlage in Auftrag gegeben. Er hätte zwar eine Halbhöhenlage bevorzugt, um besser auf seine Untertanen herabschauen zu können, musste sich jedoch aus Kostengründen von diesem Projekt verabschieden. Und so entstand zwischen 1746 und 1807 dieser eindrucksvolle Prachtbau, der im Zweiten Weltkrieg stark in Mitleidenschaft gezogen wurde. Weil nur noch die Außenmauern standen, wurde das Schloss von 1957 bis 1964 wieder aufgebaut und die Fassaden größtenteils originalgetreu rekonstruiert. Heute beherbergt das Schloss in den beiden Seitenflügeln das Ministerium für Finanzen und Wirtschaft. Im Gewölbekeller ist das Römische Lapidarium untergebracht, während die rekonstruierten Säle im Mitteltrakt der Landesregierung als Repräsentationsräume dienen und der Weiße Saal für Kultur- und Festveranstaltungen sowie Hochzeiten genutzt wird.

Gegenüber dem Neuen Schloss, auf der anderen Seite des Schlossplatzes, ließ König Wilhelm I. ein riesiges, spätklassizistisches Bauwerk errichten, das er – man gönnt sich ja sonst nichts – für Bälle und Konzerte vorgesehen hatte und 1859 feierlich einweihte. Die

Kolonnade des Königsbaus besteht aus 34 ionischen Säulen und ist insgesamt 135 Meter lang. Der König war so begeistert, dass er am liebsten noch mehr Säulen gehabt hätte. Das Vorhaben scheiterte aber daran, dass dann die feinen Damen mit ihren ausladenden Reifröcken nicht mehr hätten hindurchschreiten können. Nicht umsonst trägt das ausladende Gebäude den Spitznamen »Schwäbische Akropolis«. Im Königsbau befand sich einst Stuttgarts erste Ladenpassage. Heute thront direkt hinter ihm ein riesiges Einkaufszentrum mit »Food Lounge« inklusive. Die »Königsbau Passagen« gelten in Stuttgart immer noch als gute Einkaufsadresse, wenngleich sie inzwischen durch das »Milaneo« und das »Gerber« starke Konkurrenz bekommen haben.

Neben dem altehrwürdigen Königsbau – auch gegenüber dem Schlossplatz – befindet sich seit 2005 ein Gebäude, dessen Architektur nicht gegensätzlicher sein könnte als das des schweren, spätklassizistischen Bauwerks: ein gigantischer Glaskubus, der auch heute noch alle Blicke auf sich zieht. Vor allem bei Nacht, wenn er von innen illuminiert ist. Er wirkt wie ein Artefakt aus einer anderen Welt. In dem hypermodernen Gebäude residiert das Kunstmuseum Stuttgart, in der oberen Etage befindet sich das Gourmet-Restaurant »Cube«. Die vorderen Plätze, die einen wunderschönen Blick auf den Schlossplatz und überhaupt die ganze Stadt gewähren, sind allerdings so begehrt, dass sie meist Wochen im Voraus ausgebucht sind.

51. GRUND

Weil der Monte Scherbelino
einer der höchsten Punkte der Stadt ist

53 Mal wurde die baden-württembergische Landeshauptstadt im Zweiten Weltkrieg von Luftangriffen heimgesucht. Die heftigsten Angriffe fanden im Juli und September 1944 statt. Die britische

No. 5 Bomber Group war auf systematisches Abbrennen ziviler Flächenziele spezialisiert. Ihr schlimmster Angriff fand am 12. September 1944 statt. Die Royal Air Force verwandelte den Stuttgarter Talkessel in einen Feuersturm. Insgesamt kamen bei den Luftbombardements 4.562 Menschen ums Leben. Über 39.000 Gebäude wurden zerstört, am schlimmsten betroffen war die Innenstadt. Von dieser Zerstörung erzählt heute noch der Birkenkopf. Ein Berg im Inneren des Stadtbezirks. Er gehört zu Stuttgart-West, ist südlich von Stuttgart-Botnang zu finden und gilt neben der Bernhartshöhe und der Rohrer Höhe als einer der höchsten Berge der Stadt. Der 511 Meter hohe Birkenkopf wuchs zwischen 1953 und 1957 künstlich um 40 Meter. Der Grund: Auf seiner Anhöhe wurden 1,5 Millionen Kubikmeter Gebäudetrümmer aus dem Zweiten Weltkrieg abgeladen. Noch immer sind einige der Trümmer als Häuserfassaden oder Säulen zu erkennen. Eine Gedenktafel erinnert an die Hintergründe: »Dieser Berg nach dem Zweiten Weltkrieg aufgetürmt aus den Trümmern der Stadt steht den Opfern zum Gedächtnis den Lebenden zur Mahnung.« Und wegen dieses riesigen Schuttberges, den man hier hochgekarrt hat – immerhin war die Hälfte von Stuttgart zerstört worden –, heißt der Birkenkopf für die Schwaben »Monte Scherbelino«.

Die Pläne dazu stammen von Maler und Architekt Manfred Pahl. Seine Idee war es, den Berg so anzulegen, dass ein nach Norden und Osten geöffnetes Halbrund entstand, das einen herrlichen Blick auf die Stadtmitte gestattete. Tatsächlich ist der Monte Scherbelino ein begehrtes Ausflugsziel, hat der Wanderer hier doch nicht nur einen wundervollen Rundblick über Stuttgart, sondern sieht an klaren Tagen sogar die Schwäbische Alb, den Nordschwarzwald und das Unterland. Manche sagen, er böte sogar einen schöneren Ausblick als das Wahrzeichen der Stadt, der Fernsehturm.

Der Monte Scherbelino ist ein Mahnmal gegen den Krieg. Das frühere Holzkreuz wurde längst durch ein weithin sichtbares Stahlkreuz ersetzt, das zehn Meter hoch und 2.400 Kilo schwer ist und durch Spenden finanziert wurde. Vor allem in den Sommermonaten finden hier Andachten statt. Traditionell gibt es auch am Abend des Buß- und Bettages einen Gottesdienst. Die Stuttgarter haben inzwischen längst auch das Potenzial des Birkenkopfs als Platz für Feste entdeckt. So treffen sich hier viele in der Silvesternacht, um einen grandiosen Ausblick auf das Feuerwerk über der Stadt zu genießen.

Promis und Entertainment

Weil Harald Schmidts freche Klappe zum Quotenhit wurde

Mir ist es wurscht, was da so alles über Harald Schmidt erzählt, getuschelt und gemutmaßt wird. Ich bin eindeutig parteiisch, wenn es um ihn geht, kenne ich ihn doch seit vielen Jahren und hatte bei all meinen Treffs, Interviews und Gesprächen mit ihm extrem viel Spaß und ihn als jemand kennengelernt, der genauso zuverlässig wie sympathisch ist. Als ich einmal keine Karte für *Verstehen Sie Spaß?* erhalten und er das mitgekriegt hatte, bekam ich am nächsten Tag von ihm höchstpersönlich einen Anruf, dass er mir zwei Karten hinterlegt habe. Egal also, ob sein langjähriger Ko-Moderator Manuel Andrack davon auszugehen scheint, Schmidt hielte sich für den größten Moderator aller Zeiten oder sein TV-Partner von *Schmidteinander*, Herbert Feuerstein, erklärt, er ginge vor wie ein afrikanischer Diktator. Fest steht: Schmidt war und ist etwas, was im deutschen TV-Unterhaltungsgeschäft durchaus nicht üblich ist: ein Vollprofi! Einer, der um Klassen witziger, hintergründiger und intelligenter wirkt als Kult-Quasselstrippe Thomas Gottschalk und tausendmal frecher und energiegelandener als Talk-Dinosaurier Günther Jauch. Von den anderen Ansagern, Langweilern und Laberbacken, die meist in irgendwelchen Privatsendern beliebiges Blabla rauf und runter blubbern, ohne anzuecken oder aufzuregen, gar nicht zu reden. Schmidt hat Format, Mut und bösen Witz. Mit seiner *Late-Night-Show* oder anderen Satire-Formaten wie *Schmidteinander* traf er meist voll ins Schwarze. Sein Witz liegt irgendwo zwischen Monty Python und David Letterman – beide erklärte Vorbilder von ihm. Mit ausgeprägter Lust und hinterhältiger Tücke schaffte er es viele Jahre lang, zum großen TV-Aufreger zu werden, traute sich Sachen zu, von denen viele TV-Gesichter nur träumen. »Frauenparkplätze«, erklärt er, »sind ja wirklich eine absolut sinnvolle Einrichtung. Man ist doch als Triebtäter jahrelang sinnlos durchs Parkhaus geirrt.« Oder: »Wenn Männer schwanger werden können, heißt das dann umgekehrt, Frauen können in Zukunft auch Auto fahren?« Vergnüglich und hinterhältig nahm er in seinen Shows Frauen ebenso aufs Korn wie Minderheiten und Migranten. »Was ist die Gemeinsamkeit zwischen der Schwulenbewegung und dem FC Bayern München? Keiner stammt aus dem eigenen Nachwuchs.«

Natürlich hagelte es nach seinen Sendungen, ob im Öffentlich-Rechtlichen oder Privaten, Proteste, wüteten weltliche und kirchliche Institutionen, Gutmenschen, selbst ernannte Moralapostel und natürlich in schöner Regelmäßigkeit Frauenvereine. Sie fühlten sich verunglimpft, veralbert und vorgeführt. Und womit? Mit Recht! Natürlich war einiges, was der intellektuelle TV-Wüstling zum Besten gab, an der Grenze zur Beleidigung, aber eben nur »an« der Grenze. Mit intelligentem, feinem Gespür eckte er an, provozierte, aber richtig daneben lag er nur selten. Nur zu deutlich war spürbar: Dieser Mann spricht das aus, was viele denken, aber sich nicht zu sagen trauen. Gekonnt spielte er mit Vorurteilen und Klischees, um sie von außen nach innen zu kehren. »Zu viel Sex im Fernsehen«, konstatierte er, »die meisten würden gerne umschalten – aber sie haben keine Hand mehr frei.« Oder: »Norwegen ist das teuerste Land Europas: Flasche Johnny Walker 78 Mark, Dose Becks 6,79 – dort erkennt man Besserverdienende daran, dass sie besoffen am Hauptbahnhof herumliegen.«

Aufgewachsen ist dieser bissig-böse Entertainer, Schauspieler, Kabarettist, Buchautor und Kolumnist in der eher tristen schwäbischen Kleinstadt Nürtingen. Streng katholisch erzogen, bei den katholischen Pfadfindern und Organist in der katholischen Gemeinde St. Johannes. In Stuttgart studierte er an der Staatlichen Hochschule für Musik und Darstellende Kunst und hatte seine ersten Engagements an den Städtischen Bühnen in Augsburg. Dann kam Mitte der 1980er das Fernsehen. Schmidt moderierte *MAZ ab*, *Pssst* und zusammen mit Herbert Feuerstein *Schmidteinander*. Später dann

Anfang der 1990er-Jahre *Verstehen Sie Spaß?*. In dieser Zeit hatte ich ihn beim beim Süddeutschen Rundfunk (später Südwestrundfunk) kennengelernt, und mir gefielen nicht nur seine Shows, sondern auch seine bissig-witzigen Kommentare über den Sender und seinen unkomplizierten Umgang. Wenn ich ins Radiostudio schlappte und er gerade auch da war, wurde eben im Flur geratscht über die neuesten Gerüchte und Skandale. Und er lud mich dann stets zu seiner eigenen Radiosendung bei SDR1, *Die Jahrhundert Show*, ein. Allein schon das Warm-up vor Live-Publikum war definitiv das Witzigste, was damals zu hören war, obwohl die Sendung mit Sicherheit heute keiner mehr kennt.

Ich mag einfach den fiesen Humor von Dirty Harry. Ich fand es sehr witzig, als er in der *Harald Schmidt Show* in einem Filmbeitrag die damalige *Tagesschau*-Sprecherin Susan Stahnke veralberte, die kurz zuvor angegeben hatte, in Hollywood als Schauspielerin reüssieren zu wollen. Das Filmzuspiel handelte von einem neuen Kinostreich mit dem Titel *Basic Instinct II* und zeigte eine Frau in Reizwäsche beim Sex. Da die Darstellerin Ähnlichkeit mit der *Tagesschau*-Sprecherin hatte, verlangte Susan Stahnke eine Gegendarstellung. 1995 zeigte er in seiner Show eine *Emma*-Ausgabe, Eierlikör, eine Kloschüssel und Bettina Böttinger und fragte, was diesen vier Dingen denn gemeinsam sei. Seine Antwort: »Das sind die vier Dinge, die kein Mann freiwillig anfassen würde.« Bettina Böttinger zeigte wenig Humor und fühlte sich sehr verletzt.

Dass es aber auch für Harald Schmidt Grenzen des Humors gibt und er sehr wohl hohen Wert auf Berufs- und Fernseh-Ethik legt, zeigte sich, als er 2002 seine Teilnahme an der Verleihung des Medienpreises »Goldene Feder« absagte, weil er den Preis nicht von Moderator Johannes B. Kerner überreicht haben wollte. Dieser hatte bei einer Sondersendung zum Amoklauf in Erfurt einen elfjährigen Jungen zu sich in die Sendung geladen, der zur Tatzeit am Tatort gewesen war. »Angesichts der jüngsten medialen Außenwirkungen von Johannes B. Kerner können wir uns unter keinen Umständen vorstellen, einen Preis in seiner Anwesenheit entgegenzunehmen.«

Natürlich gebe auch ich als Schmidt-Fan zu, dass nicht alles in den letzten Jahren so toll war, vor allem das Konzept, gemeinsam mit dem für mich völlig unerträglichen Pseudo-Witzbold Oliver Pocher aufzutreten. Aber was soll's. Wenn er wirklich, so wie es den Anschein hat, in Rente gegangen ist, wäre das geradezu tragisch. Aber das Schöne an Schmidt: Man weiß nie, was er wirklich vorhat. Denn er hat sich noch nie in die Karten gucken lassen.

53. GRUND

Weil ein Schwabe Hollywood erobert

»Oje, wenn mich meine Mutter so sieht, flippt sie wieder aus«, meint Roland Emmerich, als ich mich mit ihm in Kanada am Set seines neusten Films *Stonewall* im Rahmen eines Fernsehinterviews unterhalte. Er verdreht die Augen und ahmt seine Mutter Hilde und ihren schwäbischen Dialekt perfekt nach: »Bua, hosch wieder nix gessa und wieder z'viel gschafft. Siesch ganz fertig aus.« Er schüttelt den Kopf und lächelt. Seine über 80-jährige Mutter ist, obwohl er längst zu den erfolgreichsten Hollywood-Regisseuren zählt, immer noch mit Leib und Seele Mutter. Sie macht sich auch heute noch ständig Sorgen um ihren Roland und hofft, dass es ihm gut geht. Emmerich schätzt sie über alles, und auch wenn er sich über ihre Gluckenmentalität amüsiert, spricht er immer sehr warmherzig von ihr. Ähnlich wie sein verstorbener Vater Hans hat ihn auch Hilde immer bei seinen verrückten Kino-Träumen unterstützt. Als Roland seine ersten filmischen Gehversuche in der schwäbischen Provinz unternahm, versorgte Mama Emmerich die Crew mit Würstchen und schwäbischem Kartoffelsalat. Sein Vater, ein erfolgreicher Unternehmer – die Firma »SOLO«, die für ihre Pflanzenschutzgeräte, Mofas und Rasenmäher bekannt ist, wurde von ihm mitbegründet –, stand ihm in geschäftlichen Belangen immer zur Seite und sorgte auch dafür, dass zum Beispiel die Handwerker der Firma beim Kulissenbau mithalfen. Family business: Das gilt für die Emmerichs auf alle Fälle. Rolands Schwester ist bis heute seine engste Vertraute und bei den meisten seiner Filme Produzentin. Und das Schöne an ihnen, sie haben sich trotz des Erfolges nicht verändert, sind schwäbisch bodenständig geblieben. Ich kann mir ein solches Urteil erlauben, schließlich kenne ich sie alle seit mehr als 25 Jahren, habe das filmische Schaffen des Erfolgsregisseurs schon seit seinem zweiten Kinostreich, *Joey*, journalistisch verfolgt und war an den Sets vieler seiner Kinohits.

»Irgendwie sind wir im Inneren Schwaben geblieben«, erklärt Emmerich, als ich ihn in seiner Villa in L. A. besuche. »Und das obwohl wir schon 25 Jahre in Amerika leben. Wir meckern gern: im Restaurant, beim Parken, beim Einkaufen. Immer findet man was, über das man schimpfen kann.« Als er Mitte der 1980er-Jahre begann, das deutsche Kino mit Science-Fiction- und Fantasy-Filmen aufzumischen und dem zuschauerfeindlichen deutschen Autorenkino etwas entgegenzusetzen, wurde er mit Häme und Spott übergossen. Gerne auch von Journalisten aus dem Schwabenland. Als »Spielbergle aus Sindelfingen« wurde er belächelt und verspottet. Dabei waren seine Filme immer handwerklich außerordentlich gut gemacht, auch wenn sie inhaltliche Schwächen aufwiesen. Nachdem er *Das Arche Noah Prinzip*, *Joey* oder *Moon 44* zum größten Teil in der Nähe seiner Heimatstadt Sindelfingen, in ausrangierten Lager- und Fabrikhallen, gedreht hatte, wurde ihm die Häme der heimischen Presse zu viel. Aus Hollywood war das Angebot gekommen, das neueste Sylvester-Stallone-Spektakel zu inszenieren. Titel: *Isobar*. Dass das Projekt, eine Mixtur aus Horror und Science Fiction, nicht zustande kam, lag indes nicht an dem Actionstar, sondern dem Produzenten, Joel Silver *(Stirb langsam, Lethal Weapon)*. Der wollte dem Jungfilmer aus Deutschland ein Drehbuch aufzwingen, das dieser nicht mochte. Nach einem heftigen Streit und Silvers Erklärung, Emmerich werde in Hollywood nie mehr die Chance bekommen, einen Film zu drehen, verabschiedete sich der deutsche Regisseur von der Produktion, die bis heute nicht realisiert wurde.

Kurze Zeit später wird ihm *Universal Soldier* angeboten, ein Vehikel für die beiden damaligen Action-Stars Dolph Lundgren und Jean-Claude Van Damme. Der Film stellt die Produzenten zufrieden und spielt weltweit 100 Millionen Dollar ein. Der damals 36-jährige Emmerich bekommt grünes Licht für ein Traumprojekt: *Stargate*. Es basiert auf Emmerichs früherer Idee *Necropol* und sollte eine Mixtur aus *Lawrence von Arabien* und *Star Wars* werden. Geschickt spielt der Film mit den Rätseln, die uns ägyptische Pyramiden bis heute aufgeben, und verbindet sie mit der Science-Fiction-Story von einem Sternentor, mit dem sich viele Lichtjahre überbrücken lassen. Auch dieser Film wird ein Erfolg und ermöglicht Emmerich die Erfüllung des lang gehegten Wunschs, eine Art Neuversion des Klassikers *War of The Worlds* von H. G. Wells zu realisieren. Weil die Rechte nicht zu erwerben sind, macht er daraus eine moderne, eigene Geschichte, die von der Landung bösartiger außerirdischer Intelligenzen am amerikanischen Unabhängigkeitstag handelt. *Independence Day* wird für den Schwaben in Hollywood zum großen Durchbruch und der Film zum weltweiten Phänomen. Als Emmerich gerade in New York Interviews gibt, erfährt er, dass Präsident Bill Clinton zu einer Vorführung ins Weiße Haus lädt. »Das war ein bisschen wie beim König«, erinnert sich Emmerich. »Wenn Clinton lachte, lachten alle. Ich musste die ganze Zeit über auf die Toilette, traute mich aber nicht. Neben mir stand nämlich ein CIA-Mann mit Knopf im Ohr.«

Danach läuft es für den Schwaben in Hollywood wie geschmiert. Er dreht einen Hit nach dem anderen und kann es auch verschmerzen, wenn ein Film wie zum Beispiel *Godzilla* einmal nicht so erfolgreich ist. An seinem Ruf als zuverlässiger Blockbuster-Regisseur ändert das nichts. Inzwischen dreht er auch immer häufiger, quasi zwischendurch, kleine, feine Filme, die nicht den Regeln des Box-Office-Kinos folgen. *Anonymus* zum Beispiel war ein brillant-verschachtelter Historien-Thriller um die wahre Identität von William Shakespeare. Und bevor er sich aufmacht, die lang erwartete Fortsetzung von *ID 4* zu drehen, wird er die Zuschauer mit *Stonewall* überraschen, einem Real-Life-Drama um die Entstehung des Christopher Street Day. Im Sommer 1969 wehren sich New Yorker Schwule und Lesben gegen die zermürbende, menschenverachtende Diskriminierung und liefern sich mit der Polizei eine Straßenschlacht. Es dürfte Emmerichs persönlichster Film sein. Denn er selbst hatte viele Jahre lang Angst davor, sich als Homosexueller zu outen. »Ich wollte immer große Actionfilme machen und hatte eben Bedenken, dass ich als Schwulen-Regisseur abgestempelt worden wäre.« Aber er erlebte Hollywood dann doch ganz anders, nämlich sehr offen. Emmerich hat es wahrlich geschafft, »Spielbergle« nennt ihn heute keiner mehr. Aber auch ein Starregisseur wie er hat noch Träume: »Ich gehöre für viele in die Schublade des Eventfilmers und träume davon, irgendwann einmal für alle meine Projekte, egal wovon sie handeln, ohne große Diskussionen grünes Licht zu bekommen. So wie Clint Eastwood.« Und kaum spricht er diese Worte aus, da fällt ihm was ganz anderes ein: »Mensch, ich hab schon wieder vergessen, meine Mutter anzurufen. Das muss unbedingt Ute übernehmen. Sonst schimpft sie wieder.«

54. GRUND

Weil deutscher Hip-Hop schwäbische Wurzeln hat

Es ist Mitte der 1980er-Jahre. Zwei Teenager aus Gerlingen bei Stuttgart tun sich zusammen, weil sie eine Leidenschaft verbindet: Rap und Hip-Hop. Der ist in vielen GI-Discos zu hören, bei Insidern absolut angesagt und für unsere Jungs Ausdruck eines bestimmten Lebensgefühls. Bietet er doch eine veritable Alternative zu den in dieser Zeit angesagten Popper-Klängen von Spandau Ballet oder ABC. Michael Bernd Schmidt und Andreas Rieke beginnen zu experimentieren. Sie basteln und probieren verschiedene selbst kreierte Rap-Sounds aus. Michael verdient in der einen oder anderen Diskothek als DJ ein bisschen nebenher. In einigen von US-Soldaten frequentierten Bars versucht er sich als Rapper. Doch mehr als höflichen Applaus bekommt er nicht, seine englisch vorgetragenen Texte können die Anwesenden nicht recht überzeugen. Parallel dazu bastelt Technik-Tüftler Andy an einem neuartigen Soundgerät und entwickelt die »Bronx Box«, eine Art Rhythmus-Maschine. Fortan sind die beiden von diesem Wundergerät nicht mehr wegzubekommen. Sie nennen sich »Terminal Team« und versuchen sich mit aller Leidenschaft als Freizeit-Rapper.

Dann lernen sie einen anderen Rap-Fan kennen, der sich King Burger B. oder DJ Hausmarke nennt und im wirklichen Leben Michael Beck heißt, und schließlich auch Thomas Dürr, der gerade eine Friseur-Lehre macht und nebenbei auch als Hausmeister arbeitet. Der Funke springt über, das Karma stimmt: Die vier verstehen sich prächtig und beginnen, gemeinsam Songs zu komponieren, aufzunehmen und aufzutreten. Wobei sie natürlich ihre bürgerlichen Namen komplett abstreifen und sich Smudo, Thomas D., And.Ypsilon und Michi Beck nennen. Ihre Texte sind zuerst zum größten Teil in englischer Sprache. Auf Deutsch zu rappen, traut sich niemand so recht. Schließlich kommt diese Musik aus den amerikanischen Gettos und scheint nur in der »Original«-Sprache erfolgreich. Aber ein dreieinhalbmonatiger Aufenthalt in den USA verändert alles. Smudo und Thomas D. erkennen auf ihrem Trip durch Amerika: Immer wenn sie dort auf Englisch rappen, sind die Reaktionen der Zuhörer eher zurückhaltend. Sobald sie aber ihren Sprechgesang in deutscher Sprache vortragen, johlt das Publikum. Den beiden Jung-Rappern wird klar, dass das Wichtigste Authentizität ist: Nur wer glaubhaft wirkt, kann überzeugen. Obwohl die amerikanischen Zuschauer nix von dem verstehen, was die beiden singen, scheinen sie doch zu verstehen, wovon die Texte handeln. Deshalb entscheiden sich die Musiker nach ihrer Rückkehr, künftig nur noch deutsche Texte zu komponieren. Und damit treffen sie ins Schwarze, erspüren genau den Puls der Zeit. Mit diesem Konzept des Kraut-Rap erobern sie als erste deutsche Hip-Hop-Band die Charts, obwohl die Heidelberger Formation »Advanced Chemistry« eigentlich schon vor ihnen da waren. Bekannt werden die vier indes nicht unter ihrem alten Namen »Terminal Team«, den haben sie längst abgelegt, sondern unter ihrem neuen: »Die Fantastischen Vier«, eine Anspielung auf die legendären Marvel-Comic-Helden.

Zum ersten Mal treten sie im Juli 1989 auf: Die Bühne ist selbst gebastelt, die Location eher bescheiden: Es ist ein ehemaliger Kindergarten. Von da an geht es auch dank der Arbeit ihres Managers, Andreas »Bär« Läsker, steil nach oben. Das erste Album, *Jetzt geht es ab*, gilt eher noch als Geheimtipp, aber das zweite schlägt voll ein. Mit ihrem spaßigen Song über eine Frau, »die freitags nie kann« und ein paar Jungs kräftig hinters Licht führt, werden sie berühmt. *Die da!?!* von 1992 ist ihr erster großer Hit und lässt die vier Deutsch-Rapper schließlich zu einem nationalen Phänomen werden. Zum ersten Mal wird ihnen die eigene Popularität bewusst, als sie in Heidelberg im Schwimmbad Club auftreten wollen. Vor dem Eingang warten Tausende von Besuchern. Weit mehr als überhaupt reinpassen. Ihre Hits heißen *Sie ist weg*, *Tag am Meer*, *MfG* oder *Einfach sein*.

Inzwischen haben die Jungs ihr 25-jähriges Bühnenjubiläum hinter sich, gelten als Kult und angesehene Alt-Rapper. In ihrer schwäbischen Heimat werden die »Fantas«, wie sie liebevoll genannt werden, wie Helden verehrt, vielleicht auch deshalb, weil sie nach wie vor keine Berührungsängste zeigen und mit ihren Fans auf Tuchfühlung bleiben. Dass sie sich so lange halten können, liegt aber schlicht auch daran, dass sie einfach mit ihrer Musik einen Nerv, vielleicht sogar den jeweiligen Zeitgeist treffen. Es sind vor allem die pointiert-einfallsreichen Texte, der Wortwitz und die Sprachakrobatik, die die Songs der Fantas außergewöhnlich und ohrwurmtauglich machen. In ihrem Hit *MfG* meinen sie: »Wir gehen drauf für ein Leben voller Schall und Rauch. Bevor wir fallen, fallen wir lieber auf.« Oder in *Einfach sein*: »Wir begreifen doch eh nix auf Dauer, wenn wir nicht dauerhaft begreifen. Zweifeln wir an der Power, dann powern wir nur unsere Zweifel.« Ihre Musik ist durchdrungen von witzig-süffisanten Kommentaren zum Zeitgeschehen und zur Popkultur. Bereits in ihrem ersten Hit, *Die da!?!*, ließen sie Dialog-Passagen aus *Star Wars* erklingen, ihr Album *Fornika* lebt ganz von seinen Anspielungen auf das klassische Monsterkino der 1950er-Jahre. Spektakulär war sowohl ihr MTV-Unplugged-Konzert im Jahr 2000 in der Balver Höhle im Sauerland als auch ihr grandioser Auftritt zum 20-jährigen Bestehen auf dem Cannstatter Wasen. Bei diesem »Heimspiel« traten sie zusammen mit dem Orchester des Staatlichen Bolschoi-Theaters aus Minsk auf die Bühne und vermixten in meisterhafter Manier Rap mit Klassik: 60.000 Fans feierten den gelungenen Event, der nach wie vor zu einem der absoluten Highlights in der Bandhistorie gehört. Neben ihrer Präsenz bei den Fantas treten die vier teilweise auch als Solo-Künstler auf, arbeiten als Synchronsprecher – zum Beispiel liehen sie den vier Pinguinen aus dem Trickfilm *Madagascar* ihre Stimmen – oder verdingen sich als Quiz- oder *The Voice*-Juroren. Die Jungs probieren sich aus und versuchen, sich stets neu zu erfinden. Und das ist auch gut so.

55. GRUND

Weil der »Sommermärchen«-König schwäbisch spricht

»Grad mach i's Maul zu«, schimpft der Trainer im *Klinscamp* und schüttelt den Kopf ob der kompletten Hirnfreiheit seiner Spieler.

Und stets wenn er neu ansetzt, um etwas zu erklären, wird er vom übereifrigen Michael Ballack unterbrochen, der ständig mit den Fingern schnippt, den Arm wie in der Schule nach oben gestreckt »Trainer, Trainer« ruft und ihn darauf aufmerksam macht, dass es nicht »der«, sondern »die« Butter heißt. Schließlich schrillt dann das Handy und seine Gattin meldet sich mit grellen, unverständlichen Piepslauten. »Ja, Debbie, i kann grad ned. Mir gehn älle noch von einem – was heißt das jetzt noch mal auf Englisch – Miracle aus«, brabbelt er stark schwäbelnd vor sich hin. Nur um einmal mehr festzustellen: »Mir send die, die gwenna welle.« Das *Klinscamp* war eine von vielen Erfolgs-Comedy-Serien der Popwelle SWR3. Sie sorgte 2006 für viel Gelächter und nahm auf liebevolle Weise den damaligen Bundestrainer Jürgen Klinsmann auf die Schippe. Schließlich war er ein Kind des Landes, außerdem war es das Jahr des »Sommermärchens«. Obwohl die deutsche Mannschaft am Ende der WM nur den dritten Platz belegte, wurden Klinsmann und Co. wie Helden gefeiert. Durch die geradezu magische Stimmung bei dieser Weltmeisterschaft in Deutschland, den unglaublichen Teamgeist der Mannschaft und die positive Aura ihres Trainers bleibt dieser Event unvergessen. In Sönke Wortmanns Dokumentation *Deutschland – Ein Sommermärchen* wurde diesem einzigartigen Fußballsommer ein filmisches Denkmal gesetzt.

Indes: Die Heldenverehrung dauerte nicht lange an, zumindest was Jürgen Klinsmann anging. Der Erfolgsschwabe war bereits vor der WM kritisiert worden, weil er ständig zwischen seinem US-Wohnsitz im kalifornischen Newport Beach und Deutschland hin und her flog. Als er dann 2008 als Trainer von Bayern München zu arbeiten begann, sorgte er mit schöner Regelmäßigkeit für Schlagzeilen. Allerdings negative! Die Art und Weise, wie er sein Training gestaltete, blieb für viele – auch die Spieler – völlig unverständlich. Dabei war er ja als Querdenker bekannt, holte er sich doch Fitnesstrainer aus Amerika oder Psychologen aus der Schweiz, legte Wert auf Teambuilding und Leistungstests. Was damals gescholten und kritisiert wurde, gilt inzwischen im modernen Fußball als gang und gäbe. Klinsmann könnte tatsächlich hier seiner Zeit etwas voraus gewesen sein. Was er damals anstieß, ist heute im Fußball selbstverständlich. Aber zumindest bei Bayern München nützte das nichts. Spieler wie Philipp Lahm sprachen es ihm offen ab, als Trainer eines Spitzenclubs wie Bayern geeignet zu sein. Klinsmann hielt es gerade mal neun Monate in München aus, bevor er das Handtuch warf. Später meinte er über diese Zeit, dass hier eben zwei völlig unterschiedliche Welten aufeinandergeprallt seien. Die des FC Bayern und seine eigene. Inzwischen arbeitet er als Trainer für die US-Nationalmannschaft mit durchaus respektablem Erfolg. In Amerika steht er für die Zukunft dieser Sportart.

Obwohl Jürgen Klinsmann tatsächlich die Ausstrahlung eines Sonnyboys besitzt und von *Bild* deshalb auch bösartig als »Grinsi Klinsi« beschimpft wurde, wirkt er, was seine Art und sein Vorgehen angeht, nicht wirklich stromlinienförmig. Tatsächlich ist die Persönlichkeit des Fußball-Stars, der mit acht Jahren beim TB Gingen an der Fils zu spielen begann, nur schwer greifbar, wirkt sehr ambivalent, um nicht zu sagen undurchschaubar. Er scheint niemanden – außer Familie und Freunde – richtig an sich heranzulassen. Der in Göppingen geborene Bäckersohn, der von seinem Vater dazu angehalten wurde, vor der Karriere als Berufskicker erst mal im eigenen Betrieb eine Ausbildung zu machen, beherrscht nicht nur perfekt die Spielregeln des modernen Fußballs, sondern auch die des Mediengeschäfts. Deshalb scheint er stets sehr genau abzuwägen, was er wie lanciert, welche Nachrichten er verbreitet, was er promotet und was er lieber verschweigt. So weiß man im Prinzip auch fast nichts von seinem Privatleben, außer dass er seit 1995 mit dem Ex-Model Debbie Chin aus San José verheiratet ist, seit 1998 in den USA lebt und einen Sohn und eine Tochter hat. Seine schwäbischen Wurzeln haben ihn vielleicht vorsichtig gemacht, denn als Schwabe lernt man schon früh, dass es nichts schadet, ein wenig »verdruckt« zu sein, sich nicht in die Karten schauen zu lassen. Vielleicht macht aber gerade das die Faszination seiner Person aus: Man fragt sich, ob dieser freundlich lächelnde Blondschopf wirklich immer so nett ist oder auch einen Mr. Hyde in sich trägt. Er schottet sich einfach ab, zieht sein Ding durch. Ein schwäbischer Sturkopf eben. Aber sonst wäre er vermutlich auch nie dorthin gekommen, wo er ist: im Pantheon des internationalen Fußballs. Und auch wenn er durchaus umstritten sein mag: Ein klein wenig stolz sind wir Schwaben schon auf den ehemaligen Bäckergesellen, der zum Fußball-Superstar wurde und immerhin Humor zu besitzen scheint. Denn das *Klinscamp*, in dem er so wundervoll veralbert wird, fand er sehr lustig.

56. GRUND

Weil Willy Reichert und Oscar Heiler Generationen von Schwaben zum Lachen brachten

Okay, die Gags der beiden haben heute lange Bärte, sie sind viel zu lieb und brav und bieder, aber egal, die Jungs hatten echt was drauf: Sonst hätten sie kaum über 40 Jahre lang erfolgreich sein können. Auch wenn der eine oder andere Willy Reichert und Oscar Heiler und ihre Komik belächeln mag, weil diese beiden älteren Herren tatsächlich irgendwie aus der Steinzeit der TV-Unterhaltung zu stammen scheinen, aus einer anderen Zeit, einer anderen Epoche, einer anderen Welt: Sie verstanden ihr Handwerk perfekt. Und ihr Humor überlebte sowohl Nazi-Diktatur als auch Studentenrevolte.

Von Willy Reichert, dem Motor des Duos, der auch viele Solo-Auftritte absolvierte, ist die Geschichte überliefert, dass er bei einem Auftritt folgenden Vers zum Besten gab: »Es steht ein Baum am Waldesrand, er ist organisiert, er ist im NS-Baumverband, damit ihm nichts passiert.« Dafür soll es viel Applaus, aber auch eine Ermahnung der Nazis gegeben haben. Daraufhin habe Reichert beim nächsten Mal seinen Vers anders formuliert: »Es steht ein Baum am Waldesrand, ist nicht organisiert, ist nicht im NS-Baumverband … Damit mir nix passiert.«

Die beiden schwäbischen Kult-Komödianten, die mit den Kunstfiguren »Häberle und Pfleiderer« zu Superstars der Theater- und TV-Landschaft wurden und von denen kolportiert wird, sie hätten sich zeit ihres Lebens nicht wirklich riechen können, trafen sich, als Oscar Heiler als Buchhändler arbeitete und davon träumte, Schauspieler zu werden. Der zehn Jahre ältere Willy Reichert verhalf ihm zu einer Stelle am Schauspielhaus und unterrichtete ihn. Als Heiler jedoch ein Bein verlor, war es sowohl mit der Buchhändler- als auch mit der Bühnenkarriere aus und vorbei. Reichert sorgte indes dafür, dass Heiler beim »Cabaret Excelsior« Texte bearbeitete oder als Souffleur tätig war. Dann gab er ihm den folgenreichen Auftrag, das Stück eines ungarischen Autors ins Schwäbische zu übertragen. Während das Original von Badsek und Sajo handelte, machte Heiler daraus Häberle und Pfleiderer. Der Sketch *Die Friedenskonferenz*, der sich über eine tatsächlich stattfindende Abrüstungskonferenz lustig machte, wurde zum Hit. Als schließlich der ursprüngliche Häberle-Darsteller einen Unfall hatte, sprang Heiler ein. Seitdem bilden die beiden das unzertrennliche Paar, gehören zusammen wie Linsen und Spätzle, wie Kutterschaufel und Kehrwisch. Häberle ist der etwas größere Herr mit dem Strohhut, dessen Fantasie oft Kapriolen schlägt, der naiv und leichtgläubig ist, und Pfleiderer ist der skeptische Pragmatiker, der abgeklärte Zyniker. Die beiden verkörpern kleinbürgerliche Spießer, die gerne dicke Backen machen und sich über Gott und die Welt, Alkohol und Fortpflanzung, Essen und Moral unterhalten. Ihre Sketche heißen *Die Amstelbank*, *Auf dem Postamt* oder *Auf der Neckarbrücke*.

Die beiden Schwaben-Komiker wechseln schließlich zum wesentlich größeren Friedrichsbau, wo Willy Reichert auch einer der Direktoren wird. Selbstverständlich treten sie auch im Rundfunk auf, wodurch sie dann zu echten Stars werden. Ihre Komik ist vor allem verbaler Natur und lebt ganz von den schrullig-käuzigen Sprüchen, die heute vielleicht sogar leicht despektierlich wirken könnten. So stellte Reichert in einem Sketch fest, dass Schwäbinnen zuerst die Fenster und dann erst sich selbst putzen. Oder erklärte, dass sich Frauen aus demselben Grunde schminken würden, aus dem man Panzerwagen mit Farbe bemalt.

Ihre goldene Ära erlebten sie in den 1950er-Jahren. Als sie später dann für Tütensuppe Werbung machen, geht es langsam bergab. Ihren letzten Auftritt hatten sie, laut den Erinnerungen von Oscar Heiler, 1972 bei einer Rentnerfeier. Reichert starb 1973, Heiler 1995. Die beiden prägten über mehrere Jahrzehnte den schwäbischen Humor und waren die Superstars jener Zeit. Die älteren Schwaben schwärmen noch heute für sie, stehen sie doch für eine Zeit, in der alles einfacher, liebenswerter und charmanter war. Damit sie nie in Vergessenheit geraten, wurde ihnen vor dem alten Gebäude des Friedrichsbau-Varietés, das in der Zwischenzeit auf den Pragsattel umgezogen ist, ein Denkmal errichtet. Ein »Häberle und Pfleiderer«-Standbild in Bronze.

57. GRUND

Weil der berühmteste Chorleiter der Welt von hier kommt

Ist sein Penis so schwer wie drei Pflaumen, drei Kiwis oder zwei Äpfel und eine Banane? Diese Frage wurde tatsächlich auf einem Privatfernsehsender gestellt. Und der berühmteste Chorleiter der Welt hatte nichts dagegen, bei diesem vulgären Unsinn 2001, da war er schon 73, mitzumachen. Tatsächlich ist Gotthilf Fischer nicht nur »Herr der singenden Heerscharen«, »Therapeut der wunden Seelen«, sondern auch ein Mensch, der es mit seinem sonnigen Gemüt immer wieder schaffte, durch merkwürdige Auftritte für Schlagzeilen zu sorgen. Nein, das, was man gemeinhin als stromlinienförmig bezeichnet, trifft auf ihn sicherlich nicht zu. Seine Mitwirkung bei der Berliner Loveparade im Jahr 2000 war nicht allein deshalb ein Medienereignis, weil er am Brandenburger Tor vor Hunderttausenden von Ravern auf einem Podium *Hoch auf dem gelben Wagen* anstimmen ließ, sondern weil er sich in einem kompletten Rausch befand, von dem er später berichtete, jemand habe ihm eine Ecstasy-Pille in den Bierbecher geworfen. Und überhaupt: Im Schwäbischen, rund um seinen Heimatort, dem beschaulichen Deizisau, wo er 1928 geboren wurde, spekulierte man jahrzehntelang weniger über seine musikalischen Fähigkeiten als über seine mutmaßlichen erotischen Eskapaden. Hinter vorgehaltener Hand wurden Gerüchte über unzählige Geliebte und uneheliche Kinder verbreitet. Natürlich gab es dafür nie Beweise, aber für Tratsch und Klatsch war und ist Gotthilf Fischer immer gut. Er liebt es einfach, auch selbst die Gerüchteküche anzuheizen, denn er weiß: »Any news is good news.«

Fischer ist das, was man nicht nur im Schwäbischen eine Rampensau nennt. Ein Mann über den es mehr Geschichten zu erzählen gibt als über ein ganzes Dorf. Drei Flugzeugabstürze hat er überlebt, weit über 16 Millionen Alben verkauft, unzählige Auszeichnungen in Gold und Platin erhalten. Ungewöhnlich allein schon, wie er zu seinem Namen kam. Seine Mutter soll auf der Fahrt ins Krankenhaus so schwer verunglückt sein, dass die Ärzte sie und ihr ungeborenes Kind eigentlich aufgegeben hatten. Aber beide überlebten das Unglück, weshalb die Eltern entschieden, ihrem Sohn den Rufnamen Gotthilf zu geben. Über 60 Jahre lang hat er mit seiner Vorliebe für das deutsche Liedgut Millionen in aller Welt begeistert. Das ist eine anerkennenswerte Leistung, selbst wenn man weder auf Chöre noch auf diese Art von Musik steht.

Ich bin diesem ebenso umstrittenen wie außergewöhnlichen Mann schon als Steppke begegnet, als er eines seiner unzähligen Medienspektakel absolvierte. Stattgefunden hat es in Deizisau, seiner und zufällig auch meiner Heimatgemeinde. Die Dorfbewohner hatten sich, so stand es im Gemeindeblättle, vor der Kirche einzufinden und ein Weihnachtslied anzustimmen. Dieses sollte dann vom Fernsehen aufgezeichnet und später gesendet werden. Erstaunlich war es zu beobachten, wie ein Raunen durch die Menge ging, als der Stardirigent schließlich auftauchte. Und noch erstaunlicher, mit welcher Leichtigkeit er es schaffte, die Massen zu mobilisieren und motivieren. Da wagte und wollte niemand widersprechen. Ich sowieso nicht, weil ich viel zu klein und gesanglich viel zu untalentiert war. Genau diese Fähigkeit, andere mitreißen zu können, besitzt Gotthilf Fischer zweifelsohne. Sie hat ihn mit seinen Fischer-Chören rund um die Welt geführt. Kaum jemand, vor dem der Medienprofi und Musikstar mit seinen Chören nicht auftrat: In Rom ließ er für den Papst singen, in Washington für US-Präsident Jimmy Carter. Ein Meilenstein in seiner Karriere war sicherlich der Auftritt beim legendären Fußball-WM-Endspiel 1974 in München. Dort ließen sich 1.500 Vokalisten von ihm dirigieren.

Fischer, der eigentlich Sportlehrer werden wollte, ließ sich schon früh von seinem musikbegeisterten Vater anstecken, selbst zu musizieren. Mit 14 Jahren gründete er seinen ersten Chor. Nach Kriegsende, Fischer war gerade mal 17 Jahre jung, übernahm er die Leitung des Gesangsvereins »Concordia Deizisau«, den er bereits nach wenigen Jahren überregional bekannt machen konnte. So gewann der Chor 1949 beim großen Schwäbischen Sängerfest in Göppingen gegen 150 Konkurrenten in den Sparten Volks- und Kunstgesang. Nach diesem ersten Erfolg war der Maestro dann nicht mehr aufzuhalten, scharte immer mehr Chöre um sich, aus denen die Fischer-Chöre entstanden. Nach dem Auftritt in Wim Thoelkes TV-Sendung *Drei mal Neun* folgten mehrere Gastauftritte im Fernsehen und schließlich eine eigene Sendung mit dem Titel *Sing mit den Fischer-Chören*. Tatsächlich schaffte es der vor Fröhlichkeit und guter Laune sprühende Chorleiter nicht nur, zu einem deutschen, sondern einem internationalen Star zu werden. Aber, obwohl er das geworden ist, hat er sich seinen schwäbischen Dialekt nie abgewöhnt. Den scheint er fast so zu lieben wie das deutsche Volksliedgut.

Fischers »Glory Days« sind natürlich längst vorüber, aber er ist immerhin auch schon Mitte 80. Trotzdem träumt er noch von neuen Projekten, will er die Welt und seine Heimat noch weiter erobern. Als ich ihn vor Kurzem bei Fernsehaufnahmen wiedertraf, erzählte er mir, wie gewohnt sprühend vor Energie und Freude, davon, dass er unbedingt auf dem Ipf, einem kleinen Berg (eher ein Bergle!) bei Bopfingen, im Ostalbkreis, einen Riesen-Event mit einem noch riesigeren Chor machen wolle. TV-Liveübertragung inklusive. Wie auch immer man zu Gotthilf Fischer stehen mag: Dieser Mann mit seiner guten Laune lässt sich nicht unterkriegen.

58. GRUND

Weil hier der Schmelztiegel klassischer Dichtkunst ist

»Fest gemauert in der Erden / Steht die Form aus Lehm gebrannt / Heute muß die Glocke werden! / Frisch, Gesellen, seid zur Hand! / Von der Stirne heiß / Rinnen muß der Schweiß / Soll das Werk den Meister loben; Doch der Segen kommt von oben.« Friedrich Schillers *Lied von der Glocke* von 1799 ist mit Sicherheit eines der berühmtesten deutschen Gedichte aller Zeiten. Seit seiner Entstehung immer wieder zitiert, interpretiert oder persifliert.

Geboren wird der deutsche Dichterfürst am 10. November 1759, als Sohn eines Offiziers und Militärarztes, im schwäbischen Marbach am Neckar. Ein geradezu idyllischer Ort, eingebettet zwischen Weinbergen und Streuobstwiesen. Allerdings wächst der gesundheitlich labile Junge in eher bescheidenen Verhältnissen auf. Indes greift er schon früh zur Feder, im zarten Alter von 13 Jahren schreibt er sein erstes Bühnenstück. Doch seine schriftstellerischen Träume werden erst mal zerstört, weil er auf Befehl von Herzog

Carl Eugen 1773 im Alter von 14 Jahren auf eine Militärakademie geschickt wird, die Karlsschule bei Stuttgart, untergebracht auf Schloss Solitude. Schiller beginnt mit einem Jura-Studium und erlebt nervenzerrenden militärischen Drill. Als die Akademie zwei Jahre später von Schloss Solitude in die Stuttgarter Innenstadt verlegt wird, wechselt er zum Studium der Medizin. Da das Lesen schöngeistiger Literatur an der Militärschule verboten ist, liest er heimlich. Er studiert die Werke von Shakespeare, Voltaire oder Goethe, mit dem er sich in späteren Jahren auch anfreunden wird. Gezwungenermaßen arbeitet er nach seinem Studium als Regimentsmedicus in der Herzoglich Württembergischen Armee. Aber er ist völlig unzufrieden mit seinem Beruf, seinem Gehalt, seiner Situation. Und immer wieder legt ihm der Herzog Steine in den Weg.

Langsam, aber sicher wird Schillers innerer Rebell geweckt und ihn dürstet nach Sturm und Drang. Sein erstes großes Werk, *Die Räuber*, erscheint 1781 anonym und wird im Januar 1782 im Mannheimer Theater uraufgeführt. Das mutige Freiheitsdrama erzählt anhand der Rivalität zweier gräflicher Brüder ganz allgemein den Konflikt zwischen Verstand und Gefühl, zwischen herrschendem Gesetz und individueller Freiheit. Auf flammende Weise kritisiert Schiller das herrschende Feudalsystem. Das Stück wird zur Sensation, zur großen rebellischen Inspiration für die Jugend, aber auch zum Skandal. Schiller wird über Nacht berühmt. Was seine Konflikte mit dem Herzog indes nur noch verschlimmert. Der will den rebellischen Geist in seine Schranken weisen und ihm die schriftstellerische Tätigkeit verbieten. Schiller hat keine Wahl, ein weiteres Verbleiben in Stuttgart ist für ihn unmöglich. Und so entschließt er sich zur Flucht, die er in der Nacht zum 23. September 1782 unternimmt, während der Herzog an einem großen Fest mit Feuerwerk teilnimmt. Und so beginnen für ihn nicht nur auf dem Papier, sondern auch in Wirklichkeit echte Sturm-und-Drang-Jahre, die ihn nach Mannheim, Jena oder Weimar führen, wo er am 9. Mai 1805 vermutlich an den Folgen einer durch eine Tuberkuloseerkrankung hervorgerufenen Lungenentzündung stirbt.

Schillers literarisches Vermächtnis, *Kabale und Liebe, Wallenstein, Maria Stuart, Don Karlos* oder *Wilhelm Tell*, macht ihn neben Goethe zum Superstar unter den Dichtern der Weimarer Klassik. Damit dürfte er auch unter den im Musterländle geborenen Autoren die absolute Spitzenposition einnehmen. Und weil er eben aus dem Schwabenland stammt, wird hier verständlicherweise allerorten an ihn erinnert: Schiller-Gedenkstätten, -Denkmäler oder Museen. In Marbach kann man sich sein Geburtshaus ansehen, in der Niklastorstraße 31, wo die Familie zwischen 1758 bis 1764 gelebt hat. Außerhalb der Stadt ist das Schiller Nationalmuseum, über der Stadt die Schillerhöhe inklusive Denkmal. Auch in und um Stuttgart gibt es zahlreiche Schiller-Erinnerungsstücke: Die Schillereiche wurde 1865 an der Stelle gepflanzt, an der er zum ersten Mal aus *Die Räuber* vorgelesen haben soll, dem Stuttgarter Bopser. Zu seinem 100. Geburtstag wurde eine Linde spendiert, die am Hang über Stuttgart-Wangen thront. Der alte Schlossplatz der Landeshauptstadt wurde in Schillerplatz umgetauft. Auf ihm steht das Schiller-Denkmal von 1839, das erste, das in Deutschland errichtet wurde. Und wer den legendären Poeten gerne in Form eines Marmor-Denkmals bewundern möchte, muss einfach zur Stuttgarter Staatsoper. Dort ist das Denkmal, das Adolf von Donndorf 1913 realisierte, zu bestaunen.

Überhaupt kann ein Fan klassischer Lyrik und Literatur im Musterländle auf unzählige Spuren großer sprachlicher Meister treffen. Das Schwabenland als Schmelztiegel großer Geister – das ist Realität. Der 1787 geborene Ludwig Uhland stammt aus Tübingen und wurde berühmt mit Gedichten wie *Die Kapelle, Der gute Kamerad* oder *Schäfers Sonntagslied*. Eduard Mörike dagegen wurde 1804 in Ludwigsburg geboren und berühmt durch *Das Stuttgarter Hutzelmännlein, Der Schatz* oder *Die Historie von der schönen Lau*.

Und auf zwei weitere literarische Schwergewichte ist der Schwabe stolz. Der 1770 in Lauffen am Neckar geborene Friedrich Hölderlin gilt noch heute als einer der bedeutendsten Lyriker überhaupt. Er formulierte so grandios und endete so tragisch – in geistiger Umnachtung. »Das Angenehme dieser Welt hab ich genossen, / Die Jugendstunden sind, wie lang! wie lang! verflossen, / April und Mai und Julius sind ferne / Ich bin nichts mehr; ich lebe nicht mehr gerne«. Ab 1807 wurde der psychisch Kranke in den Haushalt eines Bewunderers gebracht, wo er bis zu seinem Tod 1843 vor sich hin dämmerte. Wer Tübingen besucht, die Stadt, in der er so viel Zeit verbrachte, sollte auf alle Fälle einen Blick auf die letzte, langjährige Heimstätte des tragischen Dichters werfen, den Hölderlinturm, direkt am Neckarufer.

Schließlich wäre da noch der geistige Vater des *Steppenwolf*: Hermann Hesse. Der Literaturnobelpreisträger erblickte 1877 im schwäbischen Calw das Licht der Welt. Später kürte er seinen Geburtsort zur »schönsten Stadt zwischen Bremen und Neapel, zwischen Wien und Singapore«. Seine Bücher und Gedichte handeln oft von der Suche nach dem Sein und beschäftigen sich sowohl mit politischen als auch religiösen Fragen. Nicht selten sind sie auch eine Art Bewältigung eigener Sinnkrisen. »Wie jede Blüte welkt und jede Jugend / dem Alter weicht, blüht jede Lebensstufe / blühte jede Weisheit auch und jede Tugend« – Zeilen aus seinem Gedicht *Die Stufen*, die überall auf der Welt große Bewunderung hervorriefen. In Calw wurde 1990, zu Ehren des großen Literaten, in seinem Geburtshaus ein Museum eröffnet. Auf zwei Stockwerken kann man dort alles über Leben und Werk von Hermann Hesse erfahren.

Weil Wolle Kriwanek und Schwoißfuaß
Pioniere des Schwabenrock waren

Oinr isch emmer dr Arsch war die große Rockhymne aller jugend-
lichen Schwaben Anfang der 1980er. Die Pennäler jener Ära hatten
jede Zeile des eingängigen Songs verinnerlicht und vermochten
sie spontan zu jeder Zeit zu singen. Frei ins Hochdeutsche übersetzt, bedeutet der Titel, dass einer immer der Depp ist. Der Hit
der aus dem oberschwäbischen Bad Schussenried stammenden
Rockformation »Schwoißfuaß« (Schweißfuß) ist eine Hommage
an alle Außenseiter, an diejenigen, die eben nicht immer modisch
schick daherkommen, die weder hip noch angesagt sind. Die nicht
perfekt ins soziale Raster passen. Der Einzelgänger in dem Song
weiß nicht, warum er immer der Depp ist. Auch nicht warum er
immer übrig bleibt und sich niemand darum kümmert. Und weiter wird in dem Lied festgestellt, dass gerade notgeile Machos eine
Freundin abkriegen, während die Braven dumm aus der Wäsche
schauen. Die einen feiern in der Disco, die anderen bleiben zu
Hause und üben sich in der einsamen Kunst der Selbstbefleckung.
Auf Schwäbisch klingt das dann so:

»Oinr isch emmer dr Arsch ond woiß id mol warom. Oiner
bleibd emmer ibrig ond koiner scherd sich drom. De gaile Beck,
dia hend a Freindin, de Brave, dia gugged bled. De oine dia siesch
en dr Disco, de andre dia wixed em Bedd.«

Natürlich wurde zu Gemeindehallen, Jugendzentren und ande-
ren nicht wirklich schicken Veranstaltungsorten der schwäbischen
Provinz gepilgert, egal wo die Latzhosenträger auftraten, die ihre
Alben meist in Form von Kassetten verkauften, auf deren Cover
nicht selten die Comicfiguren des damals ebenfalls angesagten
Kultcomiczeichners aus Berlin, Gerhard Seyfried, zu sehen waren.
Spontis unter sich.

Die Schwaben waren zu dieser Zeit noch keine passionierten Wutbürger, aber doch ganz im Bann der Friedens-, Antiatomkraft- und
Anti-Franz-Josef-Strauß-Bewegung. Und so wurde vor, während
und nach den Konzerten feurig-polemisch politisiert. Wenngleich
auch niemand wirklich zu sagen imstande war, worum es bei diesen
gewichtigen Diskursen über soziale, gesellschaftliche und sonstige
Bedrohungen, Missstände, Ungerechtigkeiten auf der Welt oder in
der schwäbischen Provinz wirklich ging. Letztlich diente der Verbal-
Popanz einzig dazu, das attraktivste Mädchen in der Runde zu beeindrucken. Heute gibt es die kultige Schwabenband Schwoißfuaß
längst nicht mehr, aber ihre Songs haben über viele Jahre die Herzen
schwäbischer Jugendlicher und Protestler höher schlagen lassen.

Wesentlich weniger politisch war ein anderer Vertreter des
Schwabenrock: Wolle Kriwanek. Eigentlich Lehrer und aus dem
Ort stammend, der durch die Baader-Meinhof-Terroristen Berühmtheit erlangte: Stuttgart-Stammheim. Wie Schwoißfuaß gehörte auch Kriwanek zu jenen Musikern, die in den späten 1970ern
und frühen 1980ern für einen Boom des Mundart-Blues und -Rock
sorgten. Seine Songs waren absolute Ohrwürmer und beherrschten
den musikalischen Alltag des Durchschnitts-Schwaben jener Zeit.
Locker füllte der Lockenkopf Hallen mit 7.000 Besuchern. Seine
Lieder erzählten von genuin schwäbischen Phänomenen, den Er-
fahrungswelten oder Träumen württembergischer Kleinbürger.
Einer seiner Hits, *I fahr Daimler,* handelt von einem Großkotz, der
mit seinem protzigen 500 SE herumfährt und erklärt, dass ihm die
Straße gehört und er jeden, der nicht Platz macht, aufs Korn und
ins Visier nimmt: »Schdross ghert mir. Wer ned Blatz machd, den
nehm I aufs Korn und ends Visier.« Gegen Ende des Songs stellt sich
dann überraschend heraus, dass der großspurige Verkehrsrowdy in
Wirklichkeit ein Chauffeur ist. Solche witzigen Pointen zeichneten
viele Songs des schwäbischen Rockpoeten aus. Auch sein Gassenhauer *UFO* bietet eine solch witzige Wendung. Der Song war eine
ironisch-sarkastische Replik auf das Ende der 1970er-Jahre popu-

läre »Ufo«-Phänomen. Wegen der Bücher Erich von Dänikens und Kinohits wie *Unheimliche Begegnung der Dritten Art* oder *Alien* wurde viel über vermeintliche Besuche außerirdischer Intelligenzen auf der Erde diskutiert. In Kriwaneks Rocksong entdeckt ein nächtlicher Spaziergänger über sich eine Fliegende Untertasse. Sie landet schließlich und es steigen zwei grüne Männchen aus. Als er die beiden auf Hochdeutsch anspricht, bekommt er von einem der Aliens die Antwort, er solle gefälligst schwäbisch reden, wie sie auch: »Mensch, schwätz weitr Schwäbisch wie mir au.« Einen weiteren Hit konnte der schwäbische Blues-Rocker mit *Stroßaboh* verbuchen, der davon handelt, dass ein Mann vergeblich versucht, die letzte Straßenbahn der Linie 5 zu bekommen. Von diesem Song gab es sogar eine englische Version, die es in England auf Platz zehn der Verkaufshitparade schaffte. Englisch-schwäbische Wortspielereien zeichneten viele seiner Lyrics aus: *Bad-Wanna Blues* (hochdeutsch: Badewannen-Blues) oder *Reggae Di uff?* (hochdeutsch: Geh ich dir auf die Nerven?/ Reg ich dich auf?). Aber es waren zweifellos auch die eingängigen Klänge des brillanten Gitarristen Paul Vincent, die die Lieder so populär machten. Nach seinen Boom-Jahren, zwischen Ende der 1970er und Mitte der 1980er, kehrte Kriwanek wieder in seinen bürgerlichen Beruf zurück und arbeitete als Sonderschullehrer. Obwohl er dazwischen auch immer wieder auf der Bühne stand. Im April 2003 starb er überraschend im Alter von 53 Jahren.

60. GRUND

Weil »Die kleine Tierschau« mit nackten Tatsachen für Skandale sorgte

Das was Monty Python für England ist, ist »Die kleine Tierschau« für die Schwaben: eine echte Anarcho-Truppe, deren Humor irgendwo zwischen bizarr, schwarz und völlig durchgeknallt beschrieben werden kann. Einer der größten Hits der wahnwitzigen Comedy- und Musiker-Truppe trägt den Titel: *Lieber doof sein als Gaby heißen*. Er sorgte für viel Unmut unter den Gabis der Republik. Die drei Schwaben wussten stets zu provozieren, auch durch schrille Auftritte, wie bei ihrer »kleinen Nacktmusik«. Da stehen sie mit Violinen und Kontrabass auf der Bühne und sind ansonsten völlig nackt.

Gegründet wird die Formation 1981 im kleinen schwäbischen Ort Heubach, auf der Ostalb. Es sind drei Schulkameraden und Freunde, die sich hier zusammentun und dem drögen Alltag des Dorfes entkommen wollen: Ernst Mantel, Michael Schulig und Michael Gaedt. Letzterer ist zweifelsohne die Rampensau des Trios. Mit ihm arbeitete ich viele Jahre lang bei verschiedenen TV-Shows wie *Zell-O-Fun* oder *Na und* zusammen. Mit seinen wilden Koteletten und seinen schrill-gelb getönten Brillen brillierte er auch stets als Solo-Moderator oder -Entertainer. Nachdem sie im Jugend- und später im evangelischen Gemeindehaus von Heubach großen Erfolg hatten mit ihren ersten Programmen, waren die Jungs nicht mehr aufzuhalten. Viele Jahre lang zog »Die kleine Tierschau« die Zuschauer mit ihren völlig irrwitzigen, alle Geschmacksgrenzen überschreitenden Shows in ihren Bann. Sie waren sich für nichts zu schade, traten in Seehundkostümen auf oder mit Klobürsten auf dem Kopf. Was die Formation besonders sympathisch machte: Sie nahm sich selbst nicht ernst, sondern meist auf die Schippe. Und sie demonstrierten sehr überzeugend, dass sie nicht nur als schrille Komiker funktionieren, sondern auch als Musiker eine gute Figur machen. Vor allem hat mich stets überzeugt, dass sie sich selbst in ihrer Persönlichkeit immer treu blieben. So erlebte ich ein privates Geburtstagsfest, auf dem Michael Gaedt zu vorgerückter Stunde die steif wirkenden Anzugträger ein wenig auflockern wollte, indem er einfach auf dem Tisch, der voll mit Geschirr, Getränken und Gläsern war, einen wilden Tanz aufführte. Dabei ging einiges zu Bruch, zudem wurde das eine oder andere Abendkleid bekleckert.

Er verzog auch keine Miene, als ihm einer der Betroffenen danach eine Flasche Rotwein über den Kopf schüttete.

Der tabulose Anarcho-Spaßmacher zeigt sich aber auch durchaus nachdenklich. »Komischerweise verläuft der Weg, den man geht«, so erklärt er den Verlauf seiner Karriere, »immer zickzack. Aber nur scheinbar. Denn er ergibt eine eindeutige Richtung. Es geht immer da hin, wo man hin muss.« Er glaubt auch, dass er eigentlich etwas Ernsthaftes macht. »Es kommt nur komisch rüber«, so seine Erklärung, »vielleicht liegt es aber einfach daran, dass wir komische Vögel sind.« Sie versuchen, mit Bohrmaschinen Spaghetti zu essen, oder zaubern Rosen aus Kloschüsseln. Manchmal fahren sie in Frauenunterwäsche auf Rollschuhen oder tanzen Limbo unter der Motorsäge. Ihr Humor ist mitunter derb, zuweilen filigran und meist völlig albern. Aber genau das scheint das Erfolgsrezept der »Kleinen Tierschau«: Die Komiker demonstrieren uns, dass es nichts gibt, worüber man nicht lachen könnte. Egal wie sehr man dabei unter sein eigenes Niveau gerät. Dieses wilde, unchoreografiert wirkende Mega-Chaos, das sie auf der Bühne veranstalten, beschert ihnen volle Häuser. Ihre schrillen und durchaus aufwendigen Kostüm-Orgien wirken unbeschwert und abstrus, witzig und unterhaltsam. Noch heute, nachdem aus dem Trio längst ein Duo geworden ist.

2009 kam es zum großen Streit. Michael Gaedt und Michael Schulig hatten sich mit ihrem Kollegen Ernst Mantel verkracht, weil ihnen ihr ehemaliger Schulfreund mittels Anwalt eine Show mit dem Titel *Die Große Tierschau* untersagen wollte. Aber obwohl Gaedt und Schulig daraufhin verzichteten, den Namen zu verwenden, und die Show in *Onkel Rock 'n' Roll* umbenannten, wollte ihr ehemaliger Mitstreiter Schadenersatz einfordern. Es kam zum Prozess. Seither können sich Gaedt und Schulig sogar »Die kleine Tierschau« nennen. Und sie machen unerschrocken mit großem Erfolg weiter. Ihre Show *Menschen, Tierschau, Sensationen* entpuppte sich 2011 und 2012 als echter Hit. Sie hatten auf dem Stuttgarter

Marienplatz ein Zirkuszelt aufgeschlagen und spielten meist vor ausverkauftem Haus. Derzeit kündigen sie ihren Vorruhestand mit ihrer allerletzten Show an: *Die kleine Tierschau sagt Ade*. Hier wollen sie ihren Abschied zelebrieren. Das Spektakel soll bis ins Jahr 2016 dauern, in dem sie ihr 35-jähriges Bestehen feiern. Wie ernst das zu nehmen ist, wird sich noch zeigen.

61. GRUND

Weil »Hallo Engel« und »Zu nah am Feuer« deutsche Popklassiker sind

Bereits Mitte der 1960er-Jahre versucht sich der kleine Stefan auf der Freitreppe in Friedrichshafen, für ihn eine Art alemannisches Woodstock, Gehör zu verschaffen. Seine Zielgruppe sind vor allem hübsche junge Mädchen, die oft stehen bleiben, um ihm zu lauschen, und später in vielen seiner Songs eine wichtige Rolle spielen. Mit seiner zwölfsaitigen Gitarre probiert er sich an Interpretationen von Hippie-Klassikern wie *San Francisco* oder *Mr. Tambourine Man* und schmuggelt manchmal auch schon das eine oder andere selbst komponierte Lied in seine frühen Auftritte. Einige Jahre später bricht er schließlich auf, die Musikwelt zu erobern. Sein Leben wird zum Roadmovie. Er ist ständig unterwegs. Macht Station in London, dem Schmelztigel der damaligen Popwelt. Doch dort erleidet er einen grandiosen Flop. Reist weiter nach Berlin. Wo er in der Kiez-Kneipe »Orpheus« am Tresen steht und Bier ausschenken muss, um seinen Lebensunterhalt zu verdienen. Mit Rio Reiser, Ulla Meinecke und den Musikern von Spliff schlägt er sich die Nächte um die Ohren. Das Geld, das er abends in der Kneipe verdient, gibt er tagsüber aus, um seine Musikdemos zu finanzieren. In einer Musiker-WG schreibt er eines Nachts, innerhalb von zwei Stunden, den Song, der sein ganzes Leben verändern wird. Nach vielen Jahren in

180

Berlin kehrt er schließlich in seine Heimat zurück. An den Bodensee. »Sonne pur rund um die Uhr, auf den Alpen weißer Schnee – so isses ok«, resümiert er in einem seiner Songs. Dort am Bodensee scheint sich der deutsche Superstar der 1980er-Jahre nun endgültig niedergelassen zu haben. Hier lebt und arbeitet er. In einem wunderschönen alten Haus mit riesigen Fenstern und direktem Seeblick. Keine Frage: Hier kann er nach Herzenslust komponieren.

Seine Songs: Millionenseller! Und sie alle sind handgemacht. Der aus Friedrichshafen stammende Stefan Waggershausen ist Interpret, Komponist und Produzent in Personalunion. Als waschechter Singer-Songwriter erzählt er von den Dingen, die ihn bewegen, antreiben, zum Nachdenken bringen. Das macht ihn so glaubwürdig und authentisch. Waggershausen sieht sich als klassischen Storyteller, wandelt auf den Spuren von Bob Dylan, Hank Williams oder Johnny Cash und erobert damit die Charts.

Seine melancholisch-sehnsüchtigen Songs, die laut Kritikern »zwischen Lyrik & Straßenslang« wandeln, dominieren in den 1980er- und 1990er-Jahren die deutschen Charts. Mit *Hallo Engel* hat er 1980 seinen großen Durchbruch. Er wird zum Künstler des Jahres gewählt, erhält den Deutschen Schallplattenpreis, Goldene Schallplatten und die Goldene Europa. Dann geht es weiter steil nach oben, mit gefühlvollen Duetten. *Zu nah am Feuer* mit Alice wird ebenso zum Hit wie später *Das erste Mal tat's noch weh* oder *Jesse* mit Viktor Lazlo, *Jenseits von Liebe* mit Ofra Haza oder *Bienvenido a Salome* mit Hollywoodstar Maria Conchita Alonso.

Aber das Leben als »Duett-Papst« gefällt ihm irgendwann nicht mehr. Auch das kräftezehrende Hetzen von Auftritt zu Auftritt wird ihm zu viel. Der Popzirkus erwartet Songs und Klischees von ihm, die er nicht mehr zu schreiben und zu singen gewillt ist. Schließlich gilt er nicht umsonst als »Sanfter Rebell« (wie auch ein Album von ihm heißt). 1994/1995 setzt der eigenwillige Musiker einen Traum in die Tat um und produziert im Süden der USA, in New Orleans und im »Cajun-Country«, ein selbst von der »Musikpolizei«, wie er die Kritiker gerne nennt, sehr geschätztes Album: *Louisiana*. Das Projekt wird 1996 für den ECHO nominiert.

Mitte der 1990er-Jahre zieht sich der introvertierte Pop-Poet von der Bühne zurück, nur um sich gleich darauf den Traum von einem eigenen musikalischen Märchen zu erfüllen: *Wolke 7*, eine einfühlsame Musik-Fantasie, für die er Stars wie Nena, Die Prinzen, Till Brönner, Michael Schanze, Ingolf Lück, Wolfgang Fierek oder die EAV (Erste Allgemeine Verunsicherung) als Protagonisten gewinnt. Obwohl er lange Zeit nicht mehr im Rampenlicht steht, ist er weiter im Hintergrund voll aktiv und komponiert mit großem Erfolg Musik für Kindersendungen, Filme und Fernsehserien. Doch 2010 zieht es ihn schließlich mit dem Album *So ist das Spiel* wieder zurück auf die Bühne. Unterstützt von prominenten Freunden wie Sasha, Jan Josef Liefers, Nena, Annett Louisan und Alice, läutet er mit Zeilen wie »Der alte Wolf wird langsam grau, doch er ist zäh und er ist schlau« sein Comeback ein.

Seine Songs haben nichts von ihrer Faszination verloren. Im Gegenteil: Die Stücke wirken ausgefeilter, vielschichtiger. Noch immer schafft es der geniale Rock- und Pop-Künstler, das Publikum mit seiner unverkennbaren, eindringlichen Stimme und virtuos-eingängigen Gitarrenriffs in den Bann zu ziehen. Nicht zu vergessen: seine poetisch-treffsicheren Lyrics. Mehr denn je ist Waggershausen ein Storyteller. Am liebsten mag er für sich die Bezeichnung »Tusitala«: so bezeichnen die Menschen in Polynesien einen Geschichtenschreiber. Momentan bastelt er wieder an einem neuen Album. In einem kleinen Studio am Bodensee. »Mein Herz war niemals fort, mein Herz war immer dort, bei dir am See.«

KAPITEL 7

Die dunkle Seite
der Schwaben

Weil Konrad Kujau mit seinen Hitler-Tagebüchern alle hinters Licht führte

Nein! Eine Schwabe war Konrad Kujau nicht. Er wurde im ostdeutschen Löbau geboren und versuchte sich dort schon als Steppke in der Kunst des Fälschens. Sein Taschengeld soll er aufgebessert haben durch Autogrammkarten mit täuschend echt nachgemachten Unterschriften prominenter DDR-Politiker. Er verlässt schließlich Mitte der 1950er-Jahre seine Heimat und kommt über Westberlin in die schwäbische Landeshauptstadt, um dort Kunst zu studieren. Im Musterländle ist er dann auch zeit seines Lebens geblieben. Jedenfalls war er in Stuttgart bekannt wie ein bunter Hund; eine Type, über die man gerne sprach. Allerdings war das natürlich wesentlich später. Auch ich traf ihn erst zu Interviews, nachdem er international Schlagzeilen gemacht hatte. Nicht wegen seiner Gemälde, sondern wegen des größten Fälscher-Coups der deutschen Geschichte. Mit seinen Hitler-Tagebüchern legte er alle rein – vor allem den STERN. Was heute wie ein gigantischer Gag wirkt, war damals bitterer Ernst. Da hofften einige auf viel Geld und große Schlagzeilen, ohne auch nur einen Funken Zweifel zu hegen.

Kujau wurde von dem Hamburger Reporter Gerd Heidemann 1981 kontaktiert, der von Hitlers Tagebüchern erfahren hatte. Kujau, der sich als Konrad Fischer ausgab, hatte bereits Mitte der 1970er-Jahre damit begonnen, sie zu schreiben und in Kreisen von Nazi-Devotionalien-Sammlern in Umlauf zu bringen. Als Heidemann Wind von der Sache bekam, witterte er das Geschäft seines Lebens: Die aufgetauchten privaten Aufzeichnungen Adolf Hitlers kamen einer Sensation gleich. Heidemann organisierte schließlich einen Deal mit dem Nachrichtenmagazin STERN. Dort wurde die Sache »above top Secret« eingestuft, als so geheim, dass nicht einmal die Chefredaktion davon erfahren sollte. Kujau lieferte insgesamt 62 Bände der Hitler-Tagebücher ab. Für den Erwerb bezahlte der STERN über neun Millionen Mark. In wessen Taschen diese Summe landete, konnte bis heute nicht wirklich geklärt werden. Für den STERN schien es der Coup des Jahrhunderts, und man war sich dort sicher, dass die deutsche Geschichte in weiten Teilen umgeschrieben werden müsse. Warum auf dem Einband die goldfarbenen Initialen »FH« prangten und nicht »AH«, schien dort niemanden zu wundern. Bis auf diesen Fauxpas mit den inkorrekten Initialen, der passierte, weil Kujau einfach den Buchstaben »A« nicht zur Verfügung hatte, war seine Fälschung so überzeugend, dass selbst anerkannte Experten bei der Bewertung völlig versagten. Erst eine Echtheitsuntersuchung des Bundeskriminalamtes, des Labors des Bundesarchivs in Koblenz sowie der Bundesanstalt für Materialprüfung brachte die Wahrheit ans Licht: Die chemische Analyse des Papiers ergab, dass es erst nach 1950 hergestellt worden sein konnte. Da aber war es zu spät, denn der STERN hatte mit der Veröffentlichung der Hitler-Tagebücher in den Ausgaben des Magazins bereits begonnen. Am 28. April 1983 lief die STERN-Serie an, am 6. Mai wurde bekannt gegeben, dass es sich bei den Hitler-Tagebüchern um eine Fälschung handle.

Was für eine unbeschreibliche Peinlichkeit und Schmach für das Hamburger Magazin, das sich freilich öffentlich entschuldigen musste. Heidemann und Kujau wurden vor Gericht gestellt und verurteilt. Der Fälscher aus Stuttgart bekam vier Jahre und sechs Monate Gefängnis aufgebrummt, wegen einer Kehlkopfkrebs-Erkrankung wurde er aber bereits nach drei Jahren entlassen.

1992 sorgten Kujaus gefälschte Hitler-Tagebücher noch einmal für Furore, weil sich der deutsche Filmemacher Helmut Dietl des Themas angenommen hatte und den Skandal in eine treffsicher-intelligente Kino-Komödie verwandelte: *Schtonk*. Für die Hauptrollen engagierte er Götz George – er schlüpfte in die Heidemann-Rolle – und Uwe Ochsenknecht, der den getriebenen Fälscher verkörperte, der sich beim Verfassen der Tagebücher so in Hitler hineinversetzt, dass er sich teilweise selbst wie dieser fühlt. Der Film wurde zum Riesenerfolg, der Kujau-Coup war noch einmal in aller Munde.

Kujau selbst wurde zum begehrten Interviewpartner und irgendwie auch zu einem Star. Durch die Distanz der Zeit hatte sich der ursprünglich durchaus wenig amüsante Schwindel in einen sensationellen Schabernack verwandelt. Wie der Kunstfälscher es geschafft hatte, alle zu narren und auszutricksen, das wurde tatsächlich ein wenig bewundert und brachte ihm viel Respekt ein. Klar, Kujau war ein böser Junge, aber einer, der seine Sache wenigstens gut gemacht hat. Im Grunde genommen fügte er ja auch niemandem wirklich Böses zu und entlarvte ungewollt sogar die blinde Sensationsgier deutscher Pressehäuser. Jedenfalls traf ich bei meinen Interviews stets auf einen gut gelaunten, witzigen und laut polternden Mann, der irgendwie stolz zu sein schien auf seinen Ruf als Fälscherkönig und die Tatsache, dass er die komplette Chefetage eines der großen meinungsbildenden deutschen Nachrichtenmagazine komplett veralbert hatte. Er schien den Ruhm und Rummel um seine Person zu genießen und wurde nach seiner Haftzeit immer wieder als Fälschungsexperte konsultiert. Darüber hinaus eröffnete er ein eigenes Atelier, in dem er »original Kujau-Fälschungen« verkaufte. Auch anderweitig sorgte er für Aufsehen. So zum Beispiel als er 1994 für die Autofahrerpartei kandidierte oder sich 1996 als Oberbürgermeister der Landeshauptstadt zur Wahl stellte. Am 12. September 2000 verstarb der schlaue Fälscher in Stuttgart und wurde in seiner Heimatstadt Löbau beerdigt. Ein Antiquitäten-Sammler aus Bietigheim-Bissingen, wo Kujau lange Zeit wohnte, erstand die größte Sammlung mit Arbeiten des Meisterfälschers und hegt derzeit Pläne, sie in einem eigenen Kujau-Museum auszustellen. Spannend!

Weil Stuttgart 21 den Wutbürger populär machte

Machen wir uns doch nichts vor: Niemand interessierte sich in Stuttgart wirklich für den alten, grauen Kasten namens Hauptbahnhof. Und dabei möchte ich wahrlich nicht despektierlich gegenüber dem angesehenen Architekten Paul Bonatz sein, der ihn einst gebaut hat. Aber das Gebäude juckte in den letzten Jahren kaum jemanden und erhalten wollte das hässliche Ding an sich auch keiner. Obwohl es natürlich offiziell ein Kulturdenkmal von besonderer Bedeutung war. Auch was das Großprojekt Stuttgart 21 angeht, so interessierte sich dafür lange Zeit überhaupt niemand. Es war halt irgend so ein neues, langwieriges Projekt der Bahn, aber das war's auch schon. Der 1960 in Düsseldorf geborene Architekt Christoph Ingenhoven gewann Ende 1997 den Architektur-Wettbewerb für den Tiefbahnhof Stuttgart 21. Im Kern ging es dabei um den Umbau des Bahnhofs von einem oberirdischen Kopf- zu einem unterirdischen Durchgangsbahnhof. Das Ziel: ein moderner, schneller Bahnhof mit direkter Anbindung zum Stuttgarter Flughafen. Durch die in den Untergrund verlegten, nun oberirdisch freigewordenen Gleisflächen konnte, so war der Plan, auch die Stadtentwicklung profitieren, war es doch möglich, auf diesem Areal unzählige Wohnungen, Büros und auch Einkaufszentren entstehen zu lassen.

Erstmals präsentiert wurde die Idee zu dem Projekt am 18. April 1994 bei einer Landespressekonferenz. Im Laufe der nächsten Jahre geriet das Projekt immer mal wieder ins Stocken – zum Beispiel sprach sich 1999 der damalige Vorstandsvorsitzende der Deutschen Bahn, Johannes Ludewig, gegen Stuttgart 21 aus! Zu teuer, kaum realisierbar! Aber dann war irgendwann mal alles in trockenen Tüchern, wie immer das auch von der Deutschen Bahn und der Politik erreicht worden sein mag. Als es dann ernst und der Baubeginn angekündigt wurde, da begann sich freilich, ganz langsam, zaghaft und schließlich mit aller Macht Widerstand zu formieren. An den ersten Montagsdemos Ende 2009 nahmen gerade mal vier Protestler teil. Doch dann änderte sich alles plötzlich Schlag auf Schlag. Das Projekt wurde zum gigantischen Politikum, das Stuttgart und im Grunde das ganze Schwabenland aufspaltete. In Gegner und Befürworter. Die Emotionen kochten hoch, vernünftige Diskussionen konnten kaum geführt werden. Die Montagsdemonstrationen mit Trommelwirbeln, Transparentenflut und mehreren Tausend Menschen gegen das umstrittene Großprojekt begannen sich zu einer wahren Massenkundgebung auszuweiten. Sie wurden zu einer regelrechten Institution. Und so war der Wutbürger geboren. Es empfahl sich in dieser Zeit, die Stuttgarter Innenstadt zu meiden, besonders für jene Menschen, die keinen grünen Sticker mit »Oben bleiben« oder einen gelben mit rot durchgestrichenem »Stuttgart 21« trugen. Die liefen durchaus Gefahr, mächtig angemault und angefeindet zu werden. Wer es gar wagte, in die Nähe dieser Kundgebungen mit einem »Pro Stuttgart 21«-Zeichen zu kommen, musste unter Umständen mit noch Schlimmerem rechnen.

Indes war der Hass der Stuttgart-21-Gegner, der sie in schwäbische Wutbürger verwandelte, in gewisser Weise auch verständlich. Schließlich waren im Laufe der Zeit immer mehr Ungereimtheiten ans Tageslicht gekommen, die weder Politiker noch Bahn-Beauftragte gut aussehen ließen. Heißt: Dass hier nicht alles mit rechten Dingen zugegangen war, wurde selbst dem Laien klar. Als schließlich die ersten Bäume im Schlossgarten gefällt werden sollten, eskalierte die Situation. Da hatten die Demonstranten den Park schon längst in Form von Camps in Beschlag genommen. Und auch wenn so mancher Protestler sich an Bäume kettete, um, so die Begründung, den superseltenen, streng geschützten Juchten-Käfer zu retten: Es hat nichts genützt, die Polizei griff durch. Und so kam es schließlich am 30. September 2010 zum Schwarzen Donnerstag, zum Bürgerkrieg im Schlossgarten, zum berüchtigten Polizeieinsatz, bei dem die Ordnungshüter Wasserwerfer, Schlagstöcke und

Pfefferspray einsetzten. Inzwischen wurden drei verantwortliche Polizisten mit Freiheitsstrafen und einer mit einer Geldstrafe belegt. Der Vorfall wird zudem immer noch auf höherer Ebene vor Gericht verhandelt, und es wird geprüft, inwiefern der Einsatz in dieser Form überhaupt gerechtfertigt und inwieweit die Politik in die Sache verwickelt war.

Obwohl schließlich nach all diesen Debakeln und Schlichtungsversuchen am 27. November 2011 eine Volksabstimmung durchgeführt wurde, in der sich mehr als 58 Prozent der Bevölkerung für das Projekt aussprachen, wird auch heute noch protestiert. Viele Montags-Demonstranten scheinen den Wutbürger in sich nicht mehr loszukriegen und sehen es als ihre Pflicht an, weiterhin ihren persönlichen Protest kundzutun. Was zu vielen Staus in der Stadt und enerviertem Kopfschütteln vieler Passanten führt, aber politisch kaum mehr von Bedeutung ist. Egal wie viele »Oben bleiben«-Sticker heute noch getragen werden: Stuttgart 21 wird trotzdem weitergebaut und das obwohl noch mehr Unstimmigkeiten bei der Entstehung des Projekts und eine kaum noch überschaubare Kostenexplosion weder Politik noch Deutsche Bahn sehr glaubwürdig erscheinen lassen. Inzwischen ärgert sich eine neue Landesregierung mit dem Stuttgart-21-Debakel herum und zeigt dabei in ihrem Vorgehen leider genauso wenig Überzeugungskraft wie ihre Vorgänger. Aber das immerhin haben die Demonstranten erreicht: einen Regierungswechsel. Dass Grün-Rot die Landtagswahl für sich gewinnen konnte und Baden-Württemberg mit Winfried Kretschmann den ersten grünen Ministerpräsidenten bekam, ist sicherlich mit ihr Verdienst. Insofern dürfte es sich für sie gelohnt haben, den Wutbürger in sich freizulassen.

Weil schwäbische Brauereien
auch mit dunklem Bier auftrumpfen

Die Bayern brauen mehr Bier als wir. Aber so ganz schlecht sind die Baden-Württemberger auch nicht in Sachen Brauereien, immerhin gibt es bei uns um die 180 von ihnen, die rund 1.000 verschiedene Biere herstellen. Nur die Bayern haben da mit ihren über 600 Brauereien ein klein wenig mehr zu bieten. Wer im Schwäbischen – besonders in der Landeshauptstadt – das Sagen hat und den Markt um den begehrten Gerstensaft beherrscht, zeigt sich jedes Jahr auf dem Cannstatter Volksfest. Dort gibt es vier Brauereizelte: Fürstenberg, Schwabenbräu, Stuttgarter Hofbräu und Dinkelacker.

Das letztgenannte Unternehmen begann bereits um 1900 als erste Brauerei in Stuttgart, Bier nach Pilsener Brauart herzustellen. Das »CD-Pils« ist noch immer ein feststehender Begriff: Es sind die Initialen von Carl Dinkelacker, der die berühmte Brauerei 1888 gründete. Der Süden von Stuttgart war einst ein hervorragender Ort, um Bier zu brauen. Felsenkeller machten die Lagerung von Eis möglich, das gebraucht wurde, um untergärige Sorten wie Pils zu brauen, weil diese bei der Herstellung gekühlt werden müssen. Auch Brauwasser war reichlich vorhanden. In Stuttgart gab es deshalb in jenen Tagen bereits große Brauereien: Seit 1861 existierte Wulle, die nach ihrem Gründer Ernst Imanuel Wulle benannt war, seit 1878 residierte in Stuttgart-Vaihingen Schwaben Bräu. 1903 kam außerdem die Weißbierbrauerei Sanwald dazu, benannt nach David Sanwald. Im Laufe der Jahre begann Dinkelacker jedoch, mit den anderen Brauereien zu fusionieren oder sie zu übernehmen. 1971 übernahm die Brauerei Wulle, 1977 Sanwald. 1996 schließlich fusionierten die beiden großen Stuttgarter Traditionsbrauereien Dinkelacker und Schwabenbräu. Die Dinkelacker-Schwaben Bräu GmbH gilt heute mit ihren rund 300 Mitarbeitern als eine der größten Privatbrauereien Baden-Württembergs. Obgleich das meiste Bier im Großraum Stuttgart umgesetzt wird, hat es zumindest ihr »Wulle« geschafft, auch über die regionalen Grenzen hinaus konsumiert zu werden. Das Bier in der Bügelflasche ist Kult und wird gerne auch von Studenten in Freiburg, Heidelberg oder Konstanz getrunken. Ein weiterer Gigant unter den Stuttgarter Brauereien ist das Stuttgarter Hofbräu. Während Dinkelacker-Schwabenbräu jährlich rund 80 Millionen Liter Bier herstellt, sollen es bei Stuttgarter Hofbräu rund 100 Millionen sein. Die Geschichte dieser Brauerei geht noch wesentlich weiter zurück als die ihres Konkurrenten. Sie reicht bis ins 16. Jahrhundert. Ihr Ursprung war die Klosterbrauerei St. Luzen bei Hechingen, die erstmals 1608 Bier an den fürstlichen Hof lieferte. Nach dem Zusammenschluss von St. Luzen und der Stuttgarter Brauerei Englischer Garten zur Württembergisch-Hohenzollerschen Brauereigesellschaft wurde diese 1883 zum offiziellen Lieferanten des württembergischen Königshofes. Den Namen »Stuttgarter Hofbräu« trägt die Brauerei seit 1933.

Neben all diesen lokalen Biergiganten gibt es im Musterländle aber auch viele Kleinbrauereien, die herrliches Bier herstellen. Zum Beispiel Schussenrieder. Diese bietet neben dem üblichen Pils, Weizen oder Export auch das dunkel-bernsteinfarbene Josefsbock an, das es allerdings nur im Winter und Frühjahr gibt. Dieses wohlschmeckende dunkle Gebräu wurde bereits im Mittelalter von den Chorherren des Schussenrieder Prämonstratenser-Klosters hergestellt. Auch das Schwarzbier N°1 zeigt, dass die dunkelsten Seiten der Schwaben manchmal die besten sind. Die Brauerei aus Bad Schussenried ist ein Familienunternehmen, das bis ins 18. Jahrhundert zurückreicht. Das Besondere: Die »Schussenrieder« sind eine Erlebnisbrauerei. Das ganze Jahr über gibt es Veranstaltungen, am ungewöhnlichsten aber ist ihr Bierkrugmuseum. Rund 1.200 historische Bierkrüge aus fünf Jahrhunderten kann der Besucher bestaunen. Die Sammlung gehört zum größten Teil dem Seniorchef der Brauerei, Jürgen Josef Ott, einem echten Bierliebhaber. Eine

Führung durch dieses in seiner Art einzigartige Museum ist auf alle
Fälle ein Ausflug wert.

Weil Pfarrer Blumhardt immer noch die Gemüter erhitzt

Keine Frage: Bad Boll ist ein zauberhafter Kurort. Am Fuße der
Schwäbischen Alb, umgeben von Wiesen und Wäldern. An der
»Straße der Staufer« gelegen. Die dortigen Heilquellen sind
deutschlandweit bekannt, das Thermalbad heiß begehrt, der Kur-
park wunderschön, natürlich vor allem im Sommer. Da tummeln
sich neugierige Eichhörnchen, die völlig zutraulich sind und
einem sogar die Beine hochlaufen. Trotzdem stellen sich bei mir
die Nackenhärchen auf, wenn ich an diesem Ort vorbeifahre oder
spazieren gehe. Das mag völlig irrational sein, hat aber etwas mit
Geistergeschichten und Jugenderinnerungen zu tun. Und vor allem
mit einer alten Villa. Ja, diese alte Villa, am Ortsrand. Die macht mir
Angst. Auch heute noch. Gespenstisch lugt sie hinter hohen Baum-
reihen hervor. Grau, groß, mit abbröckelndem Firniss. Mit ihren
Türmchen und Erkern wirkt sie wie eine Mixtur aus Schloss Dracula der berühmten »Hammer«-Horrorfilme und einem klassischen
Geisterhaus. Warum diese Villa bei mir eine Gänsehaut erzeugt?
Das liegt daran, dass auch wir Schwaben unsere »Urban Legends«
haben und eine davon mit diesem unheimlichen Gemäuer zu tun
hat. Mir jedenfalls wurde einst die Geschichte erzählt, dass in dieser
Villa vor noch nicht allzu langer Zeit eine spiritistische Sitzung abgehalten wurde. Die Teilnehmer versuchten, Kontakt zu einem dort
verstorbenen Kind aufzunehmen. Das Medium bemühte sich nach
Kräften – als plötzlich im Zimmer ein weißer Kindersarg erschien.
Seither weiß man, dass diese Villa verflucht ist. Völliger Quatsch
natürlich! Irgendjemand hatte mir damals einen gewaltigen Bären

aufgebunden, aber bis heute wirkt diese Geschichte bei mir nach, wenn ich diese alte Villa auch nur von Weitem sehe. Immerhin, irgendwie scheint mir diese Geschichte beeinflusst zu sein von einer ganz anderen, höchst realen Story, die mit dem berühmten Pfarrer Johann Christoph Blumhardt zu tun hat.

Blumhardt liegt auf dem Bad Boller Friedhof beerdigt und gilt als eine der bekanntesten, aber auch mysteriösesten Persönlichkeiten des Kurortes. Zum ersten Mal hörte ich seinen Namen, als mir Freunde das Grab des bekannten Theologen zeigten und erzählten, dass dieser einst als Exorzist tätig gewesen war. Das war in jenen Tagen, als allein das Wort »Exorzist« einem alle erdenklichen Schauer über den Rücken jagte, war der Kino-Schocker von William Friedkin doch immer noch im kollektiven Unterbewusstsein gespeichert. Blumhardts Exorzismus, der ihn über die schwäbischen Grenzen hinaus zum Gesprächsthema machte, fand allerdings nicht in Bad Boll, sondern in Möttlingen bei Bad Liebenzell statt. Dort kümmerte er sich als Dorfpfarrer um eine Frau, die an einer geheimnisvollen, unerklärlichen Krankheit litt, von Krämpfen geplagt wurde und mit fremden Stimmen redete. Was immer es auch wirklich gewesen sein mag – hysterische Anfälle, Bewusstseinsspaltung, Epilepsie gepaart mit psychosomatischen Symptomen –: Gottesdiener Blumhardt behandelte die Krankheit nicht mit medizinischen, sondern mit seelsorgerischen Mitteln. Von 1842 bis 1843 kümmert er sich um die Patientin, Gottliebin Dittus, und versucht, sie mithilfe trost- und kraftspendender Worte aus der Bibel zu heilen. Was ihm schließlich tatsächlich gelingt. Drei Worte sollen die »Besessenheit« bekämpft und überwunden haben: »Jesus ist Sieger«. Nach ihrer Heilung soll das die Patientin gerufen haben. Es wurde zum Losungswort des Pfarrers, der in einem Krankheitsbericht an das kirchliche Konsortium von einem »Geisterkampf« spricht. Die Geschichte von der Wunderheilung macht die Runde, und bald pilgern viele Gläubige nach Möttlingen, um die Gottesdienste von Blumhardt zu besuchen. Viele von ihnen, die selbst unter Krankheiten leiden, hoffen ebenfalls auf Heilung. Von der Kirche wird es ihm allerdings untersagt, weiterhin solche »Wunderheilungen« durchzuführen. Blumhardt indes ist fest davon überzeugt, dass das Kommen des Reichs Gottes kurz bevorstünde, weshalb er sich auch zu sozialem Handeln verpflichtet fühlt. Er eröffnet einen Kindergarten und engagiert seine geheilte Patientin als Kindergärtnerin und setzt sich auch sonst für seine Mitmenschen ein, mit Suppenküchen oder Wohltätigkeitsveranstaltungen. 1852 schließlich zieht er mit seiner Familie nach Bad Boll und erwirbt, dank Unterstützung reicher Freunde, das dortige Kurhaus. Mit seinem Sohn Christoph eröffnet er ein Zentrum für Leib- und Seelsorge, das schnell bekannt wird. Fast drei Jahrzehnte besuchen viele Tausende von Kranken Bad Boll, weil sie auf Heilung hoffen: sowohl in körperlicher als auch geistiger Hinsicht. Bad Boll wird eine Art protestantisches Lourdes. Auch der junge Hermann Hesse wird von seinen Eltern zu Blumhardt geschickt, weil sie mit dem schwererziehbaren Jüngling nicht klarkommen. Das Seelsorge-Zentrum in Bad Boll scheint ihnen die letzte Hoffnung. Doch auch Blumhardt jun. (sein Vater war 1880 gestorben) gibt sich geschlagen, nachdem der knapp 15-Jährige bekannt gibt, sich mit einem Revolver das Leben nehmen zu wollen, weil eine 22-jährige Frau seine Liebe nicht erwidert habe. Der Seelsorger schmeißt Hesse aus Bad Boll und empfiehlt die Einweisung in eine Irrenanstalt.

Festzustellen bleibt, dass die Blumhardts von 1852 bis 1919 die Popstars unter den Seelsorgern waren und Bad Boll weithin in positiver Weise bekannt machten. Auch heute noch pilgern viele dorthin, weil dieser Ort gutes Klima, gesunde Luft, herrliche Natur und viel Ruhe bietet: ein Magnet für gesundheitsbewusste Menschen, die den dort gelebten ganzheitlichen Ansatz von Körper, Geist und Seele und die Verbundenheit zum christlichen Glauben zu schätzen wissen. Was nichts daran ändert, dass mir die alte Villa nach wie vor Angst macht.

Weil der Räuber Hannikel auch heute noch in Theaterstücken sein Unwesen treibt

Eigentlich wirkt der Baum, zu dem mich Jürgen Hartmann führt, weder unheimlich noch außergewöhnlich. Eher schlicht. »Genau hier«, so erklärt er mir, »wurde einst der berüchtigte Räuber Hannikel gehängt.« Hartmann arbeitet in Sulz am Neckar als Theatermacher. Zumindest in seiner Freizeit. Ihn fasziniert die Geschichte um den finsteren Räuber aus dem 18. Jahrhundert, der hier im ganzen süddeutschen Raum sein Unwesen trieb, schon seit fast 40 Jahren. Hannikel galt im Volksmund als einer der gefürchtetsten Räuber in Württemberg. Um ihn und seine Taten ranken sich inzwischen so viele Legenden, dass er auch in der schwäbisch-allemannischen Fasnet eine Rolle spielt. Hartmann schrieb und inszenierte ein Stück um den legendären Räuber, das er in passender Atmosphäre hoch droben in der Ruine Albeck mit seiner Theatergruppe aufführt. Mit spektakulären Überfällen auf eine Kutsche und einen Kleriker. Und natürlich darf auch der große Prozess, der ihm schließlich gemacht wurde, nicht fehlen. »Tatsächlich«, meint Hartmann weiter, »wurde Hannikel auch von manchen verehrt, weil seine Opfer oft die Reichen waren.« Der Verbrecher überfiel wohlhabende Juden und evangelische Pfarrer, so wird behauptet.

Anfangs lebte er im Nordelsass und soll sich dort als Hausierer versucht und mit kleineren Diebstählen über Wasser gehalten haben. Dann kam er nach Württemberg und wurde Anführer einer über 30 Mann starken Räuberbande, die Furcht und Schrecken verbreitete. Einerseits gingen die Schergen sehr geschickt zu Werke, indem sie sich als französische Soldaten verkleideten und so ihren Häschern immer wieder entkamen, andererseits gingen sie wohl sehr brutal vor. Was die Geschichte um den Räuberhauptmann auch heute noch so spannend und aufregend macht, sind nicht nur seine grausamen Taten, sondern die Tatsache, dass er auch einen Gegenspieler hatte, der ihn mit Inbrunst hasste und ihn voller Leidenschaft verfolgen ließ: den Sulzer Oberamtmann Jacob Georg Schäffer. Der Herzog gab bei diesem einst den Auftrag, den Verbrecher dingfest zu machen, und dieses Ziel soll er mit absoluter Härte verfolgt haben. Der Grund, warum Hannikel zu einer Art Staatsfeind Nummer eins erklärt worden war: Er hatte am 5. April 1786 in der Nähe von Reutlingen einen Mann namens Toni Pfister ermordet. Die schreckliche Tat war ein Racheakt: Pfister war einst Mitglied in der Räuberbande und hatte damals Hannikels Bruder die Freundin ausgespannt. Diese Ermordung war für den Herzog eine offene Provokation und quasi das Zitronencremebällchen auf seinem Kosakenzipfel, denn es handelte sich bei dem Opfer um einen herzog-württembergischen Grenadier. Obwohl viele seiner Gefolgsleute geschnappt wurden, konnte Hannikel fliehen. Aber dann hatte seine Stunde geschlagen: Allerdings war es nicht Oberamtsmann Schäffer, der ihn stellen konnte, sondern Graf Rudolf von Salis-Zizers. Hannikel war nämlich in die Schweiz geflohen und tappte dort in die Falle. Graf Salis ließ ihn in der Ruine Neuburg bei Untervaz festnehmen. Obwohl er noch einmal fliehen konnte, war seine Zeit gekommen. Er wurde von Schäffer persönlich abgeholt und von der Schweiz zurück nach Sulz gebracht. Dort machte man ihm und seinen Spießgesellen den Prozess. Er und drei weitere Bandenmitglieder wurden zum Tode durch den Strang verurteilt. Und so fanden Hannikel und seine Mannen am 17. Juli 1787 ihr unrühmliches Ende an jenem Baum bei Sulz, der da heute noch steht und so gewöhnlich aussieht.

Weil »Tatort«-Kommissar Bienzle
den Verbrechern eine Nasenlänge voraus ist

»Oh, du liabs Herrgöttle von Biberach, wia hent die d'Mucka ver-
schissa!« Das war stets der Lieblingsspruch von Kommissar Bienzle,
womit er sich vermutlich über ein spezielles Malheur, eine peinliche
Situation oder schlicht die Unbill der Welt beklagen wollte. Der
versierte Ermittler arbeitete für die Kripo Stuttgart und schaffte
es stets mit seiner ruhigen, lakonischen Art – manche mögen sie
auch phlegmatisch nennen –, selbst die kompliziertesten Fälle aufzuklären. Er ist ein ganz Eigener, grummelt und grübelt vor sich
hin, lässt sich niemals in die Karten schauen und versucht heikle
Situationen stets allein zu klären. Mit enervierender Gelassenheit
und unendlicher Geduld legt er sich auf die Lauer, beschattet und
beobachtet und greift, wenn es die Situation erfordert, auch schon
mal zur Waffe.

Sturkopf und Querschädel Ernst Bienzle mag es in seiner Freizeit, an die frische Luft zu gehen, durchzuatmen und auf der Schwäbischen Alb zu wandern. Das macht er besonders gerne mit seiner
Liebsten: Hannelore. Sie allein ist es, die das Blut des durch und
durch maulfaulen Schwaben in Wallung bringen kann. Natürlich
wird in dieser Beziehung stets gebruddelt und gestritten, denn natürlich gibt es immer wieder beziehungstechnischen Ärger, weil der
Herr Kommissar ja immer im Dienst ist und selbstverständlich stets
dann gerufen wird, wenn es privat am wenigsten passt. Zu allem
Übel gibt es auch noch den kleinlichen Vermieter, gespielt von TV-
Urgestein Walter Schultheiß, der die beiden wegen der Kehrwoche
oder anderer schwäbischer Pflichtprogramme malträtiert.

Der berühmte Kult-Kommissar aus dem Schwäbischen stammt
aus der Feder von Erfolgsautor Felix Huby, einem der erfahrensten
und gefragtesten Drehbuchschreiber des deutschen Fernsehens.

Er ersann ihn ursprünglich als Romanfigur und formte Bienzle ein klein wenig nach seinem Ebenbild. So wurde der Kommissar wie sein literarischer Schöpfer in dem schwäbischen Provinznest Dettenhausen geboren. Wie dieser war er um die 1,90 Meter groß. Darüber hinaus sollte Bienzle auch hintersinnig und schlagfertig sein, so wie sich Huby gern gesehen hätte.

Seinen ersten Fall klärte er in dem Roman *Der Atomkrieg in Weihersbronn*, der 1977 erschien. Dann wurde seine Figur vom Süddeutschen Rundfunk als Hauptfigur für den Stuttgarter-Ableger der TV-Serie *Tatort* rekrutiert. Dort durfte er zwischen 1992 und 2007 insgesamt 25 Kriminalfälle klären. Allerdings, so erinnert er sich, war er beim ersten Treffen mit Dietz-Werner Steck, dem Schauspieler, der später mit der Rolle untrennbar in Verbindung gebracht werden sollte, nicht gerade begeistert. Er sah ihn auf der Bühne und bemerkte zuallererst, dass Schauspieler Steck viel kleiner ist, als Bienzle sein sollte. »Tut mir leid, aber Sie stehen mir beim Schreiben im Weg«, meinte der Autor damals zum frischgebackenen Bienzle-Darsteller. Wie er sich erinnert, war dieser daraufhin völlig entsetzt. »Wir haben uns dann aber ganz schnell angefreundet und damit war die Sache aus der Welt.« Es war sogar so, dass im Laufe der Jahre Schauspieler Steck großen Einfluss auf die Gestaltung der Figur hatte. Huby ließ immer mehr von ihm einfließen. Die unzähligen Sprüche, die Bienzle im Laufe seiner Karriere von sich gibt, kennt Huby, der schon vor Jahren nach Berlin umgezogen ist, aus dem eigenen Umfeld und dem Leben in der schwäbischen Provinz. »Mein Vater war Dorfschullehrer und er hat all die Sprüche gesammelt. Sein Lieblingsspruch war: ›Ma kann ned alle Berg eba macha.‹ Von ihm kenne ich auch: ›Liebs Herrgöttle von Biberach …‹, den ich dann Bienzle in den Mund legte.« Seine unvergessliche Figur, die in ihren ersten *Tatort*-Folgen anfangs noch einen Parka wie Schimanski trug und erst später zu dem unverwechselbaren Trenchcoat und Schlapphut kam, ist heute noch im Schwäbischen jedem bekannt. Auch wenn Dietz-Werner Steck beziehungsweise Bienzle schon lange nicht mehr ermittelt. Klar: Die *Tatorte* mit Bienzle wirken für heutige Zuschauer wie TV-Dinosaurier. Sie kommen behäbig und antiquiert, actionbefreit und langatmig daher. Und trotzdem haben sie immer noch Charme und Charakter, weil das Lokalkolorit einfach stimmig ist und die Schwaben darin gar nicht so untreffend beschrieben werden.

Seinen letzten Fall klärte Bienzle am 25. Feburar 2007 in dem *Tatort: Bienzle und sein schwerster Fall.* Den Ausgangspunkt bildet die Ermordung eines elfjährigen Mädchens. Am Ende quittiert der Erste Kriminalhauptkommissar den Dienst. Nicht ohne einen letzten Spruch zu tun: »D'Leud send, wie se send.« Felix Huby, sein geistiger Vater, schreibt indes unverzagt weiter und ist immer noch als Romanautor, Drehbuchschreiber und Theatermacher voll gefragt. Er dürfte noch lange nicht in Pension gehen, dazu macht ihm das Schreiben, vor allem über seine Zeitgenossen aus dem süddeutschen Raum, zu viel Spaß. »Mir geht es um die schwäbische Volksseele.« Und damit kennt er sich aus, wie kaum ein anderer.

68. GRUND

Weil der *Hammermörder* zum TV-Hit wurde

Polizeikontrolle. Die Polizeistreife hält ein Auto an, lässt sich die Papiere geben: »Aha«, stellt der Beamte beim Durchblättern des Ausweises fest, »ein Kollege!« Und dann meint er: »Der Hammermann hat wieder zugeschlagen, halt dich von Parkplätzen fern.« Was der kontrollierende Ordnungshüter nicht ahnte: Er hatte den gesuchten Mehrfachmörder, »den Hammermann«, direkt vor sich. Wie kaum ein anderer Kriminalfall in der deutschen Nachkriegsgeschichte sorgte der Fall des »Hammermörders« 1984/1985 für Schlagzeilen. Auch weil der Polizeiapparat bei dieser Aktion weitgehend versagte, obwohl eine Sonderkommission gebildet worden war und über 1.000 Personen im Zuge der Ermittlungen überprüft wurden. Die Mordserie, die schließlich ein Jahr lang die Bewohner im Raum Heilbronn-Ludwigsburg in Angst und Schrecken versetzte, begann am 3. Mai 1984 auf einem Parkplatz bei Marbach am Neckar.

Der Ingenieur und Handlungsreisende Siegfried Pfitzer hat noch Zeit bis zum nächsten Kundenbesuch und fährt auf den Wanderparkplatz beim Gruppenklärwerk »Häldenmühle«. Dort wartet auf ihn der Tod – in der Gestalt eines Polizisten. Der setzt dem 47-Jährigen die Pistole zwischen die Augenbrauen und drückt ab. Er nimmt sich dessen BMW, zieht sich eine Zorro-Maske über das Gesicht und stürmt eine Bankfiliale, indem er mit einem Hammer die Scheibe vor der Kasse zertrümmert. Die Beute beträgt 4.790 Mark. Rund ein halbes Jahr später geschieht ein weiterer Mord. Wieder auf einem Waldparkplatz, wieder wird das Auto des Ermordeten, diesmal ein 37-jähriger Engländer, Eugene Wethey, als Tatfahrzeug für einen Banküberfall verwendet, wieder benutzt der Verbrecher einen Hammer, um in der Bank eine Scheibe zu zertrümmern. Die Beute diesmal: 79.000 Mark. Am 22. Juli des folgenden Jahres dann der dritte Mord: Der 26-jährige Elektriker Wilfried Schneider ist auf dem Weg zu einer Marbacher Firma, als er auf einem Parkplatz haltmacht und niedergestreckt wird. Der Hammermörder versucht, nach seiner Bluttat wie gewohnt eine Bank zu überfallen, wird dabei jedoch durch den Filialleiter aus dem Konzept gebracht, der folgende Worte von sich gibt: »Der Hammermann kommt.« Der Täter erschreckt und flieht. Die SOKO HAMMER läuft auf Hochtouren, inzwischen gibt es auch ein Phantombild. Aber bevor die Beamten den lang gesuchten Täter schnappen können, bekommt dieser Wind von der Sache und veranstaltet ein Blutbad.

Wie sich herausstellt, handelt es sich um den 34-jährigen Polizeiobermeister Norbert Poehlke, der als Diensthundeführer bei der Landespolizeidirektion II arbeitet. Er hat nach einem Lottogewinn von 36.000 Mark für sich und seine Familie ein Haus im beschaulich-friedlichen schwäbischen Dorf Strümpfelbach gebaut und sich dabei finanziell völlig übernommen. Für zusätzliche Tragik sorgte der Tod der drei Jahre alten Tochter, die an einem Gehirntumor stirbt. Um den Lebensstandard halten zu können, begeht der verzweifelte Familienvater seine schrecklichen Taten: drei Morde und insgesamt vier Banküberfälle. Als er schließlich merkt, dass sich die Schlinge zuzieht, seine Kollegen ihm auf die Spur kommen, fährt er nach Hause. Erst erschießt er seine auf der Couch sitzende Frau mit einem Kopfschuss, dann seinen ältesten Sohn, der gerade im Bett liegt. Danach flüchtet er im Auto, neben sich seinen jüngsten Sohn. Die beiden fahren in die italienische Küstenstadt Brindisi. Dort am Strand erschießt er erst seinen kleinen Sohn, dann sich selbst.

»Poehlke zog die Waffe zurück, legte sich hin und schob sich den heißen Lauf in den Mund, biss mit den Zähnen zu und drückte ab.« So endet der aufsehenerregende Dokumentarroman, den der Anwalt und Autor Fred Breinersdorfer über diesen spektakulären Kriminalfall schrieb und aus dem 1990 der preisgekrönte ZDF-Fernsehfilm *Der Hammermörder* gemacht wurde. Breinersdorfer schreibt am Ende seines Buches, dass die inneren Beweggründe für Poehlkes kriminelles Handeln sowie dessen seelische Verfassung im Dunkeln geblieben seien. »Deshalb habe ich in diesem dokumentarischen Roman Fiktion und Reportage gleichberechtigt nebeneinander gestellt«, erklärt er weiter. »Alles, was über das private und persönliche Leben Poehlkes erzählt wird, ist erfunden, während die Schilderung der Polizeiarbeit die Realität widerspiegelt.«

Im Gespräch erklärt er mir, dass er aus dramaturgischen Gründen einige Korrekturen an der Geschichte vornehmen musste. »Der eigentliche Knackpunkt war für mich die Psychologie des Täters«, so Breinersdorfer. »Ein Mann, der nach außen ein braver Bürger war, der aber drei Menschen von vorne in den Kopf schoss, nur um ihr Auto zu klauen. Am Ende rottete er auch noch seine Familie aus.« Diesen psychologischen Hintergrund malte der Erfolgsautor dann aus. »Es war notwendig, dem Mörder eine starke Frauenfigur gegenüberzustellen, um seine Handlungsweise zu verdeutlichen: Seine Gattin entdeckt ihn und wird sein gefährlichster Gegenspieler. Ihm bleibt nur noch die Wahl, sie zu ermorden.«

Für den eindrucksvollen TV-Film mit Christian Redl und Ulrike Kriener schrieb Breinersdorfer auch das Drehbuch. Er erhielt dafür den angesehenen Adolf-Grimme-Preis. Interessanterweise weist er im Nachwort seines Buches darauf hin, dass es niemals objektive Spuren gab, die Poehlkes Täterschaft mit absoluter Sicherheit bewiesen hätten. Deshalb gab es auch im Falle des Hammermörders noch andere Theorien. Eine ging davon aus, dass es sich um zwei Täter gehandelt haben könnte, denn es soll Zeugen gegeben haben, die in beiden Fluchtfahrzeugen zwei Männer gesehen haben wollten. Schließlich wurde auch die Verschwörungstheorie gesponnen, Poehlke habe seine Taten unter dem Druck eines unbekannten Killers begangen. Dieser habe die Familie schließlich erschossen, Poehlke und dessen jüngsten Sohn nach Italien entführt und beide ermordet, wobei er Poehlkes Tod wie einen Selbstmord aussehen ließ. Krude, unbeweisbare Spekulationen, sicherlich, dennoch als Gedankenspiele durchaus erlaubt.

69. GRUND

Weil die Todesnacht von Stammheim nach wie vor für Zündstoff sorgt

Was in der Nacht zum 18. Oktober 1977 wirklich passiert ist, gibt auch heute noch Rätsel auf. Vieles ist zwar geklärt, aber einiges liegt immer noch im Dunkeln. Verschwörungstheorien kursieren noch heute. Jedenfalls: Nach dieser Schicksalsnacht wurden die inhaftierten Anführer der Rote Armee Fraktion (RAF) Andreas Baader, Jan-Carl Raspe und Gudrun Ensslin morgens tot in ihren Zellen im extra für sie gebauten Hochsicherheitstrakt der JVA Stuttgart-

Stammheim gefunden. Rekonstruiert wurde folgender Hergang: Raspe hatte wohl gegen 0.40 Uhr im Deutschlandfunk von der erfolgreichen GSG-9-Aktion in Mogadischu erfahren. Die Geiseln des entführten Flugzeuges »Landshut«, mit denen palästinensische Terroristen die RAF-Top-Leute freipressen wollten, waren befreit worden. Obwohl eine Kontaktsperre zwischen den Inhaftierten verhängt worden war, konnten sie diese mit Hilfe eingeschmuggelter Elektronikteile umgehen. Und so soll Raspe die anderen Gefangenen über Wechselsprechanlage informiert haben. Danach erschossen sich Baader und Raspe mit Pistolen, während sich Gudrun Ensslin mit einem Elektrokabel am Fensterkreuz erhängte. Irmgard Möller wurde mit mehreren Stichverletzungen in der Herzgegend aufgefunden. Sie überlebte nach einer Notoperation und behauptete später, die Tode von Baader und Raspe seien Mord gewesen. Die RAF-Anwälte Otto Schily, Hans-Christian Ströbele und Karl-Heinz Weidenhammer waren gleicher Meinung und witterten eine Exekution durch den Staatsapparat.

Tatsächlich wurde und wird bis heute viel spekuliert, was in der »Todesnacht von Stammheim«, wie das Ereignis später bezeichnet wurde, wirklich passiert ist. Zum einen war es natürlich der reine Wahnwitz, was da alles ans Tageslicht kam: von Anwälten wissentlich oder unwissentlich in Handakten eingeschmuggelte Waffen, ein ausgebautes Kommunikationsnetz unter den Gefangenen des Hochsicherheitstraktes oder in Mauern versteckter Sprengstoff. Dazu mehrere Ungereimtheiten: Wie konnte Baaders Pistole 40 Zentimeter neben ihm liegen, wenn er sich doch selbst einen Genickschuss beigebracht haben soll? Ein Gutachten des Bundeskriminalamtes behauptete, der Schuss könne aus 30 oder 40 Zentimeter Entfernung abgefeuert worden sein – die Mordtheorie wäre dadurch gestützt worden. Unterschiedliche Gutachter stellten unterschiedliche Gutachten aus. Letztendlich wurde nach einer Untersuchung der EG-Kommission von fünf Experten konstatiert, dass Baader sich den Schuss selbst zugefügt hatte. Gerüchte,

Mutmaßungen und Verschwörungstheorien machten die Runde. So wurde in einem Zeitschriftenbericht behauptet, dass es in der Nacht zum 18. Oktober in großen Teilen des Gefängnisses zu einem Stromausfall gekommen sei. Damit wäre ein Zugang Unbefugter in den Hochsicherheitstrakt möglich gewesen. Eine weitere Theorie geht von einem Suizid unter staatlicher Aufsicht aus. Ausgegangen wird hierbei von der These, der Geheimdienst hätte die Gespräche auf der selbst gebastelten Wechselsprechanlage abgehört, aber die Selbstmorde nicht verhindert. Noch 2012 beantragte der Bruder von Gudrun Ensslin eine Neuaufnahme des Todesermittlungsverfahrens, weil angeblich das Vernehmungsprotokoll eines Aufsichtsbeamten aufgetaucht sei, der behauptete, in der Todesnacht durch einen Unbekannten von seinem Posten abberufen worden zu sein. Die Ermittlungen wurden indes nicht wieder aufgenommen, weil die Stuttgarter Staatsanwaltschaft begründete Zweifel an der Echtheit der Aufzeichnungen hatte.

Der Tod der RAF-Top-Terroristen hatte die Ermordung des entführten Arbeitgeber-Präsidenten Hanns Martin Schleyer zur Folge und war gleichzeitig auch der Schlusspunkt des Deutschen Herbstes. Die toten Terroristen sorgten aber noch für mächtig Ärger unter regierenden schwäbischen Politikern. Obwohl der damalige baden-württembergische Ministerpräsident Hans Filbinger nur die Schwäbin Ensslin in heimischen Gefilden beigesetzt haben wollte, während er die Leichen von Baader und Raspe gerne nach Frankfurt und Berlin abgeschoben hätte, ließ sich der stets besonnene Stuttgarter OB Manfred Rommel nicht beirren. Er setzte sich gegen Volkes Zorn durch und sorgte dafür, dass sie in einem Gemeinschaftsgrab auf dem Dornhaldenfriedhof beerdigt wurden. »Mit dem Tod muss die Feindschaft enden«, waren damals seine unvergesslichen Worte.

Weil sich ein mörderisches Phantom
als verunreinigtes Wattestäbchen herausstellte

Panik im Schwabenland. Ein Phantom sorgt für Angst und Schrecken. Das was Jack the Ripper für die Engländer war, ist die Frau ohne Gesicht für uns. Sie soll auf unfassbar kaltblütige Weise im April 2007 eine 22-jährige Polizistin getötet haben. Der Mord in Heilbronn sorgt bundesweit für Aufsehen. Dann wird ruchbar, dass die kaltblütige Killerin auch mit mindestens fünf weiteren Morden in Verbindung gebracht wird. Ihre Spuren werden nicht nur in Baden-Württemberg gefunden, sondern auch in Hessen, Rheinland-Pfalz, im Saarland und sogar in Österreich an mindestens 40 unterschiedlichen Tatorten. Eine Serienkillerin, die schon jetzt Geschichte geschrieben hat, sorgt dafür, dass wir nicht mehr ruhig schlafen können und das Fernsehen in langen Reportagen über dieses teuflische Phantom, dessen Grausamkeit sprachlos macht, berichtet. Als ich die spannende TV-Dokumentation eines Kollegen über »Das Phantom« sehe, bin ich neidisch, weil ich diesen Film auch gerne gemacht hätte, da dieser Fall einfach unglaublich geheimnisvoll und spektakulär ist. Das Schwabenland hält den Atem an, es ist DAS Gesprächsthema. In dem Film kommen Zeugen und Polizisten zu Wort, der blutige Weg, den sich die Serienmörderin gebahnt hat, wird nachgezeichnet und macht klar: Niemand kann vor dieser Bestie in Menschengestalt sicher sein.

Dass wir schon längst wieder ruhig schlafen können, hier im Musterländle, liegt daran, dass das Rätsel inzwischen gelöst ist. Die DNA-Spuren, die an den Tatorten gefunden wurden, gehörten einer über 70-jährigen ehemaligen Packerin aus Oberschlesien. »Das Phantom« hatte man sich wahrlich anders vorgestellt. Was auch daran liegen mag, dass die Frau alles andere als eine Mörderin war. Von ihr stammen nur die DNA-Spuren. Diese wiederum wurden bei vielen Tatorten gefunden, weil dort Wattestäbchen eingesetzt worden waren, auf denen sich diese Spuren bereits befanden. Die verunreinigten Wattestäbchen ließen den Mythos einer Serienkillerin entstehen, die zur meistgesuchten Verbrecherin Deutschlands wurde und auf deren Ergreifung eine Belohnung von 300.000 Euro ausgesetzt war. Selbst die US-TV-Industrie wurde da aufmerksam und verarbeitete den peinlichen Skandal in einer Folge von *CSI: NY*.

In der Tat ließ diese Sache die Ermittlungsbehörden nicht wirklich gut aussehen und das peinliche Gerangel um die Schuldfrage setzte dem Ganzen noch die Krone auf. Die Herstellerfirma fühlte sich unschuldig und erklärte, es sei einzig und allein die Schuld der Polizei. Die Wattestäbchen hätten nie für polizeiliche Ermittlungen verwendet werden dürfen, was sogar in der Gebrauchsanleitung gestanden hätte. Verständlicherweise gerieten hier der Baden-Württembergische Innenminister doch etwas in Erklärungsnot, wurde doch gemutmaßt, die Polizeibehörden hätten aus Sparsamkeit einfach Wattestäbchen aus der Drogerie gekauft. Diese jedoch können durchaus während ihrer Herstellung verunreinigt werden. Bei der Ernte der Baumwolle oder später, wenn die Watte auf die Trägerstäbchen gesetzt wird. Letzteres war wohl im Fall des »Wattestäbchen-Skandals« passiert. Schwäbische Sparsamkeit gepaart mit einer gehörigen Portion Pech kann tatsächlich zu einer kleinen Staatsaffäre führen.

Nachdem sich das Phantom längst in Luft aufgelöst hat, sorgt indes ein anderes tatsächlich existierendes für noch mehr Entsetzen: die rechtsextreme terroristische Vereinigung NSU. Sie steckte hinter dem brutalen Verbrechen von Heilbronn und noch hinter vielen anderen, aus rassistischen Gründen begangenen Morden. Warum die Polizistin Michèle Kiesewetter sterben musste, ist allerdings bis heute nicht geklärt. Offizielle Stellen behaupten zwar, Michèle Kiesewetter sei ein zufälliges Opfer der Rechtsterroristen. Aber je mehr Fakten über die NSU ans Licht der Öffentlichkeit geraten, desto mysteriöser scheint der Fall. Kiesewetters Gruppenführer der Bereitschaftspolizei stellte sich zum Beispiel als Mitglied eines deutschen Ablegers des Ku-Klux-Klans heraus. Außerdem wurde bekannt, dass die getötete Polizistin aus einem kleinen Ort in Thüringen stammt, in dem ein Schwager eines NSU-Unterstützers einen Gasthof betrieben hatte. All diese nach und nach veröffentlichen Details könnten damit auch auf andere Zusammenhänge schließen lassen. Auch die Diskussionen über Observationsberichte amerikanischer Geheimdienste, die plötzlich auftauchten und später zu Fälschungen erklärt wurden, zeigen deutlich, dass es hier durchaus noch Diskussionsbedarf gibt und der Fall – wie überhaupt der ganze NSU-Terrorismus – fruchtbaren Nährboden für Verschwörungstheoretiker bereit hält. Dass Politiker, Polizei oder Geheimdienste mehr wissen, als sie zu wissen vorgeben, scheint immer wahrscheinlicher, ebenso wie die Überzeugung, dass es wohl noch Jahre dauern wird, bis der Fall Kiesewetter und die anderen Verbrechen der Terrororganistion aufgeklärt sein werden.

71. GRUND

Weil es auch im Schwäbischen Gruselgeschichten und Geisterhäuser gibt

Im Kreis Esslingen, wo ich lebe, erzählt man sich gerne die Geschichte, wie die Esslinger Bevölkerung zu dem Spitznamen »Zwiebel« kam. Eines Tages erschien der Teufel auf den Esslinger Markt und blieb vor einem Stand mit prall gefüllten Apfelkörben stehen. Er bat die Markfrau um eine der leckeren Früchte. Da es sich bei ihr um eine wirklich gute Seele handelte, spürte sie sofort die Präsenz des Bösen und wurde auch des Pferdefußes ihres Kunden gewahr. So reichte sie dem Dämon eine große, gelbe Zwiebel, die aussah wie ein herrlicher Apfel. Belzebub biss hinein und rannte ob der höllischen Schärfe des falschen Apfels auf und davon. Seitdem meidet er die Stadt und seitdem heißen die Esslinger »Zwiebel«. Deshalb gibt es auch seit vielen Jahren das traditionelle Zwiebelfest in Esslingen.

Solche Sagen oder Gruselgeschichten gibt es allein im Kreis Esslingen viele Dutzend, im ganzen schwäbischen Raum mehrere Hundert. Besonders beliebt sind natürlich Gespensterstorys, vor allem solche, die als authentisch ausgegeben werden und deren grausige Hauptfiguren auch noch in der Gegenwart ihr Unwesen treiben sollen. Dabei ähneln viele der schwäbischen Spukgestalten stark den Gespenstern aus anderen Teilen der Welt. So soll einst in Stuttgart und Esslingen ein kopfloser Reiter Angst und Schrecken verbreitet haben: der Geist eines Postreiters, der zu Unrecht des Mordes angeklagt und hingerichtet worden war. Jahrzehntelang versetzte er nächtens Spaziergänger in Panik, die himmelschreiende Ungerechtigkeit beklagend, die ihm angetan worden war. Erst als der wahre Mörder seine gerechte Strafe erhielt, gab der kopflose Geist endlich Ruhe. Vermutlich handelte es sich bei diesem Gespenst um einen entfernten Verwandten von Washington Irvings grusligem Helden aus *The Legend of Sleepy Hollow*.

Aber auch andere klassische Geistergestalten feiern im Schwäbischen fröhliche Urständ. In Schloss Wildenstein im Kreis Schwäbisch Hall soll es nach dem Zweiten Weltkrieg, als US-Soldaten in dem alten Gemäuer wohnten, zu einer unheimlichen Begegnung der geisterhaften Art gekommen sein. Ein Offizier wollte ein Bad nehmen, als sich plötzlich die Badezimmertür öffnete und eine völlig in Weiß gekleidete Frau in den Raum schwebte. Als er sie bat, das Zimmer zu verlassen, reagierte sie nicht, sondern blickte nur starr vor sich hin. Schließlich blieb ihm nichts anderes übrig, als aus der Wanne zu steigen und sie zu packen. Doch zu seinem Entsetzen griff seine Hand ins Leere. Eine solche Weiße Frau soll im übrigen auch im Stuttgarter Alten Schloss ihr Unwesen treiben. Sie tauchte bevorzugt immer kurz vor dem Tod einer hiesigen fürstlichen Person auf. Dabei soll sie aus der Gruft der Stiftskirche steigen, über den Schillerplatz wandeln und im Ahnensaal des Neuen Schlosses verschwinden. In Münsingen auf der Schwäbischen Alb erzählt man sich die Geschichte von einer unheimlichen nächtlichen Gestalt, die aus dem Nichts auftaucht: eine Frau, die ihren Kopf unter dem Arm trägt. Gefährlich sei sie allerdings nicht, so sagt man, begleite sie die Spaziergänger doch nur ein Stückchen des Weges, so als ob sie lediglich etwas Gesellschaft bräuchte. Allerdings sollte man niemals versuchen, sie loszuwerden, das mache sie nämlich ärgerlich. Und da kann sie durchaus zur Furie werden. Es soll sich bei diesem Gespenst um eine Frau handeln, die einst, als sie noch unter den Lebenden weilte, verheiratet, aber in einen anderen verliebt war, weswegen sie ihren Gatten umbrachte. Sie wurde erwischt, enthauptet und dazu verdammt, in Ewigkeit mit ihrem abgeschlagenen Kopf herumzuwandern.

In Waiblingen wird von einem angesehenen Bürger berichtet, der einst auf dem Heimweg vom Besuch der Michaelskirche einer Hexe den Wegzoll verweigerte und deshalb von ihr verflucht worden sei. Kurze Zeit später starb er, ihm folgten vier seiner Kinder. Der Fluch der Hexe soll sogar das Wasser in der Quelle bei der Kirche blutrot verfärbt haben.

Da es im Schwäbischen eine solche Fülle an Schauergeschichten und Geisterorten gibt, sind seit einigen Jahren Spukführungen oder Gespenster-Touren sehr gefragt. Vor allem in Stuttgart oder Tübingen, dort wo die Hexen- und Dämonen-Dichte besonders groß zu sein scheint.

KAPITEL 8

Sagen, Märchen, Kultfiguren

Weil der »Rulaman« schon über 130 Jahre alt ist

Früher, so heißt es, hätte jeder Bauer auf der Schwäbischen Alb zwei Bücher besessen: Die Bibel und den *Rulaman*. Auch wenn dieser prähistorische Jugendroman heute sicherlich nicht mehr auf der Bestseller-Liste zu finden ist, so kennen ihn doch erstaunlich viele oder haben zumindest einmal von ihm gehört. Dabei war er eigentlich ein Zufallsprodukt. Er entstand in einer Zeit, als ein großes Interesse an unserer erdgeschichtlichen Vergangenheit und unseren menschlichen Vorfahren existierte. Mitte des 19. Jahrhunderts wurde das erste Neandertaler-Skelett entdeckt, die urgeschichtlichen Pfahlbauten in Unteruhldingen ausgegraben. Noch dazu disputierte die ganze Welt über einen Wissenschaftler namens Charles Darwin, der allen Ernstes behauptete, wir würden vom Affen abstammen und seien das Produkt der Evolution. Ganz vom Geist dieser Zeit geprägt, kam David Friedrich Weinland auf die Idee, seinen Söhnen eine kleine Geschichte aufzuschreiben, die von Höhlenmenschen und Höhlenbären handelte. Er selbst war Zoologe und Theologe und hatte einst in Berlin, Boston und im Zoologischen Garten von Frankfurt am Main gearbeitet. Aus gesundheitlichen Gründen kam er schließlich nach Urach, wo er auf dem Hofgut Hohenwittlingen lebte. Er war sowohl fasziniert von der prähistorischen Welt als auch von der Landschaft der Schwäbischen Alb. Und das alles hatte er in seine Story einfließen lassen. Als er 1875 im Pfarrkranz in Urach daraus vorlas, waren die Zuhörer begeistert und ermunterten Weinland, das Werk zu veröffentlichen. 1878 erschien schließlich die packende Mixtur aus Wissenschaft und Abenteuer unter dem Titel *Rulaman*. Der Roman wurde bald über die schwäbischen Grenzen hinaus bekannt. Schulen nahmen ihn in ihre Lehrpläne auf. Außerdem wurde er in mehrere Sprachen übersetzt und auf dem europäischen Büchermarkt zum Hit. Ähnlich wie *Tom Sawyer,*

Robinson Crusoe oder *Lederstrumpf* stand das Buch damals in den Regalen der Kinderzimmer.

Die Geschichte des Rulaman spielt in der Stein- und beginnenden Bronzezeit. Im Mittelpunkt: Steinzeitjunge Rulaman, der zum Stamm der Aimats gehört. Diese werden von den Kalats, den Kelten, bedroht. Diese sind den Aimats, den Steinzeitmenschen, überlegen, weil sie Metall verarbeiten können, und werden sie schließlich verdrängen. Während die Aimats als recht chaotischer Haufen beschrieben werden, die alles tun, nur nicht das, was ihr Anführer will, sind die Kalats organisiert, gehorsam und orientieren sich an der Macht des Fortschritts. Weinland verbindet Abenteuerromantik mit naturwissenschaftlichen Erkenntnissen zu einer spannenden Fantasie über unsere Vorzeit. Natürlich sind viele wissenschaftliche Behauptungen von einst längst widerlegt, zum Beispiel ist klar, dass Kelten und Steinzeitmenschen nie aufeinandergetroffen sein können, trotzdem ist das Buch auch heute noch lesenswert. Und sei es nur aus zeitgeschichtlichen oder nostalgischen Gründen.

Dass es immer noch so eine große Faszination gerade in Baden-Württemberg besitzt, liegt daran, dass nicht wenige Orte, die im Roman beschrieben werden, stark von der Wirklichkeit der schwäbischen Landschaft inspiriert wurden. Weinland liebte es, mit seinen Söhnen lange Wanderungen durch das Schwäbische zu unternehmen. Und so ist es kaum verwunderlich, dass die Tulkahöhle aus dem Buch sehr stark der real existierenden Schillerhöhle ähnelt. Die Huhkahöhle entpuppt sich als Falkensteiner Höhle, der Walbasee als Blautopf. Damit ist sein *Rulaman* nicht nur eine Liebeserklärung an die Zeit unserer prähistorischen Vorfahren, sondern auch an die Schwäbische Alb. Wer sich auf die Spuren des Steinzeitjungen Rulaman und seiner Sippe begeben will, kann auf einem Lehrpfad 500.000 Jahre in der Zeit zurückgehen. Dieser Pfad befindet sich zwischen Bad Urach, Wittlingen und der Bundesstraße nach Münsingen. Wie er heißt? Natürlich Rulamanweg.

Weil der »Hafer- und Bananen-Blues«
nicht nur Äffle und Pferdle zum Tanzen brachte

Der eine ist groß und grau, der andere klein und braun. Bei beiden handelt es sich nicht um Menschen, sondern um Getier. Obwohl sie unterschiedlichen Arten angehören, unterhalten sie sich prächtig und zwar auf Schwäbisch. Gemeint sind Äffle und Pferdle, die beiden Kultfiguren des Südwestrundfunks. Die TV-Zeichentrickfiguren wurden geboren, als der Sender noch Süddeutscher Rundfunk hieß, und waren über mehrere Jahrzehnte hinweg die absoluten Stars des dortigen Werbefernsehens. Aber nicht nur, dass sie das SDR-Äquivalent der ZDF-Mainzelmännchen darstellten und als lustige Pausenfüller zwischen den Werbungen fungierten: Äffle und Pferdle beherrschten lange Zeit, vor allem in den 1970er-Jahren, den Alltag aller schwäbischen Fernsehgucker, egal welchen Alters. So wie das Loriots Wum und Wendelin aus der Wim-Thoelke-Show *Der große Preis* auf bundesweiter Ebene taten. Das lag an ihren kurzen, trockenen und einprägsamen Dialogen, die meist nicht wirklich tiefgründig waren, aber damals eben tierisch lustig erschienen. Der absolute Brüller von einst: Das Äffle steht vor dem Haus der beiden, klopft ans Fenster. Daraufhin guckt das Pferdle heraus und meint: »S'Äffle isch heut ned dahoim«, woraufhin das klopfende Äffle »Vielen Dank« erwidert und weiterläuft. Oder: Das Pferdle zum Äffle: »Warsch em Urlaub?« Äffle: »Noi, warom?« Pferdle: »Ha, du bisch so braun.« Der Humor, den die beiden verbreiteten, war so sinnfrei und absurd: Vermutlich hätte selbst Beckett seinen Spaß gehabt, wäre er des Schwäbischen mächtig gewesen. Oder die beiden sitzen stoisch wie so oft da, als das Äffle feststellt: »Gell, wenn mir zwoi Vögala wäret, no dädat mir ons jetzt a Neschtle baua!«

Die Sprüche der beiden wurden in den Schulhöfen rezitiert und diskutiert. Äffle und Pferdle trafen mit ihren naiven, harmlosen und durch und durch netten Wortspäßen einfach den Nerv der Zeit. Auch ihre Songs wurden populär, waren regelrechte Gassenhauer. Ihr Mega-Hit stammt von 1976 und hieß: *Hafer- und Bananen-Blues*. Mit Reimen wie: »Bananen braucht ein jeder Aff'. Jedes Pferd ischt ohne Hafer schlaff«. Der Song schaffte sogar eine Platzierung in den Charts. Bis die beiden zu TV-Tricksuperstars wurden, dauerte es aber erst mal eine ganze Weile.

Zuerst begann alles sowieso mit einem Solo-Auftritt des Pferdles. Das trat erstmals 1960 in Erscheinung. Es war schwarz-weiß und stumm! Der Filmemacher Armin Lang hatte das lustige, aber noch etwas spröde Vieh im Auftrag des damaligen Süddeutschen Rundfunks kreiert. Es sollte zur Auflockerung des Werbefernsehens dienen. Ein Pferd als eine solche Trickfigur zu etablieren lag nahe, schließlich ist das Stuttgarter Wappentier auch ein »Rössle«. Drei Jahre später sollte etwas mehr Abwechslung in die Spots gebracht werden, weshalb das Single-Tier einen Kollegen bekam, das Äffle. Bis die beiden sich dann endlich zu unterhalten begannen und ihre schwäbischen Sprüchle zum Besten gaben, dauerte es aber noch einige Zeit. Erst einmal kam Ende der 1960er-Jahre die Farbe dazu, Anfang der 1970er-Jahre durften sie dann endlich die Klappe aufmachen und schwäbisch schwätzen. Das war ihr großer Durchbruch. Ihr Erfinder Armin Lang lieh dabei beiden tierischen Stars seine Stimme: Als Äffle sprach er sehr hoch, als Pferdle tief. Beides aber in breitestem Schwäbisch. Und die Ironie an dieser Sache: Lang selbst kam nicht aus dem Ländle, sondern war ein gebürtiger Bayer! Man stelle sich das mal vor: Ein Bayer sorgt jahrzehntelang für die besten Schwabensprüche!

In den 1980er-Jahren bekam das tierische Duo dann eine weitere Figur zur Seite gestellt: Schlabbinchen. Eine Pudeldame, die mit Kurpfälzer Dialekt spricht. Sie sollte wohl eine Konzession an das Zeitalter der Emanzipation sein und außerdem nicht nur für geschlechtliche, sondern auch regionale Gleichberechtigung sorgen. Aber: Auch wenn die Stimme von Schauspielerin Elsbeth

Janda durchaus lustig klingt: Schlabbinchen kann es mit den beiden lustig-gemütlichen Urgesellen nicht aufnehmen. Die beiden funktionieren einfach am besten zu zweit.

»Äffle und Pferdle« wurden natürlich im Laufe der Zeit auch gefragte Merchandising-Artikel: Ob als Gummifiguren, Plüschtiere oder Tassen, als Gesellschaftsspiele oder Hörbücher: Das Geschäft mit ihnen lief und läuft prächtig. Das Pferdle wurde sogar zum Maskottchen der Leichtathletik-Europameisterschaften in Stuttgart 1986. Als Armin Lang 1996 starb, hatte er mehr als 1.500 Spots mit dem Star-Duo produziert. Obwohl seit 2001 keine neuen »Äffle und Pferdle«-Storys mehr produziert werden, gelten die beiden immer noch als Kult und sind jedem schwäbischen Kind und auch Erwachsenem bekannt. Es scheint auch nicht unmöglich, dass die beiden als 3D-Trickfiguren auf die Fernsehschirme zurückkehren, die Filmakademie Baden-Württemberg wurde hier schon tätig. »Äffle und Pferdle« sind einfach trotz oder gerade wegen ihres Alters schwäbische Nationalhelden. Erst vor Kurzem entschied sich ein großes Bäckerhaus, die Figuren als Werbeträger zu verwenden. Womit wir bei einer zentralen Frage des Äffles angekommen wären: »Warum könnet bloß Menscha denga und mir Viecher ned?« Pferdle: »Weil mir des ned nödig hend.«

Weil der kleine Muck und Zwerg Nase einfach märchenhaft sind

Wäre der zwölfjährige Jakob doch nur nicht mit dieser alten hässlichen Frau mitgegangen. Das böse Weib hat nämlich nichts Gutes mit ihm im Sinn. Als er die Suppe, die sie ihm anbietet, isst, beginnt er davon zu träumen, dass er sieben Jahre lang als Eichhörnchen im Dienst der fiesen Hexe zubringt und in dieser Zeit das Kochen lernt. Als er erwacht und zu seiner geliebten Mama zurückkehrt, erkennt diese ihn zu seinem größten Entsetzen nicht wieder und schickt ihn fort: Der hübsche Jakob hat sich, dank des bösen Weibs, in einen hässlichen Zwerg ohne Hals, dafür mit Buckel und langer Nase verwandelt. Bis er wieder seine ursprüngliche Gestalt zurückerhält und sich in Jakob zurückverwandelt, muss Zwerg Nase noch viele Widrigkeiten des Lebens meistern. Immerhin wird er zum Starkoch des Herzogs und weiß mit seinen edlen Speisen die Gäste zu verzaubern. Allerdings sorgt er am Ende auch für einen regelrechten Krieg zwischen dem Herzog und einem fürstlichen Gast, der entbrennt, weil letzterer nach einer Pastete, der Souzeraine, verlangt, die Zwerg Nase jedoch zuerst nicht herzustellen imstande ist. Erst durch deren perfekte Zubereitung kann wieder Frieden herrschen. »Es wurde manche Schlacht geschlagen, aber am Ende gab es doch Frieden. Und dieser Frieden wurde auch als ›Pastetenfrieden‹ bekannt, weil beim Versöhnungsfest dem Herzog die wahre Souzeraine vom Fürsten gereicht wurde.« So endet Wilhelm Hauffs berühmtes Märchen von »Zwerg Nase«.

Typisch für den schwäbischen Autor: Einerseits wollte er mit der Geschichte märchenhafte Unterhaltung liefern, andererseits konnte er sich satirische Seitenhiebe auf die Zeit, in der er lebte, nicht verkneifen. So kann sein Märchen durchaus auch als politische Kritik verstanden werden. War Deutschland doch in dieser Zeit in zahlreiche kleine Länder zerfallen und der Bürger und Bauer der Willkür der jeweiligen Herrscher, ob König, Herzog oder Graf, hilflos ausgeliefert.

Obwohl Hauff nicht einmal 25 Jahre alt wurde und erst mit Anfang 20 als Romancier hervortrat, hat er doch ein erkleckliches Werk hinterlassen. Am berühmtesten sind freilich seine drei Märchenanthologien, die 1826, 1827 und 1828 erschienen. Präsentieren sie doch Märchen voller Zauber, Witz und satirischem Biss: *Der kleine Muck*, *Die Geschichte von Kalif Storch* oder *Das kalte Herz*. Gerade letztere Geschichte hat uns als Kinder immer besonders beeindruckt, da sie doch einen Hauch von Tragik und Düsternis verströmt. Der verzweifelte Wunsch von Peter Munk, auch Kohlenmunk-Peter genannt, nach Reichtum und seine schicksalhafte Begegnung mit dem bösen Holländer-Michel, der ihn dazu bringt, sein Herz herzugeben, hat es wahrlich in sich. Kohlenmunk-Peter kriegt zwar massig Geld, hat aber, da in seiner Brust ein Herz aus Stein schlägt, keine Freude mehr am Leben. Er wird geizig und böse, mies und fies und tötet sogar im Zorn irgendwann seine zauberhafte Frau. Glücklicherweise ist die Story ein Märchen und es gibt ein Happy End, bei dem Peter sein Herz und auch seine inzwischen wieder zum Leben erweckte Gattin zurückbekommt.

Geboren wurde der schwäbische Schriftsteller 1802 in Stuttgart. Er war ein typischer Vertreter deutscher Romantik, ein Anhänger der Schwäbischen Dichterschule und ein echtes Schlitzohr. Schon damals erkannte er, gewitzt wie er war, die Notwendigkeit öffentlichkeitswirksamer Publicity-Gags. So veröffentlichte er 1825 *Der Mann im Mond* unter dem Namen des damals populären Trivialautors Heinrich Clauren. Obwohl das Werk eigentlich eine Satire auf die Klischees von Schundromanen im Allgemeinen und denen von Clauren im Besonderen war, wurde sein Buch zum Erfolg. Als Hauff schließlich nach zwei Jahren den literarischen Schabernack offenlegte, kam es zum Skandal und Prozess, den der geschmähte Clauren angestrengt hatte. Die öffentliche Anklage freilich erhöhte den Bekanntheitsgrad des trickreichen Schwaben und die Verkaufszahlen seiner Bücher. Deshalb zahlten er und sein Verlag die verhängte Strafe gerne.

Hauff, der ursprünglich Theologie und Philosphie in Tübingen studiert hatte, als Hauslehrer und als Redakteur von Cottas *Morgenblatt* arbeitete, hatte seinen größten literarischen Erfolg mit *Lichtenstein*. Ein historischer Roman, der als wegweisend für dieses Genre in Deutschland galt. Das Buch, eine patriotische Verklärung von Herzog Ulrich von Württemberg, handelt von der Zeit der Bauernkriege, einer Liebesgeschichte und dem noch gar nicht existierenden Schloss Lichtenstein. Im Vorwort heißt es: »Die Sage, womit sich die folgenden Blätter beschäftigen, gehört jenem Teil des südlichen Deutschlands an, welcher sich zwischen den Gebirgen der Alb und des Schwarzwaldes ausbreitet. (...) der Schwarzwald aber zieht sich von den Quellen der Donau bis hinüber an den Rhein und bildet mit seinen schwärzlichen Tannenwäldern einen dunklen Hintergrund für die schöne, fruchtbare, weinreiche Landschaft, die, vom Neckar durchströmt, an seinem Fuß sich ausbreitet und Württemberg heißt.« Schöner kann ein Hohelied auf die schwäbische Landschaft kaum gesungen werden. Jedenfalls inspirierte Hauffs Roman tatsächlich den späteren Bau von Schloss Lichtenstein. Der Architekt, der für Graf Wilhelm von Württemberg eine Ritterburg im mittelalterlichen Stil erbauen sollte, schmökerte in dem Buch, ließ sich davon beeinflussen und stellte ein atemberaubendes Bauwerk hin. »Wie das Nest eines Vogels auf die höchsten Wipfel einer Eiche, auf die kühnste Zinne eines Turms gebaut«, so schrieb Hauff in seiner Geschichte, »hing das Schlößchen auf dem Felsen.« Eine geradezu perfekte Beschreibung für den späteren Prachtbau, der heute noch zu bestaunen ist.

Das Leben des schwäbischen Romantikers endete früh und tragisch. Wenige Monate nachdem er seine Cousine Luise geheiratet hatte, und eine Woche nach der Geburt seiner Tochter Wilhelmine starb Hauff. Woran? Darüber gibt es verschiedene Angaben. Die einen meinen, er sei an einer Nervenkrankheit gestorben, die anderen machen eine Typhus-Erkrankung verantwortlich, die er sich auf seiner Reise durch Tirol zugezogen habe, und wieder andere behaupten, er hätte sich bei der Beerdigung eines Freundes erkältet. Wer sich für das Schaffen des berühmten schwäbischen Märchen- und Novellen-Autors interessiert, sollte das wieder eröffnete Wilhelm-Hauff-Msueum in Lichtenstein-Honau besuchen. Das ist klein und schnuckelig. Und passt irgendwie perfekt zur Märchenwelt des hier gefeierten Autors.

Weil die Abenteuer von Lurchi
Generationen von Kindern begeisterten

Grüner Hut, Gamsbart, braune Stiefel: Der gelb-schwarz gefleckte Feuersalamander ist gekleidet wie ein Jägersmann und stets auf gereimter Abenteuertour vor seinem Zuhause, auf dem Meer, in Indien oder im Dschungel: »Plötzlich – wer beschreibt den Schrecken / einen Tiger sie entdecken / Nur der Lurchi hält noch stand / Mit dem Stoßzahn in der Hand / tollkühn er den Sprung pariert / ›Tiger tot‹ sonst nichts passiert.« Der mutige Salamander kämpft gegen teuflische Kraken, gefährliche Haie oder nervtötende Maulwürfe, gegen wütende Stiere, diebische Tausendfüßler und verlogene Füchse. Stets an seiner Seite: der träge, faule und meist vom Unglück verfolgte Unkerich, eine fette, gelbe Kröte, mit roten Punkten und einem schwarzen Gürtel am Leib. Natürlich darf auch die blaue Mütze nicht fehlen. Er wird meist vom Schicksal arg gebeutelt: »Und das Rad, es rast mit ihm, schnurstracks zu dem Abgrund hin.« Auch Zwerg Piping, der grüne Frosch Hops oder der Igelmann sind Mitglieder der frech-fröhlichen Lurchi-Gang. Im Kern erzählen seine spannenden witzigen, abenteuerlichen Bildergeschichten von der Macht der Schuhe. Der Salamander-Schuhe: »Den Sägefisch und seinen Kumpan Polyp / die blutige Mordgier zum Angriff trieb. / Doch Lurchi, der Recke, bewahrt die Ruhe / Wozu hätt' er sonst Salamanderschuhe?« Selbst die Elfenkönigin ist von Lurchis Schuhwerk fasziniert: »Haltet an mir das Gefährt / diese Schuhe sind es wert. / ›Komm herbei, mein Kavalier, / denn dein Platz ist neben mir.‹« Und am Ende eines jeden Lurchi-Abenteuers stand natürlich der große Triumph unseres tierischen Helden. Und das was bei Asterix die große Dorfhocketse mit gebratenem Wildschwein, Lagerfeuer und gefesseltem Barden auf dem letzten Comic-Bild, waren beim mutigen Salamander die finalen Zeilen: »Lange schallt's im Walde noch: / ›Salamander lebe hoch.‹«

Die Lurchi-Hefte gehören zu den ältesten Werbe-Bildergeschichten in Deutschland. Selbst wenn Storys, Zeichnungen, Reime und auch der Held selbst aus heutiger Sicht völlig antiquiert und altbacken wirken: Lurchi hatte für mich und Generationen von Kindern eine geradezu prägende Bedeutung. Als ich erst kürzlich im »Museum der Alltagskultur« im schwäbischen Waldenbuch große Gummifiguren von Lurchi, Unkerich und Piping entdeckte, die dort in einer Vitrine stolz ausgestellt wurden, kamen die Bilder von damals sofort wieder hoch. Diese gezeichneten Kerle ließen mich einst das Schrecknis des Lebens besser ertragen, genauer: Sie ermöglichten es mir, das Grauen des halbjährlichen Schuhkaufs zu überleben. Ich kann mich gut daran erinnern, welcher Horror mich ergriff, als mich meine Mutter zum Schuhladen schleppte. Einzig und allein bei »Salamander« war es erträglich. Dabei interessierten die Schuhe, die gekauft werden sollten, überhaupt nicht. Wichtig war nur, dass in die Tüte mit dem gekauften Schuhwerk ein Lurchi-Heft wanderte. Dieses wurde natürlich sofort zu Hause verschlungen. Und es ist mir auch unvergesslich, als ich zu einem Geburtstag einmal eine echte Lurchi-Figur geschenkt bekam. Es war eine wirklich geniale Marketing-Idee der Firma aus dem schwäbischen Kornwestheim, mit diesen bunten, lustigen Bildergeschichten auf Kundenfang zu gehen.

Die Firma Salamander entstand durch die Zusammenarbeit des Berliner Schuhhändlers Rudolf Moos, der den Namen beim Kaiserlichen Patentamt um 1900 schützen ließ. Zusammen mit Max Levi und Jakob Sigle aus Kornwestheim gründet er 1905 die »Salamander Schuhgesellschaft mbH«. Das Geschäft floriert, bereits 1909 wird die Millionengrenze überschritten. Auf die Idee zu den ersten Lurchi-Heften kommt man, nachdem sich die Firmenleitung 1932 entschlossen, hat auch »Jünglings- und Backfischschuhe« anzubieten. Dabei ist bis heute nicht bekannt, wer die ersten fünf

Bildergeschichten realisierte, jedenfalls erblickte Lurchi 1937 das Licht der Comicwelt. Seinen großen Durchbruch zum Superstar der Werbewelt hat er aber erst in den 1950er-Jahren. Als Texter und Zeichner verantwortlich: Heinz Schubel. Er ist für das Bild von Lurchi und Co. verantwortlich so, wie wir es alle heute noch im Kopf haben. Seine Aquarellzeichnungen sind liebevoll, elegant und detailverliebt. Schubel prägt mit seinen frechen, direkten Haudrauf-Abenteuern das Goldene Lurchi-Zeitalter.

Als er 1972 seine Arbeit beendet und Brigitte Smith sein Erbe antritt, verändert sich Lurchi – nicht zu seinem Besten. Manch Fan oder Fachmann bezeichnet es als seine »LSD-Phase«, unter anderem inspiriert durch den Zeichentrickfilm *Yellow Submarine*. Nicht nur, dass Lurchi auch mal ohne seine Kopfbedeckung gezeichnet wurde, er schien sich auch häufig im Drogenrausch zu befinden, vielleicht auf der Suche nach Carlos Castaneda. Jedenfalls ist es durchaus erstaunlich, was da so alles in den Kinder-Heftchen gereimt wurde. Zum Beispiel: »Oh, welch grandiose Weiten / sehn sie da vorübergleiten: / Carolina, Tennessee / Smoky Mountains heißen sie.« Dass hier nicht Schuhe, sondern eher die Wirkung von halluzinogenen Drogen beworben sein könnte, auf diese Idee scheint damals niemand aus der Schuhfirma gekommen zu sein. Immerhin trennte sich »Salamander« schließlich von Smith und entschied sich, künftig die Personalunion von Zeichner und Autor aufzubrechen. Aber über die Lurchi-Geschichten, die dann folgten, wollen wir lieber das gnädige Mäntelchen des Schweigens legen. Auch darüber, dass die Schuhfirma in Kornwestheim längst keine Schuhe mehr selbst produziert und ein Opfer der Globalisierung wurde. Welche Firmen da heute wie mit drinstecken und entscheiden – egal: Lurchi ist sowieso eine Figur, die eindeutig in die 1950er- und 1960er-Jahre gehört. Da konnte der freche Rabauke noch Kinderträume prägen. Ihn umweht der notalgische Zauber einer Zeit und einer Welt, in der Gut und Böse noch fein säuberlich voneinander getrennt werden konnten und politische Korrektheit als Begriff noch gar nicht existierte.

Einen Feuersalamander mit grünem Hut und Gamsbart, der sich als Ökoaktivist engagiert, will doch nicht wirklich jemand, oder?

Weil Queen Elizabeth wissen wollte, wo denn die Pferde stecken

24. Mai 1965. Der Tag, an dem eine echte schwäbische Legende geboren wurde. In der schwarzen, offenen Mercedes-Staatskarosse sitzen der baden-württembergische Ministerpräsident Kurt Georg Kiesinger und Queen Elizabeth II. Die Königin trägt einen kragenlosen Mantel aus gelbem Wollstoff, weiße Handschuhe und einen Hut aus Blütenblättern in gelber Seide. Sie und Kiesinger winken den vielen Tausend Schaulustigen zu, die am Straßenrand stehen, um einen Blick auf die britische Monarchin zu werfen, die an diesem Tag mit ihrem Gemahl Prinz Philip zu Besuch im Schwabenländle ist. Vielleicht ist die Königin auch hier, weil sie sich mit dem Musterländle verwandschaftlich verbandelt fühlt. Schließlich wurde die erste württembergische Königin, Charlotte Mathilde, als Tochter des britischen Königs Georg III. geboren.

An diesem Morgen war Elizabeth II. mit einem Sonderzug am Stuttgarter Hauptbahnhof angekommen und wurde dann zum Auto eskortiert, mit dem es jetzt ins Neue Schloss geht, zum Empfang der Landesregierung. Prinz Philip ist so von den Bauten rund um den Schlossplatz begeistert, dass er fragt, ob die alle eigentlich schon bezahlt seien. Nach dem Besuch im Fernsehturm geht es dann zum Mittagessen ins Zeppelin-Hotel, wo Räucherlachs, Maultäschle-Suppe, badische Spargelspitzen, schwäbischer Schlachtbraten und hausgemachte Spätzle serviert werden. Die Queen scheint bei Letzteren etwas irritiert zu sein und verlangt nach einem kleinen Ratschlag, wie diese denn richtig zu verzehren seien.

Ein kurzes »Winke-Winke« vom Balkon aus zur jubelnden Menge und weiter geht der Besuch, nach Marbach. Und genau dort spielt sich etwas ab, was Einzug in die Annalen schwäbischer Geschichtsbücher halten wird. In Marbach nämlich besucht die britische Königin das Schiller-Museum. Dieses erinnert an den berühmtesten Sohn der Stadt, Dichterfürst Friedrich Schiller. Beim Verlassen des Gebäudes soll die Queen dann die legendäre Frage gestellt haben: »And where are the horses?« Eine durchaus berechtigte Frage, befand sie sich doch mit ihrem Gemahl und einem Tross schwäbischer Politiker vermeintlich in Marbach, der Stadt mit dem weltberühmten Pferdegestüt. Mit seinen Vollblutarabern, Haflingern, Warmblütern oder Süddeutschen Kaltblütern, seinen historischen Gestütshöfen, 550 Pferden und seiner über 500 Jahre alte Tradition. Aber da eben täuschte sich die Königin, lag dieses Marbach, das mit den Pferden, doch rund 75 Kilometer von dem Marbach entfernt, das sie gerade besuchte. Ob das alles sich so zugetragen hat, die britische Monarchin tatsächlich die Schillerstadt Marbach mit dem Pferdegestüt Marbach verwechselte und die Frage wirklich stellte, wird heute bezweifelt. Der Vorfall dürfte ins Reich der Legenden gehören. Aber es ist einfach eine lustige Geschichte.

Wie im Übrigen auch die anderen kleinen Gerüchte und Legenden, die sich um jenen berühmten Besuch von Elizabeth II. im Schwabenländle an jenem Maientag 1965 ranken. So wurde auch kolportiert, dass der Rasen rund um den Fernsehturm nicht pünktlich zum großen Queen-Besuch seine Pracht entfalten wollte, weshalb mit grüner Sprayfarbe nachgeholfen worden sei. Die Schuhsohlen einiger Schaulustiger sollen Zeugnis davon abgelegt haben. Ebenfalls wurde gemunkelt, dass ein kleiner Fauxpas Prinz Philip zuzuschreiben sei. Er saß neben Frau Kiesinger im offenen Mercedes und ließ sich damit durch die Stadt und auch zum Fernsehturm fahren. Nach der Besichtigung des Stuttgarter Wahrzeichens sprang jedoch der Wagen nicht mehr an. Als Grund dafür wurde angegeben, Prinz Philip habe so heftig und ausdauernd mit dem elektrischen Fensterheber herumgespielt, dass sich dadurch die Batterie des Autos komplett entladen hätte. Selbst wenn vermutlich auch in dieser Anekdote nicht viel Wahrheit steckt: Sie ist zu schön, um nicht erzählt zu werden.

Weil Sibylle von der Teck
Spuren und Geheimnisse hinterließ

»Mir wohnet do, wo andere Urlaub mache«, diesen Spruch habe ich tatsächlich vor Kurzem gehört, als ich einen Spaziergang rund um die Burg Teck auf der Schwäbischen Alb gemacht habe. Er wurde ausgesprochen von einem schwäbischen Teenager, der mit seinen Kumpels ebenfalls da oben stand, um die herrliche Aussicht zu genießen. Tatsächlich: Zur Teck kommen Wochenendausflügler von überallher: aus Stuttgart, Ulm, Ludwigsburg, Heidenheim oder Göppingen. Dieser Teil der Schwäbischen Alb besitzt Flair und verbreitet die vorher erwähnte Urlaubsstimmung. Von da oben sieht man weit ins Neckartal, sogar bis zum Stuttgarter Flughafen. Am Horizont thronen die Drei Kaiserberge – Hohenstaufen, Rechberg und Stuifen –, und wesentlich näher und wesentlich kleiner: die Limburg, der Aichelberg und der Breitenstein. Ein echter Augenschmaus für Menschen, die einen Sinn für Landschaftspanoramen haben.

Aber von hier oben kann man noch etwas anderes erkennen, wenn man hinab ins Tal blickt, etwas so Unglaubliches, dass es seit vielen Hundert Jahren Rätsel aufgibt: Im Lautertal, zwischen Dettingen unter Teck und Owen, verlaufen auf den Feldern lange, deutlich sichtbare Linien. Sie wirken satter, grüner und eindrucksvoller als alles andere drum herum. Und natürlich haben sich die Schwaben auch eine Erklärung für diese rund 600 Meter langen, parallel verlaufenden Linien zusammengereimt und sie Sibyllenspur getauft. Eine Geschichte voller Gefühle und Magie, voller Trauer und Anmut. Kurz: ein waschechtes Märchen. Das Märchen von Sibylle von der Teck. Die hatte einst ihr traumhaft schönes Schloss dort, wo sich heute die Sibyllenhöhle, auch Sibyllen-Loch genannt, befindet: In einer Felswand am Teckberg, direkt unterhalb der Burg. Dort, wo heute Wanderer hinpilgern oder Kinder gerne spielen, residierte einst Sibylle. Eine kluge, weise und liebenswerte Frau, die viele Schätze und noch mehr Gold und Edelstein in ihrem Schloss hatte. Landauf, landab war bekannt, dass jeder, der Rat suchte oder in Not geraten war, sie aufsuchen und auf Hilfe hoffen konnte. Denn die gute Seele war mildtätig und hatte ein edles Herz. Die Armen, die den steilen Weg zu ihr nach oben auf sich nahmen, wurden nicht enttäuscht. Aber jetzt kommt der Wermutstropfen der Geschichte, die natürlich auch ein paar Bösewichte zu bieten hat, verkörpert durch die drei Söhne der guten Sibylle. Die waren gierig und hartherzig. Sie bauten sich eigene Burgen: Die Rauber, die Diepoldsburg und den Wielandstein. Von dort aus tyrannisierten sie die Bauern und Kaufleute, zogen ihnen den letzten Heller aus den Taschen. Sibylle schämte sich ob der üblen Taten ihrer Söhne so sehr, dass sie nicht mehr hier wohnen mochte. Und so fuhr sie eines Abends mit einem feurigen Wagen, der von zwei Wildkatzen gezogen wurde, von ihrem Schloss aus in die Lüfte. Wohin sie unterwegs war, weiß niemand. Nur, dass ihr Wagen Spuren auf dem Boden hinterlassen hatte. In den beiden Spuren wuchs alles üppiger: Die Äpfel und Kirschen waren saftiger und süßer, die Ähren des Korns größer.

In einer Variante der Sibyllen-Sage half die geheimnisvolle Frau den Armen, die sich darüber beklagten, dass nichts mehr wuchs, indem sie Tränen vergoss: Dort, wo ihre Tränen den Boden berührten, begann sich die Natur zu erholen. Als sie eines Tages einen kranken Tagelöhner besuchte, war sie so von seinem Schicksal gerührt, dass sie sich entschloss, seine drei Söhne zu sich auf das Schloss mitzunehmen. Sie wuchsen zu stattlichen Burschen heran und waren auch durchaus fleißig. Als Lohn für ihre Mühe ließ Sibylle von einer ihrer geflügelten Katzen einen Stern vom Himmel holen. Aber damit begann der Streit, denn die drei konnten sich nicht einigen, wer den Stern wie lange halten durfte. Voller Wut schleuderte einer von ihnen den Stern hinaus ins Neckartal. Darüber war Sibylle so traurig, dass sie ihre geflügelten Katzen vor den Wagen spannte und weinend davonfuhr, auf der Suche nach dem verlorenen Stern. Überall dort, wo ihre Tränen die Wagenspuren füllten, grünt es heute mehr als sonst wo.

Es gibt auch noch andere Versionen dieser Sage, die sich von der Kernstory aber kaum unterscheiden. Dass inzwischen bei Grabungen des Landesdenkmalamtes in den 1980er-Jahren eine andere Wahrheit, eine andere Erklärung zutage gefördert wurde, kann dieser schönen Sage nichts anhaben. Festgestellt wurde damals, dass die zwei parallelen Gräben, die das Tal durchziehen, vermutlich von den Römern stammen und Reste des Limes darstellen. Die Römer hatten die Gräben wohl mit Kalksteinen und fruchtbarer Erde aufgefüllt. Und das eben sorge dafür, so die Forscher, dass auch heute noch hier ein besseres Wachstum möglich sei als beim umliegenden Ackerland. Eine andere Interpretation geht davon aus, dass die Römer Abfall und Restmüll hineinwarfen, der aber wohl auch sehr fruchtbar zu sein scheint. Mir gefällt als Erklärung für die berühmten Spuren die Sage um Sibylle von der Teck wesentlich besser.

Und wer sich fragt, was aus dem Schloss und was aus den drei bösen Burschen wurde: Nachdem Sibylle ihr Domizil verlassen hatte, verschloss sich der Berg, sodass niemand mehr das Schloss betreten konnte. Ihre – entweder adoptierten oder leiblichen – Söhne bereuten, was sie getan hatten. Sie wurden zu fleißigen Handwerkern, die darum wetteiferten, die besten Geräte und Werkzeuge herzustellen. Diese wollten sie Sibylle vorführen, wenn sie schließlich irgendwann mal zurückkehrte. In freudiger Erwartung putzten sie seither jeden Samstag ihre Häuser und kehrten sogar die Straße davor. Aber Sibylle ließ sich nicht blicken. Und so entstand im Laufe der Jahrhunderte aus den drei Söhnen ein ganzes Volk. Das Volk der Schwaben.

78. GRUND

Weil beim Rottweiler Narrensprung alle »Narrenkleidle« und »Larve« tragen

Die Stadt, die auf halbem Weg zwischen Bodensee und Stuttgart liegt, hat es wirklich in sich: Nicht nur, dass sie einer weltberühmten Hunderasse ihren Namen gibt, sie gilt auch als älteste Stadt Baden-Württembergs. Darauf ist Rottweil durchaus stolz. Im Dominikanermuseum kann sich der Besucher den Beweis dafür angucken: Eine kleine hölzerne Schreibtafel, eine Art römische Gerichtsakte, die auf den 4. August 186 n. Chr datiert. Auf dieser sind die Worte »acto municipio Aris« zu erkennen. Was so viel bedeutet wie »ausgestellt in der Stadt Arae«. Die Römer gründeten »Arae Flaviae«, quasi den Vorläufer Rottweils, unter ihrem Kaiser Vespasian zu Beginn der 70er-Jahre des nachchristlichen Jahrhunderts. Noch heute sind überall römische Ruinen und Fundstücke in Rottweil zu bestaunen, sie bezeugen den Ursprung der Stadt. Was die Stadt aber weithin bekannt macht, ist eben nicht unbedingt, dass sie Rekordhalter unter den altehrwürdigen Städten des Musterländles ist, sondern vielmehr dass sie jedes Jahr das Zentrum der schwäbisch-alemannischen »Fasnet« darstellt. Wer in Rottweil aufwächst, saugt die Begeisterung für das närrische Treiben mit der Muttermilch auf.

Das aufregendste Spektakel während der fünften Jahreszeit ist schon mehrere Jahrhunderte alt. In einer Urkunde aus dem Jahr 1310 wird das Wort »Fasnet« erstmals in Rottweil erwähnt. Hier wird der sogenannte Narrensprung zelebriert. Dieser Narrensprung ist für die Rottweiler das, was für die Münchner das Oktoberfest, für die Wiener der Opernball, für Los Angeles die Oscarverleihung. Ohne diesen Event würde die Stadt ihre Identität verlieren. So einfach ist das. Im Prinzip bereiten sich die Rottweiler das ganze Jahr auf die Fasnet vor. Sie disputieren zum Beispiel in der Narrenzunft, ein ganz wichtiges Organ. Wer hier das Sagen hat, ist Bürgermeister, Ministerpräsident, Bundeskanzler und überhaupt König der ganzen Welt. Deshalb soll es, so berichten Fachleute, nicht immer reibungslos bei den Sitzungen zugehen. Bei der Fasnet hört schließlich der Spaß auf. Hier sind strikte Regeln einzuhalten. Beim Narrensprung kann nicht jeder mitmachen und an den närrischen Tagen dann mit seinem lustigen Kostüm herumhüpfen und sich des Lebens freuen. Nein, es gelten strenge Statuten: Anarchismus und Narrensprung widersprechen sich! So ist die Kleider- und Masken-Ordnung nicht frei, sondern festgeschrieben.

Ach, ja: Bitte nicht den Fehler begehen und zu »Maske« »Maske« sagen. Denn die heißt hier »Larve«. Diese Gebilde, das muss selbst ein Faschings-, Karnevals- und Fasnets-Muffel wie ich zugeben, sind Kunstwerke für sich und werden sehr aufwendig aus Holz geschnitzt und anschließend bemalt. Natürlich auch nach überlieferten Regeln. Die Larven bzw. Figuren, die beim Narrensprung mitmischen, heißen: Gschell, der klassische Rottweiler Narr, Biss, Federahannes, Schantle oder Benner Rössle. Es gibt auch den Bettelnarr, Bajass oder den Guller. Letzterer ist besonders bizarr, handelt es sich doch um eine Hahnenfigur, die gerne ein Fasnetsküchle im Schnabel hält und für die »Geilheit« der Narren steht. Es ist eine Wissenschaft für sich, all die Larven und Narrenkleidle zuzuordnen, auseinanderzuhalten oder ihre symbolisch-historische Bedeutung zu entlarven. Darüber gibt es ganze Bücher.

Zum Einsatz kommt das mühevoll erstellte Kostümwerk am Fasnetsmontag mit Glockenschlag 8.00 Uhr. Dann legen die Rottweiler Narren los und tanzen zu ihrem Narrenmarsch. Auch er ist natürlich festgeschrieben und stammt von Heinrich von Besele, der sich die Musik 1882 ausgedacht hat. Und es gilt die Zeilen von

Otto Wolf auswendig zu lernen: »und solang noch Reichsstadt Blut durch die Adern fließen tut, feiern wir Fasnacht, die Fasnacht in aller Pracht.« Die Narren beginnen mit ihrem Treiben am Schwarzen Tor, durchschreiten dieses, überfluten die Innenstadt, sorgen für mehrere Stunden Ausnahmezustand und lösen sich dann am Friedrichsplatz auf. Das Gleiche machen sie dann noch zweimal am Dienstag. Am Aschermittwoch ist dann alles aus und vorbei. Gott sei Dank würde ich sagen, gäbe es nicht so viele Fans dieses Spektakels, die dann vielleicht beleidigt wären.

79. GRUND

Weil die sieben Schwaben eine echte Legende sind

Der Schwabe an sich ist hart im Nehmen. Wird er doch seit Jahrhunderten völlig zu Unrecht verspottet, verhöhnt und veralbert. Wegen seines Dialekts, seiner Sparsamkeit, seiner Maulfaulheit. Und die Krönung der Frechheit, die Legende von den sieben Schwaben. Ein Erzählstoff, der bis ins 16. Jahrhundert zurückreicht und sich erdreistet, die Schwaben als einsilbige Supertölpel darzustellen. Es gibt unzählige Varianten dieser Mär, aber egal welches Ende sie erzählen, egal ob darin sieben oder gar neun Schwaben vorkommen, egal wie die Figuren heißen: In der Quintessenz handelt es sich um hirnfreie, quengelige oder feige Zeitgenossen, die losziehen, um große Taten zu vollbringen, in Wirklichkeit aber in allen Bereichen scheitern und sich als Vollversager outen. Hans Sachs berichtete in seinem 1545 entstandenen Meisterlied davon, ebenso Sebastian Sailer im 18 Jahrhundert. Besonders populär wurde die Geschichte in den 20er-Jahren des 19. Jahrhunderts durch die Volksbüchlein von Ludwig Aurbacher. Er machte eine ganze Abenteuer-Reihe rund um die sieben Schwaben und gab ihnen auch Namen: Allgäuer, Seehas, Nestelschwab, Blitzschwab, Spiegelschwab, Gelbfüßler und Knöpfle-

schwab. Sie stehen alle stellvertretend für bestimmte Charaktereigenschaften der Bewohner einer jeweiligen schwäbischen Region.
   Selbst die Brüder Grimm hatten Gefallen gefunden an der
schmählichen Schwabenverhohnepiepelung, weshalb sie auch in
ihren Märchensammlungen zu finden ist. Dort trugen sie allerdings
andere Namen als bei Aurbacher. Herr Schulz, Jackli, Marli, Jergli,
Michal, Hans und Veitli. Ihre Variante schildert, wie sich die sieben Schwaben ins Abenteuer stürzen, sich vorher aber bewaffnen.
Weil sie vermutlich aber sparsam sind, lassen sie sich nicht sieben,
sondern nur einen einzigen langen Spieß machen. Voran geht der
Kühnste und Männlichste des Teams, Herr Schulz, den Abschluss
macht der Veitli. Weil sie sich im Heumonat befinden und viele
Rosskäfer oder Hornissen durch die Luft fliegen, kommt es zur ersten gefährlichen Begegnung. Denn die sieben Schwaben, allen voran der mutige Herr Schulz, erschrecken zu Tode und glauben, sie
würden angegriffen. Deshalb ergreifen sie die Flucht. Herr Schulz
selbstverständlich als Erster. Er tritt auch gleich zielsicher auf einen
Rechen, dessen Stiel ihm daraufhin ins Gesicht schlägt und ihn
umhaut. Als die sieben Feiglinge dann erkennen, wovor sie sich da
erschreckt haben, entschließen sie sich einfach alle, die Klappe zu
halten, damit sie von niemandem verspottet werden. Doch schon
kommt es zur nächsten dramatischen Begegnung. Mit einem wilden
Tier? Einem Riesen? Einem Drachen? Nein, mit einem schlafenden
Hasen: »Stoß zu in aller Schwabe Name, sonst wünsch i, dass ihr
möcht erlahme«, brüllt der Letzte. Und einer der Vorderen antwortet: »Beim Element, du haschst gut schwätze, bischt stets der Letscht
beim Drachehetze.« Die Peinlichkeit überspielend, einen sonnen-
badenden Hasen für ein Ungetüm gehalten zu haben, erreicht der
Schwabenbund die letzte Etappe seiner Reise und es endet tragisch.
Die Schwaben kommen an die Mosel und wissen nicht, dass man
sich mit dem Schiff ans andere Ufer fahren lassen muss. Sie treffen einen Mann, der aber ihre Sprache nicht spricht, weshalb es zu
einem folgenschweren Missverständnis kommt. Der Unbekannte

ruft: »Wat, Wat?« Die tölpelhaften Schwaben aber verstehen: »Wate, wate durchs Wasser.« Herr Schulz geht voran, versinkt im Schlamm und den Wellen. Was die anderen aber nicht mitbekommen. Sein Hut wird zum anderen Ufer geweht. Ein Frosch hüpft dazu und quakt: »Wat, Wat, Wat.« Die sechs noch lebenden Schwaben glauben nun, dass sie von ihrem Anführer gerufen werden, springen alle ins Wasser und ertrinken. Fehlt hier nur noch, die Grimms hätten am Schluss ihres Märchens »Ende gut, alles gut« hingeschrieben.

In der Version von Ludwig Bechstein kommen die Schwaben am Ende nicht zu Tode, sondern glauben fälschlicherweise, triumphiert zu haben. Auch hier halten sie einen Hasen für ein Monster, aber sie erlegen tatsächlich einen Bären. Wie sich herausstellt, war dieser allerdings schon lange tot. Am Ende wollen sie, dass auch die Nachwelt von ihren unglaublichen Taten erfährt. Und so legen sie das Bärenfell und ihren Spieß als Trophäe in eine Kapelle, die später »Zum schwäbischen Heiland« genannt wird. »Dort wird wohl der Spieß noch hängen«, schließt Bechstein seine Geschichte, »das Bärenfell aber haben die Motten verzehrt, und die Sperlinge haben die Haare in ihre Nester getragen.«

Wie gesagt, der Schwabe an sich ist hart im Nehmen, schüttelt leicht den Kopf ob dieser Spottgeschichten und weist dezent darauf hin, dass es sich dabei um eine reine Legende handelt. In Wirklichkeit seien die sieben Schwaben Ostfriesen gewesen. Oder vielleicht auch Bayern. Wer weiß.

80. GRUND

Weil die geheimnisvollen Felsformationen des Wentals durch Sagen noch aufregender werden

Die alte, gierige und hartherzige Krämerin lebte vor vielen Hundert Jahren in Steinheim. In guten Zeiten sammelte sie alle möglichen

Nahrungsmittel und Dinge, die sie dann in schlechten Jahren verkaufen konnte, wenn die Menschen an Hunger litten. Das böse Weib verlangte Wucherpreise und nutzte ihre Kunden und deren Not schamlos aus. Der Gipfel der Bosheit: Das niederträchtige Frauenzimmer fälschte auch noch die Gewichte, um noch mehr Geld scheffeln zu können. Aber dann wurde sie für ihr unrechtes Tun bitter bestraft. Die einen sagen, sie sei beim Betrügen erwischt worden und vom Felsen gesprungen, die anderen gehen davon aus, dass sie bei einem Unwetter von einem Blitz erschlagen und in Stein verwandelt wurde. Welcher Variante der Sage man auch glauben mag: Sie alle sind sich einig, dass das Wentalweible alljährlich in der Andreasnacht, vom 29. auf den 30. November, durch die Wälder spukt und ihr jämmerliches Schicksal beklagt. Wer genau hinhört, soll gar folgende Worte hören: » Drei Vierleng send koi Pfond, drei Schoppe ischt koi Mauß. Ei, ei, ei und au, au, au, o hätt i no dees Deng net dau, no müaßt i net em Wental gau.«

Wer sich das Wentalweible mal angucken will: Kein Problem! Es ist ein circa 20 Meter hoher Dolomitfelsen, der vor rund zehn Millionen Jahren freigewaschen wurde, und befindet sich an einem der eindrucksvollsten Wanderparadiese auf der Ostalb, dem Wental. Eines der schönsten Trockentäler auf dem Albuch und ein einzigartiges Naturschutzgebiet. Mit unzähligen bizarren Felsformationen, die die Fantasie anregen. Und genau deshalb auch Sagen wie die vom Wentalweible hervorgebracht haben. Auf einer Wanderung durch diese faszinierende Karstlandschaft kommt man auch beim sogenannten Spitzbubenstadel vorbei. Eine Höhle, in der sich einst Räuber, Gesetzesbrecher, eben Spitzbuben, versteckt haben sollen. Hier konnten sie sicheren Unterschlupf finden, weil die Gegend sehr einsam war und sich auch niemand hierher traute.

Selbst für Menschen wie mich, die nur ab und an spazieren gehen und höchst selten wandern, wirkt das Wental wie eine Offenbarung. Ein Niemandsland, in dem die Hektik des Alltags keinen Platz findet. Ein Ort der Stille und Kontemplation. Wer durch diese unbeschreiblich schöne Naturlandschaft wandert, dem dürfte es öfter die Sprache verschlagen ob der wunderschönen Felsgebilde, die sich hier bestaunen lassen. Am eindrucksvollsten ist da natürlich das »Felsenmeer«. Überall ragen Steingebilde aus dem Boden, die teilweise wild, teilweise wie gemeißelt wirken. Entstanden sind diese einzigartigen Felsformationen vor vielen Millionen Jahren, als ein Fluss durch das Wental floss und die Alboberfläche auswusch. Weiches Kalkgestein wurde vom Wasser aufgelöst und weggeschwemmt, übrig blieben die harten Dolomitkalkfelsen, auf Schwäbisch: »Schwammstotzen«. Sie wurden im Laufe der Jahre von Wind und Wetter abgeschliffen und geformt.

Sehenswert ist im Wental auch das Hexenloch, eine tiefe Doline, heißt: eine trichterförmige Senke, die davon zeugt, dass der Wentalfluss schon vor langer Zeit begann, im Alb-Inneren sein Werk zu tun. Nicht fehlen darf auf der Wanderung durch das Wental ein Abstecher zu den wunderschönen Weiherwiesen. Dort findet sich auch die eher bescheidene Quelle des einst mächtigen Wentalflusses. Das Bächlein durchfließt die zwei idyllischen Weiher, die sich in diesem eindrucksvollen Naturschutzgebiet befinden. Einer von ihnen wurde früher für die Schafwäsche genutzt. 20.000 Tiere sollen hier während der Schurzeit gereinigt worden sein. Überhaupt spielt auch heute noch die Schäferei eine wichtige Rolle auf der Ostalb. Die herrlichen Wacholderheiden im Wental wären ohne Beweidung mit Schafen nicht denkbar. Die Landschaft dieses verwunschenen Tals ist auf alle Fälle einen Besuch wert. Allerdings sollten Sie darauf achten, nicht am Wochenende, sondern an Werktagen hierherzu kommen. An sonnigen Samstagen oder Sonntagen tummeln sich hier nämlich Horden von Wanderern oder Touristen. Und da verlieren dann selbst die schönsten Felsen viel von ihrem einzigartigen Zauber und auch das Wentalweible seinen schaurigen Reiz.

Weil man sich im Neckarmoos wie im Märchenland vorkommt

Vermodernde Baumstümpfe über dem Wasser. Nebelschwaden ziehen über das Moor. Am Horizont geht die Sonne auf. Ein paar Enten schnattern müde, Libellen surren durch die Luft, Blesshühner flattern aufgeregt herum. Vereinzeltes Vogelzwitschern ist zu hören. Eine unberührte Wildnis, eine verwunschene Landschaft wie aus dem Märchenbuch. Wenn hier plötzlich irgendwo zwischen den Bäumen ein Hexenhäuschen mit qualmendem Kamin und Lebkuchendach auftauchen würde, es nähme mich nicht wunder. Andererseits wirkt diese von der Außenwelt völlig abgeschiedene Region, als befinde sich genau hier Michael Crichtons »Jurassic Park« und ein riesiger Brontosaurus würde durch das Moos stapfen. Dieses geheimnisvoll-faszinierende Urzeitland liegt in Baden-Württemberg, in der Nähe von Villingen-Schwenningen, und ist das Ursprungsgebiet des schwäbischen Mississippi, des Neckars. Das Neckarmoos oder genauer Schwenninger Moos ist ein Ort, der die Aura unberührter Wildnis verströmt.

»Mir haben viele Leute, die hier leben, erzählt, dass es für sie ein Ort der Kraft ist und sie immer hierherkommen, wenn sie eine schwierige Entscheidung treffen müssen«, erklärt Naturfilmer Klaus Peter Karger. Er hat mehr Zeit in diesem Moos verbracht als jeder andere. Zwei Jahre lang lag er hier mit seiner Kamera auf der Lauer, um die Faszination der Landschaft einzufangen, die unzähligen Tierarten zu beobachten und sich von Schwenningern Geschichten und Legenden über das Neckarmoos schildern zu lassen. Daraus hat er dann die viel beachtete Kinodokumentation *Moosgeschichten* gemacht. »Jeder Tag hier ist anders«, meint er. »Manchmal ist der Ort ruhig, manchmal sehr belebt und je nach Himmel ändert sich die Farbe der Wasseroberfläche.« Es gibt einen wundervollen Wanderweg durch diese bizarre Landschaft, verschiedene Stege und Pfade. Aber es ist trotzdem ein spannendes Unterfangen, das Schwenninger Moos zu betreten, dadurch, dass nicht alle Pfade wirklich sicher sind. Da es sich um ein Torfmoosgebiet handelt, kann es auch schon mal passieren, dass man einsinkt.

So ein bisschen unheimlich wirkt diese urzeitliche Landschaft schon, was nachvollziehen kann, wer hier einmal in der Dämmerung gelaufen ist. Und deshalb grassieren auch viele geheimnisvolle Geschichten um das Schwenninger Moos: »Das hat mich auch auf die Idee gebracht, einen Film darüber zu machen«, erinnert sich Karger. Ihm berichteten die Anwohner zahlreiche Mythen, Märchen und eigene Erfahrungen. »Einige Schwenningerinnen erzählten mir, dass ihnen, als sie klein waren, die Eltern immer drohten: ›Wenn du nicht artig bist, dann bringen wir dich bei Nebel ins Moos und du findest nie mehr raus.‹«

Bis in die 1950er-Jahre hinein wurde hier Torf abgebaut, das Moor damit beinahe zerstört. Ende der 1980er engagierten sich verschiedene Institutionen dafür, das Gebiet in seiner Ursprünglichkeit zu erhalten, weshalb es schließlich unter Naturschutz gestellt wurde. Das Schwenninger Moos ist das geologische Ursprungsgebiet des Neckars; eine echte Quelle, so wie wir uns das normalerweise vorstellen – aus einem Stein sprudelt Wasser –, gibt es beim berühmten Schwabenfluss nicht. Vielmehr wird er aus dem Überlauf-Wasser dieser Gegend gebildet. Der Neckaranfang ist ein Bach, der Moosbach. Für Filmemacher Karger ist klar, dass er dieses einzigartige Gebiet auch weiterhin beobachten und dokumentieren wird. »Irgendwie«, so meint er abschließend, »habe ich mich wirklich in das Schwenninger Moos verliebt.« Allerdings: So schön dieses auch sein mag, in Sommermonaten gibt es Mücken ohne Ende. Auch sie gehören dazu. Deshalb sollte man hier nicht zimperlich sein oder eben Insektenschutzmittel mitnehmen.

KAPITEL 9

Skurriles

Weil Bud Spencer zum Namensgeber
eines Schwimmbades wurde

Niemand prügelte besser als er: Seine Ohrfeigen und Kinnhaken klangen wie Donnerschläge. Lässig mähte er seine Widersacher um, ohne eine Miene zu verziehen, höchstens mit einem leichten Grummeln auf den Lippen: Bud Spencer. Zusammen mit Terence Hill sorgte er im Kino der 1970er-Jahre für volle Kassen. Ob *Vier Fäuste für ein Halleluja, Zwei Himmelhunde auf dem Weg zur Hölle* oder *Zwei außer Rand und Band*. Der sympathische Dicke mit dem Rauschebart war und ist Kult. So weit alles in Ordnung, aber, so werden Sie vielleicht fragen, was, bitte schön, hat er denn mit den Schwaben zu tun? Sehr viel, obwohl er hier weder aufgewachsen ist, noch seine Vorfahren aus dem Musterländle stammen. Aber er hat vor über 60 Jahren seine Spuren hier hinterlassen.

Als Bud Spencer noch Carlo Pedersoli hieß und noch kein Film-, sondern Schwimmstar war, nahm er im Juli 1951 bei einem Schwimmwettbewerb in Schwäbisch Gmünd teil als Mitglied der italienischen Nationalmannschaft. Zeitzeuge Walter Botsch, der damals auch an dem Wettbewerb teilnahm, erinnert sich daran, als sei es gestern gewesen. »Pedersoli galt als außerordentlich attraktiv, als echter Frauenschwarm. Schlank, muskulös und kräftig.« Botsch war wie viele Gmünder begeistert von dem Ausnahmetalent. »Noch heute erzählt man sich die Geschichte«, so meint er verschmitzt, »dass der schöne italienische Schwimmer während der Tage in Gmünd eine Liebschaft mit einer Bäckerstochter hatte.« Bud Spencer selbst hat diese Gmünder Affäre, über die so viel seit Jahrzehnten im Schwäbischen kolportiert wird, nie bestätigt. An ein anderes Detail des Pedersoli-Besuches erinnert sich Botsch ebenfalls noch: »Der brauchte für die 100 Meter weniger als eine Minute, was damals ein absoluter Rekord war.«

Ohne Zweifel ist man in der kleinen zauberhaften Stadt auf der Ostalb auch heute noch sehr stolz auf den lange zurückliegenden Kurzbesuch des Superstars. Wohl deshalb wollte man ihm 2011 eine Art Denkmal setzen. Zuerst kam eine Facebook-Initiative auf die Idee, dass der neu gebaute Tunnel auf der Bundesstraße 29 durch Schwäbisch Gmünd den Namen »Bud Spencer Tunnel« bekommen sollte. Aber der Gmünder Gemeinderat entschied sich letztlich für den Namen »Einhorn-Tunnel«. Einen schwäbischen Tunnel nach einem italienischen Prügel-Star zu benennen war ihm dann doch zu heikel. Immerhin wurde dann eben das städtische Freibad, in dem Spencer einst seine Bahnen geschwommen hatte, in »Bud Spencer Bad« oder kurz in »Bud Bad« umgetauft. Eine regelrechte Sensation war es dann, als der legendäre Actionheld schließlich gleich zwei Mal die schwäbische Stadt besuchte. Einmal im Dezember 2011 und einmal im Juli 2012. In seiner Ansprache im Schwimmbad, das er zum letzten Mal rund 60 Jahre zuvor betreten hatte, meinte der 82-jährige Star auf Deutsch: »In meiner Jugend, ich habe Deutsch studiert … aber ich habe alles vergessen.« Die Fans waren begeistert und versuchten, ein signiertes Exemplar seiner Biografie zu ergattern. Unter ihnen auch Klaus Löffler, sicher einer der weltweit größten Fans des Western- und Action-Stars aus Italien. Was man allein schon daran erkennt, dass er wie eine Kopie von Bud Spencer aussieht. Eben einige Jahre jünger. Deshalb wurde er bei dem Event in Schwäbisch Gmünd von den anwesenden Presseleuten erst irrtümlich für Bud Spencer gehalten. Der Bürgermeister bat das perfekte Double dann auf den roten Teppich und erlaubte ihm, die Limousine von Spencer zu öffnen. »Das war ein unvergesslicher Moment für mich, es war einfach nur geil«, erinnert sich Klaus Löffler. »Das Bild, das von mir und Bud geschossen wurde, ging um die Welt.« Spencer reckt seinem Double darauf spaßeshalber die Faust entgegen.

Der Landschaftsgärtner kam auf die Idee, als Bud-Spencer-Double zu arbeiten, als er sich *Vier Fäuste für ein Halleluja* im Kino anschaute und ihn jemand darauf aufmerksam machte, dass er genauso aussähe wie der Prügelstar dort oben auf der Leinwand. Seitdem hat ihn die Ähnlichkeit mit dem kultigen Haudegen nicht mehr losgelassen. Seit 20 Jahren arbeitet Löffler nun schon als Bud-Spencer-Lookalike. Während er früher allerdings jährlich nur zehn Aufträge bekommen hatte, änderte sich das schlagartig nach dem ersten Besuch des Kinostars im Schwäbischen. Heute kann sich Klaus Löffler vor Aufträgen kaum mehr retten. Es sind rund 150 im Jahr. Weswegen er inzwischen seinen Job gekündigt hat und ausschließlich als Bud-Spencer-Double sein Geld verdient. Er träumt davon, so zu sein wie sein Idol: »Freundlich, gutmütig und ein echter Beschützer.« Außerdem hofft er, den Namensgeber des »Bud Bads« noch einmal treffen zu dürfen.

83. GRUND

Weil der Schwabe »Fuß« sagt, aber »Bein« meint

Um das gleich mal klarzustellen: Die deutsche Sprache an sich ist völlig unlogisch. Oder wie will mir jemand überzeugend erklären, warum das, was wir als »Tomatensaft« bezeichnen, aus Tomaten besteht, aber »Hustensaft« ganz bestimmt nicht aus Husten. Warum die Feuerwehr Feuer bekämpft, aber die Bundeswehr hoffentlich nicht den Bund. Oder warum mit »Buchmacher« niemand gemeint ist, der Bücher herstellt, sondern jemand, der Pferdewetten entgegennimmt. Insofern bitte ich auch um Verständnis, dass der Schwabe im Gebrauch seiner ganz speziellen Sprache nicht selten gegen jegliche Logik spricht oder besser: schwätzt. Dass er zum Beispiel Wein nicht »trinkt«, sondern »schlotzt«, was eigentlich »schlecken« bedeutet. Weshalb auch ein Lolli oder Lutscher hier »Schlotzer« heißt. Wenn etwas »schmeckt«, bedeutet das nicht, dass sich der Schwabe eines bestimmten leckeren Gerichts erfreut, sondern dass er sich über etwas mokiert, was »stinkt« oder vergammelt riecht. Schwäbische

Schüler »melden« sich im Unterricht nicht, sie »strecken« oder besser »schtreckat«. Und wenn ein Schwabe einem erzählen will, dass er am nächsten Morgen früh aufstehen muss und den Tag darauf noch früher, sagt er: »Morga muss i bald raus und übermorgen no bälder.« Wenn er einen Mercedes fährt, spricht er davon, »Daimler« zu fahren, wenn er »Debbich« sagt, meint er nicht etwa »Teppich«, sondern eine »(Woll-)Decke«, mit »Dischdebbich« ist gar »Tischtusch« gemeint. Sollte die Sprache auf einen »Kiddel« kommen, so kann es zwar sein, dass damit der uralte Kittel gemeint ist, mit dem er seine Gartenarbeit verrichtet, wahrscheinlicher ist aber, dass er von einem Jackett redet. Sagt der Schwabe »drugga«, meint er nicht etwa »drucken«, sondern »drücken«. Sollte er bei einer Unterhaltung sagen, dass er »jetzt gschwind« was sagen will, bedeutet dies nicht »geschwind, schnell, kurz«, sondern in diesem Kontext meist genau das Gegenteil. Und dann natürlich die große Konfusion, die sich einstellt, wenn der Schwabe sich mit Reigschmeckten über die Uhrzeit unterhält. Wer nicht aus dem Schwäbischen kommt, wird keine der Angaben verstehen. Denn der Schwabe sagt nicht »Viertel vor neun«, wie der Rest der Republik, sondern »dreiviertel neun« oder »viertel acht« zu »Viertel nach sieben«.

Für regelmäßiges Chaos sorgt auch die Verwendung der Worte »heba« und »halda«. »Heba« ist nämlich mitnichten die schwäbische Entsprechung des hochdeutschen »heben«, sondern die von »halten«, während »halda« einerseits »halten«, aber auch »anhalten« bedeuten kann. »Heben« dagegen heißt auf gut Schwäbisch »lupfa«. »Uffheba« wiederum kann sowohl das Hochheben von etwas bezeichnen, als auch das Aufbewahren von Gegenständen. Nach etwas »langen« bedeutet »etwas anfassen«. »Lang na« meint »Pack zu!«. Jemandem eine »langen« heißt indes, jemandem eine »schmieren«. Wer also »oine glangt kriegt hod«, der hat eine Ohrfeige bekommen. Und wenn die Schwaben »wir« meinen, reden sie von »mir«. Bekanntestes Beispiel ist der Werbespruch: »Mir kennet älles, außer hochdeitsch«.

Überhaupt: die Grammatik. Der Dativ ist hier definitiv dem Genitiv sein Erzfeind. Weshalb es im Schwäbischen nicht heißt: »das Haus meines Vaters«, sondern »meim Vaddr sei Haus«. Und natürlich sagt der Schwabe auch: »wenn ich dich wär, würde ich …« und nicht »wenn ich du wäre, würde ich …«. Und dass er es mit den deutschen Artikeln auch nicht so genau nimmt, zeigt sich daran, dass es hier nicht »die« sondern »der« Butter und nicht etwa »das«, sondern »der« Sofa heißt. Ein Durcheinander im Gespräch mit Nicht-Schwaben löst der Einheimische gerne auch aus, wenn es in irgendeiner Weise um Füße geht. Denn der Schwabe verwechselt prinzipiell »Fuß« mit »Bein«. Wenn er von »Fiass« spricht, meint er »Beine«. Weshalb es für den Schwaben tatsächlich kein Problem ist, einen Wadenkrampf am Fuß zu bekommen. So gesehen dürfte es aber nicht wundernehmen, dass »rennen« schwäbisch auch »fuasla« heißen kann. Oder »saua«. Manchmal mag der eine oder andere sogar richtig, richtig schnell rennen, dann hat er das Tempo einer »gsengta Sau«.

84. GRUND

Weil das Schimpfwort »Halbdackel« schlimmer ist als »Vollidiot«

»Halbdackel« ist ein wirklich böses Schimpfwort im Schwäbischen. Es ist quasi die Steigerung von »Vollidiot«. Und es ist viel schlimmer als der Schmähausdruck »Dackel«. Der auch gern Verwendung findet. Ebenso wie »Grasdackel« oder »Saudackel«. Aber am schlimmsten ist zweifelsohne »Halbdackel«. Doch wie kann das sein, dass ein »halber Dackel« doppelt so dumm sein soll wie ein ganzer »Dackel? Wo bleibt da die Logik? Als Erklärung wird angegeben, dass das Wort entstanden sei, weil Ende des 19. Jahrhunderts im Volksmund Hilfsschulen als »Schule für Halbdackel«

bezeichnet wurden. Indes scheint bis heute nicht geklärt, welcher Teil des Dackels – der vordere oder der hintere – mit dem Schimpfwort gemeint ist.

Überhaupt ist die Schimpf- und Motz-Kultur im Schwäbischen sehr ausgeprägt, extrem eigen und außergewöhnlich einfallsreich. Der Schwabe findet immer die passenden Worte, wenn er mal richtig zu maulen anfängt, was nicht selten der Fall ist. Da öffnet er eine wahre verbale Schatzkiste barocker oder plakativer dialektaler Kraftausdrücke. So gibt es für den Begriff »Vollidiot« auch noch Ausdrücke wie »Allmachtsbachel«, »bledr Seggl, bledr«, »Dubbl«, »Schoofseggl«, »Vollpfoschda«, »Rendvich«, »Arschkachel« oder »daube Dachplatt«. Wobei durchaus auch differenziert wird, ob es sich bei dem Geschmähten um einen Mann oder eine Frau handelt. »Daube Bloder«, »Spinatwachtl«, »alda Veddl«, »bleeda Bix«, »Ragall«, »Ribb« oder »daube Schell« bezeichnet eine dumme Frau. Auch »Beisszang«, »Zuddl«, »Blonza« oder »alda Graddl« sind wenig schmeichelhafte Bezeichnungen für das weibliche Geschlecht. Nicht zu vergessen die etwas merkwürdige Bezeichnung »des Mensch« oder »des Saumensch« für ein liederliches Weib. »Lombaseckel«, »Arschnahhengr«, »Soicher«, »Bocksekel«, »Riesa Hirsch«, »Driabl«, »dommer Hond«, »Hamballe«, »Heggabronzer«, »Mooschdriabl«, »Sauhond«, »Huaralomp«, »Lellabebbl«, »Scheeraschleifer« oder »Huadsembl« werden eher in Bezug auf Männer verwendet.

Auch andere schwäbische Schmähausdrücke wirken wesentlich ungewöhnlicher und fantasievoller als ihre hochdeutschen Gegenstücke. Vor allem viel lautmalerischer. Eine »Heulsuse« ist eine »Bähmull«, ein »Erbsenzähler« ein »Dibfelsscheisser« oder »Glufamichl«, ein »geiziger Mensch« ein »Furzklemmer«, ein »Lügner« ein »Luagabeidl«. Sehr bildgewaltig, die Umschreibungen für jemanden, der faul ist: »Der hockt do ond hängt sei Schella übern Stuhl.« Oder: »Bei deam schaffd au bloss dr Moschd em Keller.« Wenn der Schwabe meint, dass etwas wenig Sinn macht, sagt er

»Boggmischd«, »Lettagschwätz« oder »Des isch doch an alder Käs«. Wenn er sich aufregt, erklärt er: »Do kennschd auf dr Sau naus« oder »Do kennschd grad brilla«.

Was das Fluchen angeht, scheint der Schwabe regelrecht Weltmeister. Beginnen wir mit dem harmlosen »Heidasack«, »Ha noi« oder »Ja omdr Himmels willa«, Ausdrücke der nicht wirklich positiven Überraschung. »Hergodssack« oder »Heilandszack« sind da schon deftiger und das schwäbische Äquivalent für »verdammt noch mal«. Wenn Warnungen ausgestoßen werden, heißt es: »Jetz gohd mr glei dr Gaul durch«, »Jetzt heerd no glei d Freundschaft uff« oder »rutsch mr doch do Bugle ronder«. »Heilandsgoddesjesessagrament aber au nomol«, würde der Schwabe beispielsweise benutzen, wenn er sich mit einem Hammer auf den Finger haut. Ich habe auch schon »Kreiz granada Jesas scheiss dregg«, »Greizgrabbasagg«, »Hergods Goddes Jesas Donderweder« oder einfach »Zaggzemend« gehört. Manchmal wird auch »Am Arsch senn Bolla«, »Himmel Herrgoddsagrament leck me doch am Arsch, Scheissglomb verreckds« oder »Huraglomb verreggds« gebrüllt. An diesen kraftvollen Verwünschungen sieht man, dass der Schwabe durchaus zu poetischen Reden imstande ist. Aber täuschen lassen darf man sich da wiederum auch nicht. Die schlimmsten Flüche verstecken sich manchmal in ganz normalen harmlosen Worten. Wenn der Schwabe als Antwort »ja, ja« gibt, heißt das ins Hochdeutsche übersetzt: »Leck mich am Arsch.«

85. GRUND

Weil Schwaben auch über sich selbst lachen können

Der kürzeste Schwabenwitz: VfB
Rezept für schwäbische Tomatensuppe: roter Teller und heißes Wasser

Was sind die drei Plagen der Menschheit? – Cholera, Lepra ond von d'r Alb ra.

Warum tragen schwäbische Frauen keine Stringtangas? – Weil man später daraus keinen Putzlappen machen kann!

Wie gewöhnt man einer Schwäbin den Sex ab? – Indem man sie heiratet.

Was ist ein Perpetuum mobile? – Wenn ein Schotte einem Schwaben hinterherrennt, weil der ihm zehn Cent schuldet.

Was macht ein Schwabe mit einer Adventskerze vor dem Spiegel? – Er feiert den 2. Advent …

Wie bekommt man vier Schwaben in einen Smart? – Fünf Euro reinschmeißen.

Und wie bekommt man sie ganz schnell wieder raus? – Einfach sagen, das sei ein Taxi.

Warum bauen die Schwaben die Schulen auf den Berg? – Damit sie auch mal auf die höhere Schule können.

Wann sagt ein Schwabe »Guten Tag«? – Nie, er kann kein Hochdeutsch.

Was ist eine Blondine zwischen zwei Schwaben? – Noch lange nicht das Dümmste!

Warum stehen Schwaben abends mit dem Bauch am Kachelofen? – Um das Mittagessen aufzuwärmen.

Warum schaltet ein Schwabe beim Lesen im Bett immer wieder das Licht kurz aus? – Weil er beim Umblättern Strom sparen will.

Was ist ein schwäbisches Schorle? – Ein halbes Glas Sprudel und ein halbes Glas Leitungswasser!

Der kleine Herbert kommt von der Anmeldung zum Kindertheater heim und freut sich: »Mama, i derf mitspiela, ond zwar als schwäbischer Ehemann. Mama empört: »Do ruf i glei a, warum du koi Sprechrolle bekomma hosch!«

Ein Mann stürmt auf die Polizeiwache: »Verhaften Sie mich! I hann meiner Frau a Wellholz uff da Kopf gschlaga!« – »Um Himmels willen! Isch se dod?« – »Noi, abbr se ko jeden Moment hier sei!«

Ein Schwabe fühlt sich nicht ganz wohl und ruft beim Arzt an. »Was hodd er g'sagd?«, fragt seine Frau. – »I soll morga om neine komma ond a Urinbrob, a Spermabrob ond a Stuhlbrob mitbrenga.« – »Ha woisch was, do brauchsch ja bloß dei braune Cordhos abgäba.«

Der neue Pfarrer lässt den Korb für die Kollekte herumgehen. Als der Korb wieder zum Pfarrer kommt, ist er … leer. Da kniet der Pfarrer am Altar nieder und betet: »Liabr Godd, dangge, dass wenigschdens dr Korb zrickkomma isch.«

Lobt der Mann: »Dei Pilzsubb schmeggt fei sauguad, wo hosch'n des Rezebd her?« – Meint die Frau: »Aus amma Krimi.«

Warum lassen sich die Schwaben nach dem Tod nur bis zum Bauch eingraben? – Damit sie ihr Grab selbst pflegen können.

86. GRUND

Weil ein gestohlener Mops
die Schwaben in Aufruhr versetzte

Ein Kriminalfall, der Stuttgart monatelang in Atem hielt. Dabei begann alles eigentlich ganz harmlos. Weil der geniale deutsche Humorist und Satiriker Vicco von Bülow, genannt Loriot, in Stuttgart zur Schule ging, dort seine ersten Bühnenstreifzüge unternahm und sein erstes Geld als Statist an der Staatsoper oder im Schauspielhaus verdiente, sollte ihm ein Denkmal gesetzt werden. Eine Kalksteinsäule des Bildhauers Uli Gsell sollte auf dem Stuttgarter Eugensplatz aufgestellt werden. Als Blickfang diente das Familienwappen der von Bülows. Das Denkmal wurde im November 2013 eingeweiht. So weit, so gut.

Dann aber kamen Mitarbeiter des Stuttgarter Blogs *KESSEL.TV* auf die Idee, einen Steinmops mit Goldfarbe zu besprühen und auf die Säule zu platzieren. Wohl auch deswegen, weil Loriot ein begeisterter Anhänger dieser Hunderasse war. Aber jetzt kommt's: Wenige Tage später war der Mops gemopst und ein Aufschrei ging durch die Landeshauptstadt. Wer hat den Mops geklaut? Bedauerlicherweise schlugen alle Versuche, den Fall zu klären, fehl – bis heute weiß man nicht, wie der Mops verschwunden ist. Doch die Sache entwickelte eine faszinierende Eigendynamik, denn eigentlich war der Mops nur ein Schabernack, er gehörte ja überhaupt nicht zum Loriot-Denkmal. Der Mops-Klau wurde zur Affäre, in den sich auch die Politik einmischte. Denn, da waren sich alle Stuttgarter mal ausnahmsweise einig, der Mops gehört auf dieses Denkmal! Punkt! Egal ob das geplant war oder nicht. Ein neuer Mops musste her. Der Bildhauer war von der Idee, seine Säule mit einem Mops zu krönen, begeistert und auch der Auftraggeber des Denkmals gab sein Okay. Allerdings fehlten dafür 6.000 Euro. Und so rief nicht nur eine Stuttgarter Zeitung zu einer großen Spendenaktion auf, auch der Oberbürgermeister der Stadt, Fritz Kuhn, ein ausgewiesener Loriot-Fan, engagierte sich für das Mops-Projekt. Das was sich dann Stuttgarter Unternehmer und Loriot-Fans alles einfallen ließen, um das nötige Geld für den Mops aufzutreiben, zeugt nicht nur von echtem schwäbischen Engagement, sondern auch von großem Humorpotenzial.

Bildhauer Gsell brachte ihn schließlich wetterfest und diebstahlsicher auf seiner Säule an. Am 6. Mai 2014 wurde dann das Denkmal für Loriot noch einmal eingeweiht. Auch der Oberbürgermeister der Stadt ließ es sich nicht nehmen, diesem Event beizuwohnen. Jetzt steht der Mops stolz auf seinen vier Beinen hoch droben auf der Kalksteinsäule und entpuppt sich bei näherem Hinsehen sogar als Möpsin. Er ist der Denkmal gewordene Beweis für die berühmten Worte von Loriot, dass ein Leben ohne Mops möglich, aber nicht sinnvoll sei.

Weil einer der Gründer von Hollywood ein Schwabe war

»I am the Moving Picture Man«, so war Carl Laemmles Selbstein-
schätzung. Der schmächtige Mann wusste sich und seine Produkte
stets zu verkaufen. Er war einer der großen Filmpioniere Holly-
woods, erst durch mutige Macher wie ihn entstand die US-Traum-
fabrik, noch heute das Zentrum des westlichen Kino-Universums.
Marketing- und Selbstvermarktungs-Genie Laemmle war Gründer
der berühmten Universal Studios. Jener Studios, die in späteren Jahren unzählige Filmklassiker hervorbringen sollten. Bekannt wurde
Universal in den 1930er-Jahren durch eine Reihe heute legendärer
Horrorfilme wie *Dracula*, *Frankenstein* oder *Die Mumie*. In späteren
Jahren sorgten Produktionen wie *Spartacus*, *Die Vögel* oder *Der
weiße Hai* für volle Kinokassen.

Der Mann, der zu den Gründervätern der Traumfabrik gehört
und als Multimillionär starb, kam ursprünglich aus der oberschwäbischen Kleinstadt Laupheim, in der Nähe von Biberach. Er wuchs
als zehntes Kind einer jüdischen Kaufmannsfamilie auf und erlebte
in seinen ersten Jahren nur bittere Armut. Zudem starben acht seiner Geschwister. Als auch noch seine Mutter starb, hielt ihn nichts
mehr in der kleinen schwäbischen Stadt. Als 17-Jähriger wollte er
hinaus, die Welt erobern. Die Legende besagt, dass er mit 50 Dollar in der Tasche, zusammen mit einem Schulfreund, in die USA
auswanderte. Dort ging es erst mal nach Chicago, wo sein älterer
Bruder lebte. Laemmle versuchte sich in verschiedenen Jobs, bis
er schließlich Buchhalter eines Textilunternehmens wurde. Weil
seine Werbe-Ideen außerordentlich einfallsreich waren, schaffte er
es bald, bis zum Geschäftsführer aufzusteigen.

Aber dann warf er alles hin, denn er hatte etwas für sich entdeckt, was ihn nicht mehr losließ: Das Nickelodeon, ein Vorläufer
des Kinos. Weil die meisten damaligen Nickelodeons schäbige, he-

runtergekommene Läden waren, stellte er diesen saubere, elegante, in vornehmem Weiß gestrichene Etablissements entgegen und hatte damit großen Erfolg. Bald gehörten Laemmle viele von Chicagos Nickelodeons. Der vorausschauend denkende Kino-Pionier ließ es damit aber nicht bewenden. Um seine kleinen Filmtheater mit neuen Werken versorgen zu können, gründete er einen Filmverleih und entschloss sich, auch Filme selbst zu produzieren. Aber damit gingen die Probleme los: Denn die Filmproduktion in jener Zeit wurde vom berühmt-berüchtigten Erfinder Thomas Alva Edison beherrscht. Dieser besaß die wichtigsten Patente für die damalige Filmtechnik und saß auf dem Chefsessel der alles beherrschenden Motion Picture Patents Company. Jeder, der in Amerika Filme verlieh, produzierte oder aufführte musste an den »Trust«, so wurde die Organisation angstvoll genannt, Gebühren zahlen. Dazu hatte Laemmle wie viele andere unabhängige Filmproduktionen aber keine Lust. Weshalb es schon bald zum wüsten Clinch kam. Denn Edisons Leute waren bekannt dafür, dass sie einfach bei Dreharbeiten zahlungsunwilliger Filmemacher auftauchten, die Kameras zerschlugen und manchmal auch die Schauspieler verprügelten. Und überhaupt: Wer sich weigerte, an Edison zu zahlen, wurde gnadenlos verklagt.

Laemmle nahm den Kampf auf, wendete alle möglichen Tricks an, um weiterhin Filme produzieren zu können, und machte die Auseinandersetzungen mit dem Trust publik, indem er deren Drohbriefe veröffentlichte. Später, im Jahre 1912, unterband der Oberste Gerichtshof Edisons wüstes Vorgehen und die unabhängigen Filmemacher konnten sich endlich durchsetzen. Viele zog es schon vorher nach Westen. Denn dort war man weit weg von Edisons Ostküsten-Schergen, ließen sich Filme billiger produzieren, waren die klimatischen Verhältnisse für Kinomacher perfekt: viel Sonne, wenig Regen. Auch Laemmle zog es da hin. Er kaufte sich eine 100 Quadratmeter große Hühnerfarm im San Fernando Valley und ließ eines der ersten großen Filmstudios bauen, das zur Keimzelle von Hollywood wurde. Sein eigener, wie gewohnt nicht wirklich bescheidener Slogan: »Universal Entertainment for the Universe«. Als er »Universal City« am 15. März 1915 eröffnete, hatte er dazu sogar den legendären Buffalo Bill eingeladen.

Laemmle besaß stets den richtigen Riecher und war auch der Erste, der die Zugkraft von Stars erkannte. Während andere Filmstudios die Namen ihrer Akteure verschwiegen, warb er offensiv mit ihnen und überlegte sich dazu noch unorthodoxe Werbecoups. So hatte er zum Beispiel schon vorher, als Eigentümer der Independent Motion Picture Company, von sich reden gemacht, weil er die Stummfilm-Schauspielerin Florence Lawrence von den Biograph Studios abgeworben hatte. Kolportiert wird, dass Laemmle sie einige Zeit von der Bildfläche verschwinden ließ und dann in den Zeitungen die Nachricht lancierte, sie sei bei einem Verkehrsunfall ums Leben gekommen. Daraufhin meldete er sich öffentlichkeitswirksam zu Wort und behauptete, alles seien Gerüchte seiner Gegner, und kündigte gleichzeitig den Film *The Broken Oat* an, den er mit ihr gerade produzierte. Zu den frühen Stars der Universal gehörten Rudolph Valentino, Mae West oder W. C. Fields, zu den bekanntesten Regisseuren Alfred Hitchcock, Douglas Sirk oder Erich von Stroheim.

Zeit seines Lebens blieb der Hollywood-Produzent seiner oberschwäbischen Heimat verbunden, spendete stets großzügig für die Stadt und die jüdische Gemeinde. Er unterstützte unter anderem den Bau einer Schule, eines Schwimmbades und eines Waisenhauses. Als die Nazis die Macht übernahmen, änderte sich natürlich alles. Besonders problematisch wurde es, als sein Meisterwerk *Im Westen nichts Neues*, einer der erschütterndsten Antikriegsfilme aller Zeiten, aufgeführt wurde. Zuerst machten die Nationalsozialisten Krawalle und Störaktionen in den Kinos, dann wurde der Film schließlich von Propagandaminister Joseph Goebbels verboten. In seiner Wahlheimat Amerika wurde Laemmle für diesen Kino-Meilenstein mit dem Oscar ausgezeichnet, in Deutschland dagegen taufte man die Straße, die in Laupheim nach ihm benannt worden war, in Schlageter-Straße um. Laemmle wurde zur unerwünschten Person erklärt. Er setzte sich allerdings von den USA aus jahrelang für verfolgte Juden ein, schrieb Bittbriefe und verhalf einigen zur Flucht nach Amerika. Am 24. September 1939 starb er in Beverly Hills. Heute wird er wieder als der große, berühmte Sohn der Stadt gefeiert, der ein wenig Glitzer und Glamour in das kleine schwäbische Städtchen bringt. Laupheim ist stolz auf den legendären Filmpionier, und deshalb wird an ihn, den geschätzten Ehrenbürger, an mehreren Orten in der Stadt erinnert: Es gibt ein Carl-Laemmle-Gymnasium und einen Carl-Laemmle-Platz. Im Schloss Großlaupheim findet sich das Museum zur Geschichte von Christen und Juden, wo ihm mehrere Ausstellungsräume gewidmet sind. Wer sich auf seine Spuren begeben will, sollte Laupheim auf alle Fälle einen Besuch abstatten.

88. GRUND

Weil »Benoggl« das Lieblingsspiel des Schwaben ist

Mein Vater hat nie Lust auf irgendwelche Spiele. Da kann ich kommen, womit ich will: »Siedler von Catan«, »Monopoly«, »Scotland Yard«. Interessiert ihn nicht. Sage ich aber das Zauberwort »Benoggl«, kriegt er große Augen, grummelt etwas Unverständliches vor sich hin, geht zu einer Schublade im Wohnzimmerschrank und holt Karten raus, die aussehen, als wären sie schon in den 1950ern gespielt worden. Dann geht es los. Nicht mal nur so eine Stunde. Nein, da vergeht auch schon mal ein halber Tag. An Weihnachten spielen wir »Benoggl« oder, wie es normalerweise außerhalb des Musterländles heißt, »Binokel« bis früh um vier.

Bei diesem Spiel kann der Schwabe nicht an sich halten. Da verwandelt sich der sonst eher maulfaule stets ans Schaffen denkende Bewohner des deutschen Südwestens in ein leidenschaftliches Wesen. Hier kriegt er einen puterroten Kopf, hier lässt er die Sau raus. Und wer auf der Suche ist nach den wildesten schwäbischen Flüchen und Verwünschungen, der muss einfach mal bei einem Binokel-Spiel zugucken oder, wenn er sich traut, mitmachen.

Was den Schwaben ausgerechnet an Binokel reizt, darüber kann man nur mutmaßen: Weil Kartenspiele in der Anschaffung nicht teuer sind und lange halten? Weil es hier darum geht, möglichst viele Punkte zu sammeln und mehr zu haben als der andere? Weil man hier mächtig auftrumpfen kann? Es wird ein Rätsel bleiben. Fest steht allerdings: Das Spiel war früher populär und ist es heute noch, weshalb es unzählige Meisterschaften und Turniere gibt, in denen die Schwaben zeigen, was sie können.

Das Grundprinzip des Spiels ist einfach und doch, weil man sich viel merken muss, auch kompliziert. Das Spiel besteht aus 48 Karten mit vier verschiedenen Farben bzw. Symbolen. Kreuz, Pik, Herz und Karo oder wie es im Schwäbischen korrekt heißt: Eichel, Schippen, Herz und Schellen. Diese gibt es in unterschiedlichen Werten: Ass (Sau, Alte), Zehner, König, Dame (Ober), Bube (Unter), Siebener (Leerer). Die Karten werden verdeckt ausgeteilt, drei von ihnen kommen auf den Tisch, in den sogenannten »Dabb«. Um diesen und die Entscheidung darüber, was Trumpf ist, wird danach gesteigert oder wie es korrekt heißt: »gereizt«. Das funktioniert nach der Reihenfolge: »Geben, hören, sagen«. Der Geber der Karten muss erst mal warten. Derjenige, der neben ihm sitzt, darf sich das Gebot des »Sagers« anhören und entscheiden, ob er mitgeht oder nicht. Die Teilnehmer versuchen, sich gegenseitig zu überbieten. Mindestgebot: 100 Punkte. Je nachdem, was man nun auf der Hand hält, muss man abschätzen, wie hoch man steigern kann. Das richtig einzuschätzen ist die eigentliche Herausforderung: Auf wie viele Punkte komme ich mit den Karten? Habe ich eine große Anzahl an Karten der gleichen Farbe, die ich zum Trumpf machen kann? Und vor allem: Was kann ich melden? Das Melden ist einer der

Kernpunkte dieses Spiels. Er basiert darauf, dass bestimmte Karten-kombinationen unterschiedliche Punkte ergeben, die man melden kann. Von diesen Kombinationen gibt es eine durchaus erkleckliche Zahl. Zum Beispiel: Ein Paar, das sind König und Ober, bedeutet 20 Punkte, vier Asse in jeder Farbe 100 Punkte, eine Familie – Ass, 10, König, Ober und Unter – ebenfalls 100, und der Binokel, Schippen-Ober und Schellen-Unter 40. All diese Kombinationen haben einen wesentlich höheren Wert, wenn man sie in der Trumpf-Farbe spielt. Alles unklar? Ja, ganz so einfach ist das nicht. Ist schließlich kein Spiel für Dumme, sondern für Schwaben. Und die mögen Herausforderungen.

Wer also ein, wie er findet, gutes Blatt auf der Hand hat oder glaubt, im »Dabb« befänden sich genau die Karten, die ihm zum Sieg verhelfen, der versucht, das Spiel zu ersteigern. Er dreht den »Dabb« um, hört die vielen »Ahs« und »Ohs« seiner Mitspieler, die sich entweder darüber freuen, dass sie nicht weitergesteigert haben, oder sich ärgern, weil es bei ihnen »voll gekommen« wäre. Der Spieler, der den »Dabb« ersteigert hat, nimmt die Karten auf und »drückt« dafür drei andere. Heißt: Er legt diese verdeckt ab, sie gehen bereits in die Punktewertung ein. Deshalb bietet es sich an, wertvolle Karten abzulegen, die im Spiel später keine Stiche machen. Dann geht es los. Jeder versucht, einen »Stich« zu machen, höhere Karten auszuspielen als der andere. Schafft es der trumpf-ansagende Spieler, die von ihm ersteigerte Punktzahl zu erreichen, hat er gewonnen, wenn nicht, hagelt es Minuspunkte. Es gibt im Übrigen auch variierende Regeln, je nachdem, ob mit »langem« oder »kurzem« Blatt gespielt wird oder wie viele Leute mitspielen. Wer Binokel wirklich kapieren will, der muss es ein paarmal gespielt haben. Aber es lohnt sich: Er versteht damit nämlich auch die Schwaben etwas besser.

Weil der »Frauenarzt von Bischofsbrück«
Radiogeschichte schrieb

Ich werde niemals die wundervollen Tage in der Franche-Comté vergessen. In einem alten steinernen Haus, am Ende von Nirgendwo, versteckt zwischen Wiesen und Hügeln, tüftelte und grübelte ich mit meinem Kollegen, Mentor und Freund, Alfred Marquart, dem das Domizil gehörte, um neue Radiosendungen und Hörspiele für den Süddeutschen Rundfunk zu entwickeln. Diese Augenblicke bleiben mir unvergesslich, vor allem, weil wir uns stets lange Pausen gönnten, in denen wir immer wieder auf den *Frauenarzt von Bischofsbrück* zu sprechen kamen, den Alfred zusammen mit Herbert Borlinghaus geschrieben hatte. Und der ihm so viel bedeutete. Es war und ist die kultigste unter den kultigen Radio-Comedys nicht nur im Schwäbischen, sondern bundesweit. Die Mutter aller Hörfunk-Soaps. Natürlich sollten damals mit dieser Serie Kitschromane im Allgemeinen und Arztserien im Besonderen parodiert, persifliert und veralbert werden. In kurzen Häppchen wurde die Serie täglich auf der Popwelle SDR3 ausgestrahlt und bekam im Laufe der Zeit eine wahnwitzige Fangemeinde. Weil es noch keine Mails gab, überfluteten Lobesbriefe die Redaktion.

Was aber das besonders Lustige für uns damals in der Franche-Comté war: Alfred erklärte mir, dass in der Serie überall auch Anspielungen auf die ausstrahlende Rundfunkanstalt zu finden wären. In Form von Kollegen, die er hier – unter falschem Namen – auftreten ließ. Ob Sekretärinnen oder Nachrichtensprecher, Moderatoren oder Redakteure. Der *Frauenarzt* war eine Art Ventil für ihn, konnte er doch seine ureigenen Erfahrungen mit Kollegen, Stuttgartern oder Schwaben im Allgemeinen hier auf komödiantische Weise verarbeiten. Für ihn, den überzeugten Badener und Feingeist, der astreines Hochdeutsch sprach, war es sowieso nicht ganz einfach, von so vielen Urschwaben umzingelt zu sein. Es dürfte nicht selten seine Nerven geplagt haben, wenn es aus dem Sekretariat schallte: »Härrrr Marquart, do isch a Telefonad für Sie, gell!« Seine Alltagserfahrungen und die von Herbert Borlinghaus fanden ihren anarchistischen Einzug in den *Frauenarzt von Bischofsbrück*. Und das kombiniert mit überzogen-klebrigen Klischees von Arztromanen, die sich alle ein paar Jahre später auch in der TV-Erfolgsserie *Die Schwarzwaldklinik* wiederfanden. Nur waren sie dort – im Gegensatz zum *Frauenarzt* – ernst gemeint.

Mit melancholischen Klavierklängen wurde jede Folge um den jungen, ungemein sympathischen Gynäkologen Dr. Julius Borg eröffnet. Von ihm verlangt die Mutter an ihrem Totenbett, dass er anständig bleiben soll, weil es sonst sein Vater nicht verwinden könnte. Bloß stellt sich Dr. Borg verzweifelt die Frage: Wer ist mein Vater? Doch bevor er es erfahren kann, geht die Mutter den Weg allen Fleisches. Die daraufhin ertönende Erzählstimme beruhigt den Hörer indes ob dieser fürchterlichen Dramatik rund um Dr. Borg und erklärt, »dass am Ende eines langen und dornenreichen Weges für ihn die Liebe einer jungen Gräfin und ein erfülltes Leben in einem alten Försterhaus warten würde«. Bis dahin ist es aber tatsächlich noch lange hin. Denn der Held wird in ein Komplott der bösen Pharmaindustrie hineingezogen, als Terroristen-Freund im Sozialistischen Jugendzentrum Bischofsbrück verhaftet und von Obermafioso Don Salvatore Calamari gerettet. Und so geht es von Folge zu Folge weiter, mit einem Sammelsurium schräger Figuren und absurden Situationen. Und schließlich wird auch das große Geheimnis um Dr. Borgs Vater gelüftet. Am Ende schreitet der Frauenarzt von Bischofsbrück mit seiner adligen Gemahlin Richtung Forsthaus, so wie es von der Erzählstimme bereits angekündigt worden war. Dort ist eine Stelle frei, weil der alte Förster Waffen für Rechtsradikale geschmuggelt hat.

Das Schöne an dieser 1980er-Jahre-Radioserie: Sie wurde mit großem Aufwand und einer ganzen Phalanx von Sprechern produ-

ziert, von denen nicht wenige vielleicht Radiogeschichte, auf jedenfalls SDR-Geschichte geschrieben haben, wie zum Beispiel Charles
Wirths als böser Dr. Peschke, Fred C. Siebeck als Salvatore Calamari
oder Gert Westphal, die Erzählstimme. Zwischen 1982 und 1984
wurden insgesamt 693 Folgen ausgestrahlt. Erstaunlicherweise
wirken viele politische Anspielungen und Verballhornungen auch
heute noch brisant. Sie haben nichts von ihrer Aktualität verloren,
obwohl sich mittlerweile doch vieles in unserem Lande und unserer
politischen Landschaft geändert hat. Auch das zeigt die Genialität
der beiden Radiomacher, die diese wundervolle Radio-Comedy
einst ersonnen haben. Alfred Marquart ist inzwischen verstorben.
Die Serie ist eines seiner Vermächtnisse. Was ihn immer am meisten belustigte: Er war überzeugt davon, dass der SDR irrtümlich
glaubte, es ginge hier ein hochemotionales Rührstück auf Sendung.
Niemand hatte, so glaubte er, tatsächlich kapiert, wie satirisch-böse
und politisch inkorrekt der *Frauenarzt von Bischofsbrück* wirklich
war. Genau darin lag wohl auch das Geheimnis des Erfolges.

90. GRUND

Weil der älteste deutsche Freizeitpark ein schwäbischer ist

»G'sengte Sau«, »Donnerbalken«, »Altweibermühle« – so heißen
die Attraktionen, die die Mutter aller deutschen Freizeitparks,
Tripsdrill, zu bieten hat. Hier wird großer Wert auf Originalität,
aber auch auf die schwäbische Verwurzelung gelegt. Ein Konzept,
das seit vielen Jahrzehnten immer noch Erfolg zeitigt. Es mag größere und spektakulärere Parks in Deutschland geben, aber keinen,
der so ist wie Tripsdrill bei Cleebronn. Es geht schon damit los, dass
hier nichts aus Pappmaschee oder Plastik gebaut wird. Alles ist aus
heimischen Baustoffen gefertigt. Außerdem geht es nicht um den
ultimativen Nervenkitzel, weil der Freizeitpark sich eher auf Fami-

lien mit kleinen Kindern kapriziert, sondern um den ungeschliffe-
nen, etwas rauen schwäbischen Charme. Alles, was an Attraktionen
geboten wird, muss in irgendeiner Form zur Gegend passen. So
begrüßt ein grantiger Bauer mit Nachtkappe auf dem Kopf den Besucher mit den derben Worten: »Voulez-vous de Ranze voll? Hau
de Gang nei, aber de Rückwärtsgang.« Kaffeetassenrundfahrten, ein
»rasender Tausendfüßler« oder Boote, die wie Mehlsäcke aussehen
und sich »Lach-Sack« oder »Laber-Sack« nennen, sind weitere Attraktionen dieses durch und durch schwäbischen Parks, der nach
wie vor jedes Jahr weit über eine halbe Million Besucher anlockt.

Dabei begann alles 1929 mit einer kleinen, heimeligen Garten-
wirtschaft, neben der Gastwirt Eugen Fischer eine Altweibermühle
bauen ließ. Der Sage nach gehen dort alte Frauen hinein und kommen verjüngt heraus. Tatsächlich bestand die Altweibermühle in
Tripsdrill aus einer Rutsche und einem Mühlenturm mit vier Flügeln. Gaststätte und Mühle waren ein beliebtes Ausflugsziel, in der
Musikkapellen spielten und zum Tanz einluden. Nachdem Eugen
Fischer in Stalingrad gefallen war, übernahm sein Sohn Kurt den
Betrieb. Er machte daraus im Laufe vieler Jahre einen veritablen,
traditionsbewussten Freizeitpark. 1946 wurde allerdings das Wahrzeichen von Tripsdrill, die alte Mühle, durch einen Blitzeinschlag
zerstört. Vier Jahre später wurde die neue eingeweiht. Es kam auch
ein Tierpark dazu. Mit Affen, Zebras und Bären, mit Ziegen, Schafen und Ponys. Und es gab auch schon die ersten Fahr-Attraktionen:
eine Lokomotive mit Pendelantrieb. Kurt Fischer, dessen Haus sich
mitten im Park befindet, integrierte schon früh seine Kinder in den
Betrieb: Helmut, Roland und Dieter halfen schon als Steppkes mit.
»Wir haben geputzt, Pommes gemacht, Karten verkauft oder sind
mit den Gästen ausgeritten«, erinnert sich Helmut, der älteste der
Brüder. Sie alle packten gemeinsam an, und so entstand im Lauf
der Zeit ein echter schwäbischer Familienbetrieb, der stolz auf seine Tradition ist. Gemeinsam wird beratschlagt, werden neue Ideen
geschmiedet, neue Attraktionen ausgetüftelt. 1996 übergab Vater

Kurt seinen drei Söhnen schließlich die Leitung des Freizeitparks Tripsdrill und des 1972 entstandenen Wildparadieses. Helmut übernahm die Verwaltungsarbeit, Roland die Gastronomie, Dieter das Wildparadies.

Das Trio hat freilich harte Konkurrenz mit den großen Parks in Deutschland und Europa, bleibt aber konsequent und stur dem Weg treu. Sie wollen kein Disney- oder Legoland, keine »Loopings« oder »Silver Stars«, sondern möchten weiterhin ihren ganz eigenen Stil pflegen. Originell sollen die Attraktionen sein, gleichzeitig aber auch ein Stück schwäbischer Kultur transportieren. Die Inspirationen holen sie sich auf Reisen oder vor der Haustür, indem sie einfach durch das nahe gelegene Kornwestheim fahren und sich dort diverse Gebäude wie zum Beispiel eine Nähfabrik oder den Bahnhof genauer angucken. Diese dienten als Inspiration für die Fassade eines Restaurants, das gerade neu in dem Freizeitpark gebaut wird. Trotz des eigenen Stils müssen sie doch auch konkurrenzfähig bleiben und Zeitgemäßes bieten – auch Tripsdrill bleibt von der SCHNELLER-HÖHER-WEITER-Spirale nicht ganz verschont. Aber hier wird Hightech unter einem gemütlich-heimeligen Gewand versteckt. »Früher«, erinnert sich Helmut Fischer sehnsüchtig an die alten Zeiten, »waren die Besucher mit einer Roten Wurst, einer Rutsche und einem Tanzparkett zufrieden.« Heute hat sich das grundlegend geändert. Was sich nicht geändert hat, ist der Zusammenhalt von Familie Fischer. Noch immer tagt der Familienrat, noch immer lässt man fremde Investoren außen vor. »Wir haben unterschiedliche Meinungen, aber wir streiten uns nicht, sondern finden immer eine Lösung«, erklärt Helmut Fischer das Erfolgsgeheimnis der Familie. Aus Gründen der Emanzipation entschied man übrigens bereits 1970 einstimmig, eine Altmännermühle zu eröffnen. Dass dort schon mal aus einem Opi, der hineinging, beim Hinausgehen ein Jungspund wurde, haben sie zwar noch nicht beobachtet, aber manchmal entgeht ihnen vielleicht auch etwas in ihrem geliebten Park.

Weil Lutz Ackermann aus Schrott
großartige Kunst macht

Eine wundervolle Kulturlandschaft im Mittleren Neckar, die sehr viel zu bieten hat, obwohl ihr Name reichlich unsexy klingt: das Gäu. Inmitten dieser ländlichen Region nahe Stuttgart lebt in der Gemeinde Gäufelden ein Mann, der seit Jahren landesweit für Aufsehen, teilweise Tumult sorgt: Er hat einen ausladenden grauen Bart, Glatze und Nickelbrille. Die Stimme des 74-Jährigen dröhnt laut und selbstbewusst, wenn er davon erzählt, wie er aus tristen Äckern einst ein zauberhaftes Land aus Schrott erschaffen hat. Mitten im Gäu und doch völlig versteckt liegt diese faszinierende Märchenwelt aus Stahl, Holz und Stein. Wer Lutz Ackermann besuchen will, fährt Felder und Wiesen entlang, bis es nicht mehr weitergeht. An einigen Stellen thronen am Wegesrand bereits riesige verrostete Metallgebilde, die sein Skulpturen-Reich ankündigen. Sobald der Besucher das imposante Domizil erreicht hat, wird er zuerst vom Gebell des ebenso neugierigen wie anhänglichen Hundemischlings Calwo begrüßt. Betritt man dann das Kunst-Kraftwerk, wie der Meister seine Schöpfung selbst getauft hat, wähnt man sich augenblicklich in einer anderen Welt. Es kommt einem vor, als könne jeden Augenblick ein Hobbit um die Ecke gucken, der Zauberer von Oz aus dem Atelier treten oder Kapitän Nemo aus einem merkwürdigen, Nautilus-ähnlichen Gebilde steigen. Die ganz persönliche Traumwelt von Lutz Ackermann versetzt jeden in Erstaunen. Ein geheimnisvolles Universum, voller mysteriöser Skulpturen und bizarrer Gebilde. Überall liegen Berge von Antiquitäten, Fahrzeugteilen, Puppenköpfen, Schrott herum. Das alles braucht er, um seine Kunst zu erschaffen. Und das obwohl er nie Kunst studiert hat, sondern als Karosseriebauer zu überleben versuchte, bis er sich dann entschloss, Bildhauer zu werden. Seit rund 40 Jahren arbeitet, wohnt und residiert der Meister hier, in einer Welt, die wirkt wie eine Mixtur aus Mittelerde und Atlantis. Er lebt als Teil dieses faszinierenden Gesamtkunstwerkes seinen Traum und musste dafür hart kämpfen: gegen Bauverordnungen und Bürgermeister. »Einfach war es wirklich nicht«, erinnert er sich. Und wenn er die Geschichte erzählt, wie hier alles entstanden ist, wirkt das wie eine Mischung aus Kriegserinnerungen, an die Tage, in denen er Schlachten gegen sture Paragrafenreiter zu führen hatte und Märchenerzählung mit klassischem Happy End.

Als Lutz Ackermann in den 1970er-Jahren anfing, davon zu träumen, als Bildhauer anerkannt zu werden, was ganz Eigenes zu erschaffen, war alles noch Ackerfläche. Mit einem Bahnwärterhäuschen, das er telefonisch erstand und hierherbringen ließ, begann seine Märchenwelt, Gestalt anzunehmen. »Für mich wurde hier der Traum wahr, als Bildhauer arbeiten zu können«, erzählt der eigensinnige Künstler, »ich kaufte nach und nach Acker um Acker auf und machte mein Kunst-Kraftwerk daraus.« Mit riesigem Atelier, »Think Tank« und Ausstellungsplatz für seine gigantischen Werke, von denen viele hoch in den Himmel ragen. Von überallher bezieht er das Rohmaterial – eben Schrott – für seine Kunst: Er ließ einen ausrangierten Schienenbus hierhertransportieren oder eine gewaltige Drehscheibe für Güterwagen aufstellen, die er in eine Art Opfertempel der Inkas verwandelte. Ein wundervolles Kunstwerk auch der alte Buick, den der Künstler früher sogar selbst gefahren hat und der jetzt senkrecht in einem Stahlblock steht und wirkt wie ein Relikt aus der Urzeit.

Nach und nach sprach sich Ackermanns einzigartiges Können herum, und er konnte sich irgendwann vor Kunst- und Bau-Aufträgen kaum mehr retten. Außerdem wurde er zum guten Freund des berühmten spanischen Künstlers César Manrique, der auf der Insel Lanzarote auch lange nach seinem Tod beinahe wie ein Heiliger verehrt wird. Ackermann lernte ihn in den 1980er-Jahren kennen und tauschte sich mit ihm regelmäßig aus.

Trotz seines hohen Alters hat Lutz Ackermann nichts von seiner künstlerischen und kreativen Energie verloren. Unermüdlich baut, bastelt, sägt und schweißt er. Ob ein silberglänzender Altar, dem er seinen künstlerischen Stempel aufdrückt, ein altes Motorrad, das er in eine Skulptur verwandelt, oder eine Galerie, die er für seine Kunstwerke baut: Dieser Mann ist nicht unterzukriegen. Dabei sorgen nach wie vor seine neuen Bauten und ungewöhnlichen Events bei offiziellen Behörden für große Aufregung. Ackermann ist eine streitbare Persönlichkeit, die für die Verwirklichung ihrer Ideen, ihrer Träume kämpft. »Um ehrlich zu sein«, meint er, »ich hab von so etwas schon als Kind geträumt und koste meinen Traum jetzt aus. Ich bin mein eigener Herr und will mir von niemandem was vorschreiben lassen.«

KAPITEL 10

Historie

Weil Götz von Berlichingen so herrlich fluchen konnte

Die wunderschöne, von einem Graben umgebene Burg in Jagst-hausen im Landkreis Heilbronn war für mich viele Jahre lang ein begehrtes Ausflugsziel. Nicht nur weil das Gebäude wirklich faszi-nierend anzuschauen ist, nicht nur weil es ein historischer Ort ist, nicht nur weil eine Gaststätte dort leckere Speisen serviert, sondern vor allem wegen der regelmäßig stattfindenden Burgfestspiele. Die werden nicht etwa vor oder in der Nähe der historischen Anlage abgehalten, sondern direkt in deren Innenhof. Wer hier auf der steilen Tribüne, die dort während der Festspiele aufgebaut wird, Platz nimmt, ist von allen Seiten von uraltem Burggemäuer um-geben. Das Gefühl, eine Zeitreise zu machen, ist nicht zu leugnen. Wenn es dann langsam dunkel wird, die Sterne über einem funkeln und die Lichter der Burg und der Bühnenscheinwerfer angehen, glaubt man sich in eine andere Welt versetzt. Pure Magie. Und diese freilich sorgt dafür, dass es im Prinzip egal ist, was für ein Stück gegeben wird. Eine weitere Besonderheit freilich: Die Burg selbst wird hier zur Theaterkulisse und als Schauplatz eindrucksvoll in Szene gesetzt. Alles, was ich dort gesehen und erlebt habe, ob die *Rocky Horror Picture Show, Arsen und Spitzenhäubchen* oder *Piaf* – es waren Aufführungen, die ich nie vergessen werde. Aber eben nicht wegen außergewöhnlicher Schauspielerleistungen, sondern allein wegen dieser herrlichen Kulisse. Die Atmosphäre in der Burg Jagsthausen ist so bezaubernd, dass sie sogar einen Wolkenbruch vergessen macht. Und das will bei mir wirklich etwas heißen, hasse ich es doch, vom Regen durchnässt auf einem der Ränge zu sitzen. Aber hier war das völlig egal. Publikum und Schauspieler wurden pitschnass, als die *Blues Brothers* gegeben wurden. Der Regen war gar so schlimm, dass das Stück für kurze Zeit unterbrochen wer-den musste. Aber der Stimmung tat dies keinen Abbruch: Die Zuschauer stellten sich vergnügt unters Dach, kicherten über die trotz Regenschutz völlig durchnässte Kleidung, plauderten miteinander oder mit den Darstellern, bis es nach einiger Zeit, als der Regen merklich nachgelassen hatte, wieder weiterging.

Natürlich lebt Burg Jagsthausen ganz vom legendären Mythos des Götz von Berlichingen. Deshalb wird sie auch Götzenburg genannt. Und deshalb gehört Goethes berühmtes Sturm-und-Drang-Schauspiel auch zum Repertoire der Burgfestspiele Jagsthausen. Dort schlüpften bereits Raimund Harmstorf, Benno Sterzenbach, Max Reimann, Hermann Schomberg, Götz Otto und viele, viele mehr in die Rolle des Ritters mit der eisernen Faust. Allerdings auch wenn die Burg Stammsitz des echten Götz von Berlichingen gewesen sein mag: Er verbrachte nur ein paar Jahre seiner Kindheit auf ihr und hatte sie auch nie in Besitz. Vielmehr gehörte ihm in späteren Jahren Burg Hornberg, die hoch über dem Neckartal thront und von Weinbergen umgeben ist. Dort verbrachte er auch seine letzten Jahre.

Der fränkisch-schwäbische Reichsritter führte ein recht turbulentes Leben mit unzähligen Kämpfen, Fehden und Händeleien. Es ist für einen Nichthistoriker kaum durchschaubar, mit wem er alles warum im Clinch lag und weshalb er sich auf die Seite von wem schlug. Jedenfalls wurde er oft verfolgt, verhaftet und angeklagt. Auch die Reichsacht wurde gegen ihn verhängt. Wirklich heldenhaft scheint er nicht gewesen zu sein. Im Gegenteil. Er stellte sich sogar auch gegen treue Weggefährten wie zum Beispiel Konrad Schott von Schottenstein. Nachdem er dessen Burg Hornberg 1517 erworben hatte, übernahm er die Fehde, die der Pfalzgraf gegenüber Konrad erklärt hatte. Und machte sich den Freund zum Feind. Immerhin: Obwohl sein Kopf oft in der Schlinge steckte, fand Götz stets Fluchtwege. Bei der Belagerung von Landshut am 23. Juni 1504 verlor er allerdings seine rechte Hand. Für viele Monate war er außer Gefecht. Als er dann nach Jagsthausen zurückkehrte, bekam er eine mit einem künstlichen Mechanismus versehene Eisenhand. Weshalb er auch »Der Ritter mit der eisernen Hand« genannt wurde. Die Prothese ermöglichte es ihm, mit Hilfe von Zahnrädern die Finger zu fixieren. Das soll ihm geholfen haben, weiterkämpfen zu können. Und dann wäre da natürlich noch eine Sache. Richtig! Die mit dem berühmten Zitat, durch das Götz von Berlichingen mir und vielen Schülergenerationen, die Goethes Werk im Deutschunterricht durchnehmen mussten, im Gedächtnis blieb. Der historische Götz behauptete, er hätte dem in der Burg Krautheim sitzenden Amtmann aus Mainz erklärt: »Da schriehe ich wider zu ime hinauff, er soldt mich hinden leckhenn.« Bei Goethe klang das im dritten Aufzug anders, schöner, stürmischer. Da stellt Götz unmissverständlich klar: »Er aber, sag's ihm, er kann mich im Arsche lecken.« Genau so heißt es! Nicht »am« sondern »im« – worüber wir uns als Schüler natürlich stets lange austauschen und viel diskutieren konnten, denn dieses »im« klang doch arg obszön, während uns der Gebrauch von »am« in diesem Kontext absolut geläufig war. Auf alle Fälle setzte Goethe 1773 nicht nur Götz von Berlichingen ein literarisches Denkmal, sondern auch dem legendären schwäbischen Gruß »Legg me am Arsch«, der aber, so viel Zeit muss sein, nicht nur als böse Schimpftirade verwendet wird, sondern auch dann, wenn der Schwabe Faszination, Überraschung oder seine Fassungslosigkeit zum Ausdruck bringen will. Welche dieser inhaltlichen Facetten Götz zum Ausdruck bringen wollte, darüber braucht man nicht zu spekulieren.

93. GRUND

Weil die Wiege der Staufer im Schwäbischen liegt

Auf halber Strecke zwischen Stuttgart und Aalen liegt Kloster Lorch. Malerisch gelegen, mit verträumtem Kräutergarten, in dem die Mönche einst ihre Heilpflanzen anbauten, um Salben und Tinkturen für die medizinische Behandlung von Kranken herzustellen. Der zauberhafte Garten ist Teil der Klosteranlage, die stimmungsvolle Kirche, attraktives Seniorenheim und beliebtes Ausflugsziel in einem ist. Im 12. Jahrhundert haben die Staufer diese Anlage als Grablege bauen lassen. Irene von Byzanz, Schwiegertochter Friedrich Barbarossas, liegt hier begraben. Und es gibt seit mehreren Jahren auch wieder eine Falknerei im Kloster Lorch. Sie ist damit dorthin zurückgekehrt, wo sie unter den Staufern einst ihren Anfang nahm. Der heutige Falkner, Gunter Pelz, sieht seine Arbeit ganz in der Tradition des einstigen Herrschergeschlechts. Schließlich war es Friedrich II., Barbarossas hochgebildeter Enkel und letzter Stauferkaiser, der im 13. Jahrhundert eines der ersten Bücher über die Falknerei geschrieben und dadurch für viel Aufsehen gesorgt hatte.

Auf Kloster Lorch ist die Zeit der Staufer auch auf andere Art höchst lebendig. Der in Schwäbisch Gmünd arbeitende Künstler Hans Kloss hat ihnen nämlich in Form eines gigantischen Rundgemäldes ein Denkmal gesetzt. Es erzählt die komplette Geschichte der Staufer. Ihren Aufstieg und Fall von 1102 bis 1268. Sie beginnt bei Kloss mit Burg Hohenstaufen, die um 1080 als Stammsitz der Adelsfamilie gebaut wurde, und endet mit der Hinrichtung des letzten Staufers, Konradin, auf dem Marktplatz von Neapel. Der Künstler griff dabei viele kleine, markante und sagenumwobene Ereignisse heraus und verlieh ihnen bildliche Gestalt. Zum Beispiel soll der erste Stauferkönig, Konrad III., zu den Frauen einer von ihm eroberten Burg gesagt haben, dass sie fliehen und das mit sich schleppen könnten, was sie zu tragen imstande wären. Kurzerhand trugen diese ihre Männer aus der Burg und gingen mit ihnen auf und davon. Daraus entstand die Legende der Weibertreue von Weinsberg.

Kloss erstellte das Gemälde anlässlich der 900-Jahr-Feier des ehemaligen Benediktinerklosters im Mai 2002. Er arbeitete an dem Riesenbild über vier Jahre lang. Zu sehen sind darauf 1.700 Menschen und 600 Tiere. Das kolossale Gemälde ist stolze 30 Meter lang und viereinhalb Meter hoch. Um die Arbeit daran finanzieren zu können, wurde ein Förderverein gegründet und Kloss verewigte viele Spender auf seinem Bild, indem er ihr Konterfei auf die der abgebildeten Figuren platzierte. Kloss fasziniert an den Staufern, »dass sie ganz Europa erobert haben, aber eben nicht durch Kriege, sondern durch geschickte Heiratspolitik. Außerdem haben sie die Minne betrieben und waren echte Kulturmenschen.« Was das gigantische Rundbild sehenswert macht, sind vor allem auch die vielen liebevollen Details, die der Künstler dort versteckt hat. Manche von ihnen geben zum Schmunzeln Anlass oder waren sogar Bestandteil heftiger Diskussionen: Zum Beispiel ist dort eine Frau zu sehen, die mit gespreizten Beinen am Boden kauert, während ihr Kleid nach oben gerutscht ist. Der Betrachter kann erkennen, dass sie darunter nichts trägt. »Die ›Herrlichkeit‹ wurde wahrscheinlich von den Damen entblößt, damit sie etwas leichter waren. Wenn jetzt eine von ihnen, wie auf dem Bild, umfällt, können wir eben sehen, dass in der Stauferzeit keine Unterhosen getragen wurden«, erklärt Kloss schmunzelnd. Inzwischen arbeitet der engagierte Künstler schon an einem zweiten Staufer-Rundgemälde, dem Staufersaga-Panorama: Diesmal ist es etwas kleiner – 16,5 Meter lang, 2,5 Meter hoch. Mehr als 1.200 Gestalten werden darauf zu sehen sein. Er thematisiert mit dem Bild die aufwendige Staufer-Saga-Veranstaltung anlässlich der 850-Jahr-Feier von Schwäbisch Gmünd und wird die Mitwirkenden des Spektakels im Bild verewigen. Tatsächlich ist das legendäre Herrschergeschlecht, das das europäische Mittelalter entscheidend prägte, in den Köpfen der Schwaben immer noch sehr präsent.

Ein lohnendes Ausflugsziel im Schwäbischen ist auch die Burg Wäscherschloss in Wäschenbeuren, Landkreis Göppingen. Burgherr war Friedrich von Büren, der als Stammvater der Staufer gilt. Durch die Heirat mit Hildegard von Egisheim kam er zu einem erklecklichen Vermögen und konnte sich diese Burg bauen. Ihrem gemeinsamen Sohn – er hieß ebenfalls Friedrich – gelang der eigentliche Aufstieg, da er sich als treuer Gefolgsmann von Kaiser

Heinrich IV. hervortat. Zum Dank dafür durfte er die Kaisertochter Agnes heiraten. Und da ihm die Wäscherburg nicht repräsentativ genug erschien, ließ er Burg Hohenstaufen bauen, die dem Geschlecht schließlich den Namen gab.

Vor allem zwei Vertreter der Staufer bleiben bis zum heutigen Tag unvergessen: Kaiser Barbarossa, dem eine Ausdehnung des Reiches bis nach Sizilien gelang und der sich mit über 60 noch einmal zu einem Kreuzzug aufmachte, den er allerdings nicht überleben sollte. 1190 ertrank der berühmte »Kaiser Rotbart« beim Bad im anatolischen Fluss Saleph. Noch heute gibt er Historikern Rätsel auf, denn niemand weiß mit Sicherheit, wo sein Leichnam begraben ist. Der zweite berühmte Staufer, vielleicht der berühmteste von allen, ist Barbarossas Enkel, Kaiser Friedrich II. Seine Bildung soll exzellent gewesen sein. Nicht nur dass er zahlreiche Sprachen sprechen, lesen und schreiben konnte, wir haben ihm auch die »0« in unserem Zahlensystem zu verdanken. Er hatte sie von arabischen Gelehrten übernommen. Zweifelsohne galt er als großer Förderer der Künste und verfasste zudem eigene wissenschaftliche Werke, die ihn über die Grenzen seines Reiches hinaus berühmt machten. Kaum ein Herrscher der Vergangenheit wurde jedoch so kontrovers und unterschiedlich von seinen Zeitgenossen wahrgenommen. Während Walther von der Vogelweide begeistert von ihm schien, verteufelte ihn der damalige Papst, Innozenz IV., als »Antichrist«. Friedrich II. starb am 13. Dezember 1250 vermutlich an Blutvergiftung oder Typhus. Mit ihm endet die Ära der Staufer-Herrschaft.

94. GRUND

Weil der erste grüne Ministerpräsident ein Schwabe ist

Nach 58 Jahren war es am 27. März 2011 aus und vorbei. Ob es die Selbstgerechtigkeit der regierenden Partei, der überbordende politische Filz, das Skandal-Projekt Stuttgart 21 oder schlicht der verheerende Atomunfall von Fukushima war, was das Fass zum Überlaufen brachte: Das alles wird auch weiterhin Stoff für viele Spekulationen und Mutmaßungen geben. Fakt aber ist: Nach fast sechs Jahrzehnten CDU-Regierung kam es in Baden-Württemberg zu einem aufsehenerregenden, zu einem historischen Regierungswechsel. Gerade die als stockkonservativ und politisch als wenig beweglich geltenden Schwaben wählten mehrheitlich GRÜN! Und so geschah es, dass ausgerechnet im Musterländle, im Mekka der Autoindustrie, ein Grüner Ministerpräsident wurde! Der erste seiner Art in ganz Deutschland. Die Stimmung im Schwabenland war in jenen Tagen eine Mixtur aus Euphorie und Zukunftsangst, Verzweiflung und Aufbruchstimmung. Die Wechselwähler, die auf den Grünen-Zug aufgesprungen waren, wollten dies bestimmt auch als demonstrative Absage gegen Ministerpräsident Stefan Mappus verstanden wissen. Der große Hoffnungsträger für die neue Politik des Umbruchs war ein Mann aus katholischem Elternhaus, der als Lehrer Biologie, Chemie und Ethik unterrichtete – Windfried Kretschmann.

Einer meiner alten Studienfreunde hatte ihn noch als Lehrer gehabt und war wirklich begeistert von ihm. Er mochte die ruhige, überzeugende Art Kretschmanns und behauptet sogar, im Brustton der Überzeugung, viel von diesem gelernt zu haben – das sagt er, obwohl er eine ganz andere Partei als die, der Kretschmann angehört, wählt. Dieser war Gründungsmitglied der Grünen in Baden-Württemberg und saß – mit einigen Unterbrechungen – 30 Jahre lang auf der Oppositionsbank. Bevor er allerdings die Öko-Partei vorwärtsbrachte, war er, als Student, Mitglied des Kommunistischen Bundes Westdeutschlands. Etwas, was man sich bei ihm aus heutiger Sicht wahrlich nicht vorstellen kann, schließlich wirkt er eher besonnen und konservativ als aufrührerisch und maoistisch. »Vom Linksextremismus bin ich geheilt«, meinte er selbst zu seiner eigenen politischen Vergangenheit. »Ein fundamentaler politischer Irrtum.«

Tatsächlich kommt einem Kretschmann eher bodenständig vor. Seit 1975 ist der Mann mit dem markanten Bürstenhaarschnitt und der Vorliebe für dunkle Anzüge mit seiner Frau Gerlinde, einer ehemaligen Grundschullehrerin, verheiratet. Das Paar hat drei Kinder: Irene, Albrecht und Johannes. Mit seiner Familie wohnt Kretschmann in einem Stadtteil von Sigmaringen und verhält sich privat eher unauffällig. Nach eigenen Angaben ist er schon länger im Schützenverein als bei den Grünen und ein passionierter Wanderer. Auf der Schwäbischen Alb, so gibt er an, kenne er inzwischen jeden Felsen. Und natürlich, auch das gehört dazu, hat er sich als überzeugter VfB-Fan geoutet. Im Prinzip gibt Kretschmann den Bilderbuch-Schwaben und hat es auch geschafft, die Sympathien auf seiner Seite zu behalten, obwohl viele wohlklingende Worte aus der großen Aufbruchsphase von 2011 vom Mühlstein der Realität längst zermahlen wurden. Unzweifelhaft war es zu einem gewissen Teil das höchst umstrittene Bauprojekt des Tiefbahnhofs Stuttgart 21, das Kretschmann an die Macht brachte. Dieses war für ihn auch politische Chefsache. Doch die Wirklichkeit von heute zeigt, dass auch ein grüner Ministerpräsident das von vielen seiner Wähler verhasste Projekt nicht stoppen konnte. Ironischerweise wurde Ende vergangenen Jahres die 250. Montagsdemo gegen S21 gefeiert – so hatten sich das viele damals, nach dem epochalen Regierungswechsel, bestimmt nicht vorgestellt. Auch sind die Erfolge in Sachen Atomkraft-Ausstieg wohl eher bescheiden zu nennen. Immerhin konnten sich die passionierten Radfahrer unter den Regierungsmitgliedern erfolgreich einen anderen Urfeind ihrer Öko-Utopie vorknöpfen: Kamen einem als Autofahrer die Straßen in und um Stuttgart herum bisher wie das Pandämonium vor, haben sie sich inzwischen zum Inneren Kreis von Dantes Hölle verwandelt. Für nicht wenige Berufstätige aus dem Umland sind die Tempo-40-Schilder in der Stadt, in der sich eh alles rund um die Uhr staut, das politische Äquivalent einer ausgestreckten Zunge. Aber ganz davon abgesehen: Eines der unzweifelhaft originellsten und mit Abstand erfolgreichsten Projekte von Ministerpräsident Kretschmann: das Geschenk, das er sich für Staatsgäste hat einfallen lassen, »Regierungshonig«. Mehrere Bienenschwärme wurden im Park des Stuttgarter Regierungssitzes, der Villa Reitzenstein, untergebracht. Die Bienen im Dienste der baden-württembergischen Landesregierung sollen rund 200 Gläser Honig im Jahr liefern. »Die exklusive Auslese des Ministerpräsidenten« ist auf dem Etikett zu lesen.

Weil der Schwabe ein rätselhaftes Wesen ist und es unzählige Arten von ihm gibt

Mit dem Begriff »Schwaben« ist das nicht so einfach. Er kann vieles bedeuten und noch mehr meinen. Deshalb kann es hierbei sogar zum echten Streit kommen, weil eben jeder etwas anderes meint oder darunter versteht. So steht »Schwaben« einerseits sowohl für eine Volksgruppe, aber andererseits auch für eine Landschaft. Der Begriff wird außerdem als Synonym verwendet, um das historische Territorium Württemberg oder das heutige Baden-Württemberg zu bezeichnen. Was nicht korrekt ist, aber im Alltagsleben trotzdem oft gemacht wird. Zum Beispiel von den Badenern, wenn sie über die Schwaben schimpfen und eigentlich Württemberger meinen. Normalerweise sind natürlich mit »Schwaben« die Leute gemeint, die »schwäbisch schwätzen«, heißt, die diesem Dialekt zugehören. Aber auch das stimmt nicht wirklich, denn man meint damit eher jene Menschen, die im mittleren oder südöstlichen Baden-Württemberg leben, und weniger die im Süwesten Bayerns oder im Nordwesten Tirols, denn auch dort wird diesem Dialekt gefrönt. Im Prinzip wird »normales« Schwäbisch im Großraum Stuttgart, im Remstal bis Aalen, auf der Schwäbischen Alb bis zur Donau und in Teilen des nördlichen Schwarzwalds gesprochen. Eben im Südwesten.

Der Begriff wurde ursprünglich abgeleitet vom germanischen Volksstamm der Sueben. Linguistisch gesehen gehört das Schwäbische zu den alemannischen Dialekten, hat sich da aber abgespalten, weil im Schwäbischen gerne der Diphtongierung gehuldigt wird. Heißt: Der Schwabe bevorzugt in seiner ganz speziellen Sprache den Lautwandel und macht aus einem Vokal zwei. Aus »Wut« wird »Wuat«, aus »schön« – »schea«, aus »tot« – »daut«, aus »groß« – »graoß«, aus »über« – »iebr«. Aber das Problem: Es gibt eben nicht nur DEN EINEN schwäbischen Dialekt, sondern ganz viele. Und es kann durchaus sein, dass der Stuttgarter Schwabe Probleme damit hat, den niederschwäbischen Dialekt zu verstehen, oder der »Älbler« den »Ostälbler«. Es gibt unter anderem Neckarschwäbisch und Oberschwäbisch, Ostschwäbisch und sogar Enztalschwäbisch, das man im oberen Enztal und im unteren Nagoldtal spricht. Darüber hinaus kennt der Schwäbisch-Spezialist natürlich auch noch »Waldburgisch«, »Calwisch«, »Ellwangisch« oder »Ulmisch«. Schwaben sind einfach nicht gleich Schwaben. Und scheinen dabei sogar, wie bereits erwähnt, weit verstreut zu sein. Im Kerngebiet sind der Älbler, Ostälbler oder Oberschwabe. Mit »Donauschwaben« sind ausgewanderte Schwaben gemeint, die zwischen dem 17. Jahrhundert und der zweiten Hälfte des 19. Jahrhunderts das Land verlassen hatten und heute in Ungarn, Rumänien oder Ex-Jugoslawien leben. Aber auch das ist nicht wirklich korrekt: Obwohl von »Donauschwaben« die Rede ist, kamen die meisten dieser Auswanderer aus Lothringen, der Pfalz und dem Elsass. Nur eine geringe Prozentzahl waren wirklich Schwaben. Ein Teil der »Donauschwaben« sind die »Banaterschwaben«, eine deutsche Bevölkerungsgruppe im Banat.

Der Gipfel des Schwaben-Wahnsinns ist allerdings, dass sogar das absolute Paradoxon des »bayerischen Schwaben« existiert. Er kommt zwischen Donau, Ries, Iller, Alpen und Lech vor und ist in Städten wie Augsburg, Kempten, Memmingen oder Günzburg anzutreffen. Das bizarre Konstrukt von Bayerisch-Schwaben ist ein Bezirk und Regierungsbezirk in Bayern, der ein schwäbisches Siedlungsgebiet umfasst. Das ganze Gebilde entstand durch den Aufstieg Bayerns in den napoleonischen Kriegen und dem Beitritt zum Rheinbund. Ihnen wurden Anfang des 19. Jahrhunderts diese Gebiete zugesprochen. Wie man allerdings so hört, sollen viele der dort lebenden bayerischen Schwaben sehr stolz darauf sein, Schwaben in Bayern zu sein.

Weil der Streit zwischen Sauschwoba und Gelbfüßler niemals enden wird

»Was haben Schwaben und Äpfel gemeinsam? Beide sind am schönsten, wenn sie am Baum hängen!« Solche und ähnliche Nettigkeiten haben die lieben Badener für uns parat. Und sie erzählen natürlich auch gerne Witze über ihr Vorbehalte gegen uns: »Ein Badener steht auf der Rheinbrücke und sieht einen Mann am Ufer stehen und Wasser trinken. Er brüllt sofort: ›Heh! Bisch du verrückt?‹ Denn das Wasser kann man nicht trinken. Es ist dreckig und giftig. Der Mann am Ufer schreit zurück: ›Hä, was hosch gsait?‹ Da ruft der Badener: ›Langsam trinke! Des Wasser isch kalt!‹« Gerne antworten sie auch auf die Frage, wie denn die Schwaben entstanden seien. »Der liebe Gott saß auf dem Feldberg, schaute auf den Rhein und schnitzte die Badener. Jedes Exemplar, das misslungen war, warf er hinter sich.«

Aber wir Schwaben wissen uns ob solcher Anwürfe wacker zu wehren. Oft werden wir nämlich gefragt, ob wir denn was gegen die Badener hätten. Die Antwort wäre: »Wir haben absolut nichts gegen sie – zumindest nichts, was hilft.« Oder wie wäre es mit dem: »Was ist der Unterschied zwischen einem Badener und einem Terroristen? – Terroristen haben wenigstens Sympathisanten.« Vielleicht auch interessant die Frage, warum an der Grenze zu Württemberg immer sehr viele badische Väter mit ihren Kindern stehen. »Damit die Kleinen mal sehen, wo sie später ihr Geld verdienen.« Auf den Punkt bringen könnte man das Verhältnis zwischen Badenern und Schwaben auch damit: »Was ist das Einzige, was Baden mit Württemberg verbindet? Der Bindestrich!«

Während wir für die Badener »Sauschwoba« sind, bezeichnen wir sie als »Gelbfüßler«. Was besonders apart ist, weil dieser Ausdruck ursprünglich auch für den Volksstamm der Schwaben an sich gebraucht wurde. Er soll, so besagt eine der vielen Legenden, daher rühren, dass die Schwaben im 16. Jahrhundert so arm gewesen seien, dass sie sich kein Schuhwerk leisten konnten. Weshalb sie barfuß liefen und ihre Füße stets mit Lehm und Dreck verschmiert waren, heißt gelbbraun verfärbt. Eine andere Geschichte behauptet, dass die Schwaben einst, als steuerliche Abgabe, Eier an den kaiserlichen Hof liefern mussten. Weil die geforderte Menge jedoch nicht in den Korb passte, zertraten sie die Eier, damit sie alles unterkriegen konnten. Nur waren halt die Füße gelb. Andere Quellen berichten freilich, dass sich diese Story nicht auf Schwaben, sondern eigentlich auf die Badener bezieht. Jedenfalls muss irgendwann mal die Bezeichnung »Gelbfüßler« als Schimpfwort für »Badener« eingeführt worden sein. Böse Zungen behaupten, es käme davon, dass sie immer gegen den Wind pinkeln. Wahrscheinlicher ist jedoch, dass es sich auf etwas ganz anderes bezieht, nämlich das Beinkleid badischer Soldaten des 18./19. Jahrhunderts, das aus gelben Strümpfen und Gamaschen bestand. Und weil der Schwabe zu »Bein« »Fuß« sagt, wurde daraus eben »Gelbfüßler«. Wesentlich schlimmer als »Gelbfüßler« empfindet der Badener allerdings den Ausdruck »Badenser«. In den 1950er-Jahren kam es sogar zu einer kleinen politischen Auseinandersetzung wegen dieses Wortes. Als ein Heilbronner Abgeordneter des baden-württembergischen Landtags einen badischen CDU-Abgeordneten »Badenser« nannte, verbat der sich diesen Ausdruck mit dem Hinweis, er werde seinen

Kollegen aus Heilbronn sonst künftig »Heilbronnser« titulieren. Mit »Bronser« ist im Schwäbischen ein »Pisser« gemeint.

Natürlich wird, was die Feindschaft zwischen Badenern und Schwaben angeht, viel Koketterie betrieben und natürlich ist das alles heutzutage auch nicht so bierernst gemeint. Dennoch, und das gilt auch für die Gegenwart: So ein wenig skeptisch und misstrauisch betrachten wir uns schon. Das geht damit los, dass für die Badener der Erfinder des Autos natürlich nicht Gottlieb Daimler, sondern der aus Karlsruhe stammende Carl Benz ist. Deshalb fahren sie, nicht etwa wie der Schwabe, einen »Daimler«, sondern einen »Benz«. Ganz offen werden die Animositäten und Antipathien gegeneinander beim Fußball ausgetragen. Wer in Karlsruhe mit einem »VfB«-Schal herumläuft, dürfte als suizid-gefährdet eingestuft werden. Es wird sogar behauptet, dass KSC-Fans extra mit dem Zug nach Stuttgart fahren, nur um dort über die Schienen zu pinkeln. Kommt es zu einem Derby zwischen den beiden Mannschaften, bleibt wüste Randale nicht aus. Und das ist leider gar nicht zum Lachen. Weder für die »Sauschwoba« noch die »Gelbfüßler«.

Weil schwäbische Lebensweisheiten schon seit Jahrhunderten gelten

Über die Heirat: A Frau macht sich emmer Sorga um ihr Zukunft, bis se an Mo hod. A Mo macht sich nia Sorga um sei Zukunft, bis er a Frau hat. (Eine Frau macht sich Sorgen um ihre Zukunft, bis sie einen Mann hat. Ein Mann macht sich nie Sorgen um die Zukunft, bis er eine Frau hat.)

Über die Zukunft: Wenn I geschdern gwissd het, was i heud woiß, miassd e morge et do, was i früher scho et gern do han. (Hätte ich gestern schon das gewusst, was ich heute weiß, müsste ich morgen nicht das tun, was ich früher schon nicht gern gemacht hätte.)

Schwäbische Hausfrau: A hausigs Weib isch de beschd Sparkass.

Besser als nichts: besser als end Hos geschissa

Besuch ist wie Fisch: Bsuach isch wia fisch, noch drei dag fangd dr a zom stänga.

Es ist einerlei, wie man es macht, es führt zum selben Ergebnis: Des isch ghopfd wia gschpronga.

Heirate keine hässliche Frau, die hübsche isst auch nicht mehr: Bua nemm no koe Wiaschda, a Schena frissd ao ed me.

Dumme üben gerne üble Nachrede: Je mehr Mist oiner im Kopf hat, desto mehr stinkt er aus em Maul.

Genussmensch: Lieber en Ranza vom Fressa als en Buckel vom Schaffa.

Feine Unterschiede: Omasonscht ist fei no lang net gschenkt.

Schwabenalter: Mit 40 wird der Schwab erst gscheit – die andere net in Ewigkeit.

Wer dumm ist, kann auch nichts vergessen: Wer nex glernt hat, ka au nex vergessa.

Wenn man mich nur machen ließe, was ich gerne mache, würde ich auch was machen: Wemmerme bloß lassa dät, wie i gern möchta dät, na däte sogar ebbes do.

Ein Geizhals und ein fettes Schwein haben erst nach dem Tod einen Nutzen: A Geizhals ond a fedde Sau send erschd noch am Dod zu äbbas nuddz.

Ein guter Wein kann auch einem Dummen nicht schaden: A gscheidr Wei hodd no koim Domma gschaded.

Eine alte Sonntagshose hält werktags nicht so lange wie eine alte Werktagshose am Sonntag: A alde Sonndagshos am Werkdag hebd nedd so lang wie a alde Werkdagshos am Sonndag.

Ein Gesunder hat 1.000 Wünsche, ein Kranker nur einen: A Gsondr hodd dausend Winsch, a Krankr bloß oin.

Eine gute Ausrede ist viel wert: A guade Ausred isch an Baddza werd.

Ein echter Schwabe ist nie ganz zu zähmen: A reachdr Schwob wird nia ganz zahm.

Lieber einen Spatz in der Hand als eine Taube auf dem Dach: A Schdigg Brod em Sagg isch bessr wia a Fedr am Huad.

Der Schwabe ist nicht reich, weil er viel Geld verdient, sondern wenig ausgibt: A Schwob wird nedd reich durch viel vrdiena, sondern durch wenig ausgäba.

Eine Frau gibt mehr aus, als der Mann nach Hause bringen kann: A Weib ka em Schurz meh nausdraga, als dr Mo uffm Wagga reifierha.

Alte Liebe wird nicht rostig, aber sie kann schimmeln: Alde Liebe roschded nedd, abbr schimmlig ko se werda.

Jede Neuigkeit verdrängt die Sensation von gestern: Äll Dääg schbrengd a andre Sau durchs Dorf.

Beim Essen und bei der Bekleidung kann man am meisten sparen: Am Maul ond an de Gloidr ko mr am maischda schpara.

Lebenserfahrung macht weise: Au a alde Maus finded iberall a Loch.

Der Mensch wird alt wie eine Kuh und muss lernen immerzu: Au wemmr ald wird wia a Kuah, mr lernd emmr was drzua.

Es bleibt alles beim Alten: Aus amma Scheißhafa wird nia a Subbaschissl.

Bei den Reichen lernt man sparen, bei den Armen kochen: Bei de Reiche lernt ma s spara, bei de Arme s kocha.

Weil der Sohn des »Wüstenfuchses«
immer gute Sprüche draufhatte

Er war ein Politiker, der über den Tellerrand oder die Parteigrenzen hinausblickte. Ein kluger, eigenwilliger Kopf, der sich traute, anzuecken und für seine eigenen Wertvorstellungen einzutreten. Egal was seine parteipolitischen Mitstreiter dazu meinten. Wenn ihm die Parteimeinung nicht passte, votierte er für die Opposition. Von solchen Politikern wie ihm träumen wir heute nur noch. Er hatte Charisma und klare Vorstellungen. Gleichzeitig war er eine echte Type, ein Unikum, ein Spaßvogel. Er regierte über drei Amtszeiten die Landeshauptstadt, von 1974 bis 1996, und traf viele wegweisende Entscheidungen. Kein Stuttgarter Oberbürgermeister brachte es zu mehr Anerkennung – über alle Parteigrenzen hinaus – als Manfred Rommel.

Ich habe ihn 1994 kennengelernt, als ich mit einem Kollegen zusammen eine Dokumentation über den berühmten amerikanischen Comic-Künstler Carl Barks, den Erfinder von Entenhausen und Dagobert Duck, drehte. Barks war ein echter Comic-Star, auch weil er einst aus Schnatterheini Donald Duck eine Ente mit urmenschlichen Charaktereigenschaften gemacht hatte: einen cholerischen Erpel mit dem Herz am rechten Fleck. Der Comic-Großmeister war gerade auf Deutschlandtour und machte auch Station in Stuttgart. Und da wollten wir einfach vom Oberbürgermeister der Stadt wissen, was er denn von Entenhausen und seiner Bevölkerung hält. Obwohl wir eigentlich keine Hoffnung hatten, als wir den Brief an den OB verfassten, bekamen wir umgehend eine Antwort. Eine positive! Rommel erklärte sich, ohne zu zögern, für ein Interview bereit. Tatsächlich schien er ein echter Fan der Disney-Comics, als er vor unserer Kamera stand. Denn er äußerte sich mit großer Begeisterung, sehr klug und knitz: »Was die Vermögensverhältnisse anlangt, ist mir Dagobert lieber, was die Einstellung zum Leben angeht, bevorzuge ich Donald.«

Der Vollblutpolitiker Manfred Rommel hatte, selbst bei politischen Diskussionen, den Schalk im Nacken. Für ihn schien Humor eine Überlebensstrategie. Als 15-Jähriger musste er einst miterleben, wie sein Vater, Generalfeldmarschall Erwin Rommel, genannt »der Wüstenfuchs«, von den Nazis zum Selbstmord gezwungen wurde. Hitler verdächtigte ihn, bei der Verschwörung des 20. Juli 1944 mitgewirkt zu haben. Sein Tod wurde von der NS-Führung dann als Folge einer Kriegsverletzung dargestellt. Dieses traumatische Ereignis dürfte Rommel dazu gebracht haben, sich zeit seines Lebens für Toleranz einzusetzen. Und so traf er während seiner verschiedenen Amtszeiten Entscheidungen, für die er damals – auch innerhalb der eigenen Partei – heftig kritisiert wurde, die aber aus heutiger Sicht ebenso klug wie visionär waren. 1978 legte er wichtige Leitlinien der Ausländerpolitik fest und erklärte, dass ausländische Einwohner im Interesse der Erhaltung der Wirtschafts- und Lebenskraft der Stadt Stuttgart seien. »Es entspricht dem kommunalen Selbstverständnis und der gesetzlichen Aufgabenstellung der Stadt«, so erklärte er weiter, »die Ausländer und ihre Familienangehörigen in gleicher Weise wie die Deutschen in ihrer Sorge um das wirtschaftliche, soziale und kulturelle Wohl ihrer Einwohner einzubeziehen.« Er war außerdem Gründungsmitglied und langjähriger Kuratoriumsvorsitzender des Deutsch-Türkischen Forums Stuttgart.

Für Aufsehen sorgte er, als er sich nicht nur während der RAF-Zeit für den umstrittenen Schauspieldirektor des Stuttgarter Staatstheaters, Claus Peymann, einsetzte, der als Terroristen-Sympathisant gebrandmarkt wurde, sondern auch entschied, dass die RAF-Terroristen Andreas Baader, Grudrun Ensslin und Jan-Carl Raspe gemeinsam auf dem Dornhaldenfriedhof beerdigt werden. Was damals für große Empörung sorgte. Daneben engagierte sich Rommel erfolgreich für eine Standortverbesserung der Stadt. In seiner

Zeit wurden die Hanns-Martin-Schleyer-Halle und die Liederhalle gebaut. Außerdem setzte er sich für den Ausbau des Flughafens ein.

Rommel war ein Macher, aber einer, der sich stets auch um Verständigung bemühte. Ein kluger Stratege und weitsichtiger Denker, was ihm auch den Spitznamen »Philosoph im Rathaus« eintrug. Dabei pflegte er stets seinen schwäbischen Dialekt und hatte in jeder Situation einen einfallsreichen Spruch parat. So meinte er etwa: »Es erhebt sich die grundsätzliche Frage: Wie soll man in der Politik mit der Wahrheit umgehen? Die Antwort muss lauten: vorsichtig.« Auch nicht schlecht folgender Spruch: »Der Mensch hat eine besondere Begabung, das, was er in seinem Kopf vorfindet, wahrer anzusehen als das, was er mit den Augen sehen könnte, wenn er sie aufmachte.« Rommel wirkte wie eine Aphorismensammlung auf zwei Beinen. Verständlicherweise war er deshalb neben seiner politischen Tätigkeit auch als Buchautor sehr erfolgreich. Vor allem Gedichte und Gedanken über Politik, die Welt und die Schwaben hatten es Autor Rommel angetan. Obwohl an Parkinson erkrankt, nahm er auch nach seiner Zeit als Stuttgarter Oberbürgermeister am politischen Leben teil. Er war vor allem ein gefragter Redner, dessen launige, geistvolle Sprüche regelmäßig ihr Publikum fanden. Am 7. November 2013 starb der Ausnahme-Politiker schließlich im Alter von 84 Jahren. Ihm zu Ehren wurde im Oktober 2014 der Landesflughafen Stuttgart offiziell im »Manfred-Rommel-Flughafen« umgetauft. Eine von vielen Ehrungen, die ihm zuteil wurden. Und vermutlich hätte er auch hier nur Folgendes zum Besten gegeben: »Die Zahl der Titel will nicht enden. Am Grabstein stehet: Bitte wenden!«

Weil die Ott-Pausersche Fabrik
einen Blick in die Vergangenheit gewährt

Ein eindrucksvolles altes Fabrikgebäude, mitten in Schwäbisch Gmünd. Wer es betritt, glaubt, eine Zeitreise anzutreten in das Zeitalter der Industrialisierung. Hier wirkt alles noch so, als sei es gerade eben erst verlassen worden. Werkstätten, Schmelzöfen, Drahtziehbänke, Walzwerke, Friktionsspindelpressen oder Fall- und Krafthämmer: Alles, was es damals vor über 150 Jahren eben brauchte, um Schmuck- und Silberwaren zu ziselieren, gravieren, montieren und polieren. Auch ein großer Gasmotor ist zu bewundern, der einst über eine Transmissionsanlage alles hier in Bewegung setzte. In unzähligen Regalen finden sich Hunderte sogenannter Stahlgesenke, Negativabdrucke der Silberwaren, mit denen zum Beispiel Stockgriffe oder Kerzenleuchter geformt werden konnten. Sie alle erzählen stumme Geschichten längst vergangener Modetrends. Selbst das Kontor des Unternehmens – inklusive Telefon, Auftragsbüchern, Lohnrechnungen und Schreibmaschinen – steht noch so da, als hätten die Angestellten gerade Mittagspause.

Die Ott-Pausersche Fabrik wurde 1845 errichtet, zu einer Zeit, als Schwäbisch Gmünd bereits den Ruf einer florierenden Schmuckstadt hatte. Sie gilt als das älteste erhaltene Fabrikgebäude der Stadt, als einmaliges Zeugnis der Industrialisierungs- und Wirtschaftsgeschichte Baden-Württembergs. 1986 wurde es zum erhaltenswerten Kulturdenkmal erklärt. In der Tat ist es eine Besonderheit, dass alle Fabrikationsanlagen noch heute bestehen und jeder sich ein genaues Bild davon machen kann, wie hier früher gearbeitet wurde. Das ist auch dem letzten Besitzer, Emil Pauser, zu verdanken, der sich als echter Bewahrer und Hüter der Fabrik zeigte.

Seit 1992 ist die Ott-Pausersche Fabrik ein Museum. Gerhard Blassa arbeitet dort als Museumsführer, und er geht ganz auf in dieser Rolle, kennt er doch jedes Instrument, jede Gerätschaft dieser ehemaligen Silberfabrik und kann noch dazu jedem Besucher zeigen, wie im 19. Jahrhundert hier graviert wurde. »Die Angestellten sind damals von weither gekommen«, erklärt er. »Um hier arbeiten zu können, mussten sie morgens erst mal einen Fußmarsch von oft über zwei Stunden antreten.« Aber die Stahl- und Flach-Graveure, die hier einst arbeiteten, hatten ein Berufsethos und waren von sich sehr überzeugt. Nicht umsonst, denn ihr Beruf war außerordentlich angesehen und sehr gut bezahlt. Viele andere Arbeiter bekamen als Lohn nur einen Sack Obst. Verlangt wurde von ihnen allerdings eine ganze Menge. Sie alle mussten ihre Werkzeuge selbst mitbringen, die Firma bot in dieser Hinsicht gar nichts an. »Außerdem wurde von ihnen eine hohe Kunstfertigkeit gefordert«, erklärt Gerhard Blassa. »Sie mussten in ihrem Handwerk einfach perfekt sein.« Weil sie sehr stolz auf sich und ihren Beruf waren, zelebrierten die Graveure der Ott-Pauserschen Fabrik auch ihr Handwerk. Jeden Morgen, wenn sie zur Arbeit erschienen, waren sie wie aus dem Ei gepellt, trugen einen Frack. »Deshalb«, so Blassa, »wurde ihnen nachgesagt, einen Besenstiel verschluckt zu haben.«

Hergestellt wurde ursprünglich Schmuck, später dann Silberwaren. 1860 galt die Ott-Pausersche Fabrik als bester Steuerzahler in der ganzen Region Schwäbisch Gmünd. »Die haben ganz schön umgesetzt«, stellt der Museumsführer lapidar fest. Was ihn so fasziniert an diesem alten Fabrikgebäude mit seinen unzähligen Gerätschaften und Maschinen, ist, dass hier noch alles von Hand gefertigt wurde. »Und das«, so steht für ihn fest, »wirkt einfach unglaublich sinnlich. Gerade im Computerzeitalter.«

Weil der erste Bundespräsident ein Schwabe war

Theodor Heuss. Wer heute in Stuttgart diesen Namen nennt, wird an eine Straße verwiesen, die zwischen dem Rotebühlplatz und dem Friedrichsbau verläuft. »Die Theo« ist DIE Partymeile in Stuttgart. Club reiht sich dort an Club, Lounge an Lounge, Bar an Bar: ob »Suite 212«, »Barcode«, »7Grad« oder »Muttermilch«. In der »Theo« wird an den Wochenenden wildes Bar-Hopping betrieben. Bevorzugt allerdings von Partygängern aus dem Umland der Landeshauptstadt. Oder anders ausgedrückt: Samstag und Sonntag findet hier eine Invasion der »Landeier« statt, der Bär, der hier steppt, ist ein klassischer Provinz-Bär. Und der heizt gerne mit seinem selbst aufgemotzten 3er BMW-Cabrio und quietschenden Reifen die Straße rauf und runter, in der verzweifelten Hoffnung, von den vielen flanierenden Partygängern bemerkt und bestaunt zu werden. Echte Stuttgarter Szenegänger halten sich deshalb, ob dieses höchst gewöhnlichen Treibens, nur unter der Woche in der Theodor-Heuss-Straße auf. Allerdings ist diese Straße temporär immer wieder magischer Anziehungspunkt, so wie bei der Fußball-WM 2006: Dort verwandelte sich »die Theo« in einen Ozean voller feiernder Fans. Die dort im Stau stehenden Autos wurden um- und überspült, durchgerüttelt und von so mancher Fanwelle erfasst. Stuttgart hat vermutlich weder davor noch danach jemals so ausgelassen, wild und doch so friedlich und freundschaftlich verbunden gefeiert. Mit den Gesängen von »Stuttgart ist viel schöner als Berlin« tröstete die ganze Stadt die deutsche Mannschaft, die kurz zuvor im Gottlieb-Daimler-Stadion ihr letztes Spiel der WM um Platz drei gemacht und das Endspiel in der Bundeshauptstadt verpasst hatte.

Aber halt – da war doch noch was … Richtig! Der Mann, der jener Straße in Stuttgart überhaupt erst den Namen gab: Theodor

Heuss, der erste deutsche Bundespräsident. 1949 wurde der im schwäbischen Brackenheim geborene Journalist, Autor und Politiker in dieses Amt gewählt. Er hatte vor allem die weder dankbare noch einfache Aufgabe, das schlechte Ansehen der Deutschen international zu verbessern. Aber er stellte sich dieser Herausforderung, so schwierig sie war, mit voller Energie und nach seinem eigenen Motto: »Der einzige Mist, auf dem nichts wächst, ist der Pessimist.« Eine weitere Kernaufgabe: Er versuchte, das Demokratieverständnis der Deutschen zu verbessern. Dazu erklärte er treffend: »Man muss das als gegeben hinnehmen: Demokratie ist nie bequem.« Darüber hinaus mischte sich Heuss auch in die Diskussion um die deutsche Nationalhymne ein. Als frischgewählter Bundespräsident verlangte er eine neue Hymne für die Bundesrepublik, was für ihn die von Rudolf Alexander Schröder gedichtete und von Hermann Reutter vertonte *Hymne an Deutschland* gewesen wäre. Das alte *Deutschlandlied* sei durch den Missbrauch der Nazis nicht mehr zu verantworten. Die erste Strophe war Heuss zu trivial, die dritte für sich allein nicht ausreichend. Doch Bundeskanzler Konrad Adenauer war anderer Meinung und setzte diese dritte Strophe als Nationalhymne durch.

Große Beachtung fand die Gedenkrede von Heuss im ehemaligen Konzentrationslager Bergen-Belsen. Hier wies er die Behauptung zurück, man habe in Deutschland nichts vom Holocaust gewusst, und forderte das Land auf, sich mit seiner Vergangenheit auseinanderzusetzen: »… wir dürfen es uns nicht so leicht machen, nun das vergessen zu haben, was die Hitlerzeit uns gebracht hat.« Von einer »Kollektivschuld« wollte er aber nichts wissen, weil ihm dies zu simpel erschien. Indes bekannte er sich zu einer »Kollektivscham«.

Heuss kam so gut in der Bevölkerung an, dass er bei der zweiten Wahl zum Bundespräsidenten über 88 Prozent der Stimmen auf sich vereinen konnte und man nach dieser zweiten Amtszeit sogar erwog, das Grundgesetz zu ändern, damit er noch ein drittes Mal als Bundespräsident antreten konnte. Aber Heuss winkte ab. 1959 zog er nach Stuttgart auf den Killesberg und schrieb dort Teile seiner Memoiren. Er starb am 12. Dezember 1963, wenige Wochen vor seinem 80. Geburtstag, nachdem er eine Beinoperation im Katharinenhospital eigentlich gut überstanden hatte. Seine letzte Ruhe fand er auf dem Stuttgarter Waldfriedhof. Die ehemalige Wohnstätte des ersten deutschen Bundespräsidenten wurde in ein Museum verwandelt, das Theodor-Heuss-Haus, welches 2002 vom damals amtierenden Bundespräsidenten Johannes Rau eröffnet wurde. Für Heuss stand fest, dass Deutschland Europa brauche, Europa aber auch Deutschland. Und er hatte noch einen anderen Spruch auf Lager, der nicht politisch, sondern einfach nur sehr weise war: »Es ist keine Schande hinzufallen, aber es ist eine Schande liegen zu bleiben.«

Weil der Blutritt seit fast 500 Jahren stattfindet

Ich weiß nicht, seit wie vielen Jahren oder Jahrzehnten mein Freund und Kollege Bernhard den legendären Blutritt von Weingarten filmisch dokumentiert. Bestimmt schon über 25 Jahre. Er ist in diesem Ort groß geworden, und seit er sich in Stuttgart als TV-Produzent einen Namen gemacht hat, dreht er für seine Heimatstadt diesen alljährlich stattfindenden Event. Gibt es doch für die Kameras auch viel her und hat, was den Aufmarsch an Reitern angeht, beinahe *Ben Hur*-Qualität. Ein Riesenspektakel eben, das von seinem Ablauf und auch von seinem Namen her allerdings doch etwas merkwürdig anmutet. Aber es ist eine uralte Tradition und der Blutritt im oberschwäbischen Weingarten gilt als die größte Reiterprozession dieser Art in ganz Europa. Das ist doch schon mal was!

Diese reine Männerwallfahrt findet immer am Blutfreitag statt, dem Freitag nach Christi Himmelfahrt. Mehrere Tausend Reiter nehmen an dem traditionellen Ritt teil. Im Mittelpunkt steht dabei eine Reliquie aus der Abtei Weingarten: ein Stückchen Erde, das ein paar Tropfen vom Blut Jesu Christi beinhalten soll. Diese Heilig-Blut-Reliquie befindet sich in einem gläsernen Röhrchen, das in ein mit 65 Edelsteinen besetztes goldenes Doppelkreuz eingearbeitet und – eben am Blutfreitag – vom sogenannten Heilig-Blut-Reiter dann durch Weingarten und Umgegend getragen wird. Er spendet den Segen des Heiligen Blutes für Haus, Hof und Felder. Unterstützt von einer Phalanx aus Reitern in Frack und Zylinder. Und fast jede dieser rund 100 Blutreitergruppen wird von ihrer örtlichen Musikkapelle begleitet. Am Ortsausgang trennen sich die Musikkapellen dann ab, und es bleiben die Reiter übrig, die sich im Gebet üben. Eine gigantische Veranstaltung, die jährlich von mehr als 30.000 Pilgern und Zuschauern verfolgt wird. Dabei beginnt alles eigentlich schon einen Tag vorher, an Christi Himmelfahrt. Dort treffen sich Tausende von Gläubigen, um an einer eindrucksvollen Lichterprozession von der Basilika St. Martin, wo sich die Reliquie befindet, zum Kreuzberg teilzunehmen. Der Blutfreitag selbst beginnt gegen vier Uhr morgens. Da läutet die Heilig-Blut-Glocke und lädt zur Reitermesse ein. Weitere Messen werden gefeiert, während die Reiter Aufstellung nehmen. Dann läutet die Glocke um sieben Uhr erneut. Die Reliquie wird dem Altar entnommen und dem Heilig-Blut-Ritter übergeben. Danach beginnt dann der eigentliche Blutritt. Nach circa fünf Stunden ist alles zu Ende und die Heilig-Blut-Reliquie kommt wieder in die Basilika St. Martin zurück.

Erstmals schriftliche Erwähnung fand diese Reiterprozession 1529, sie muss aber schon wesentlich älter sein, denn in der Aufzeichnung wird auf einen alten Brauch hingewiesen. So seltsam dieser nun auch wirken mag, ganz früher soll er sogar noch merkwürdiger abgelaufen sein. Denn dort sollen die Väter mit ihren volljährigen Söhnen teilgenommen und diesen an bestimmten Stellen Ohrfeigen verpasst haben – quasi als Gedächtnisstärkung.

Mein Kumpel Bernhard zeigt sich nach wie vor beeindruckt von diesem Brauch, sodass er ihn auch heute noch gerne filmisch einfängt und ihn gegen alle Anfeindungen in Schutz nimmt. Schließlich ist er damit aufgewachsen. Ganz im Gegensatz zu Regisseur Douglas Wolfsperger. Der ist in Konstanz am Bodensee groß geworden und hat 2004 einen wenig schmeichelhaften, eher kritisch-ironischen Film über das archaische Ritual gedreht: *Die Blutritter* zeigt aus der Perspektive verschiedener Familien und Würdenträger – zum Beispiel Landmetzger, Imker-Paar, Klosterbruder, Abt – Vorbereitung und Ablauf der Reiterprozession und hinterfragt sowohl den Blutritt als auch die Menschen, die daran teilnehmen. Und, machen wir uns nichts vor, auch wenn der Film seine Qualitäten hat: Er wird für niemanden einen Grund liefern, Schwaben zu lieben. Ganz im Gegenteil.

Aber: Egal wie mysteriös, befremdlich und bizarr dieses ganz spezielle katholische Ritual sein mag, das hier in Oberschwaben praktiziert wird, egal auch ob man an die Authentizität der Heilig-Blut-Reliquie glaubt: Der Blutritt findet selbst im durchdigitalisierten Zeitalter seine Anhänger. Während die Kirchen heute mit Austritten zu kämpfen haben, scheint die Reiterprozession in Weingarten die Menschen nach wie vor magisch anzuziehen und bleibt ein echter Event. Wer im Übrigen befürchtet, die Reliquie könne zerstört werden, sollte das Pferd den Heilig-Blut-Reiter zu Fall bringen, der täuscht sich. Auch da beweisen die Schwaben einmal mehr Schlauheit: Sie haben das wertvolle Stück durch eine Kette mit drei Ringen gesichert, so kann es dem Träger nicht entgleiten.

KAPITEL 11

Schwäbische Superlative

Weil sich die älteste deutsche Sektkellerei
in Esslingen befindet

Was haben Romy Schneider, Errol Flynn und Konrad Adenauer gemeinsam? Sie alle liebten Kessler-Sekt und statteten der ältesten Sektkellerei Deutschlands einen Besuch ab. Sowohl der berühmten »Sissi«-Darstellerin als auch dem legendären Hollywood-Star zu Ehren wurden sogar von Kessler spezielle Sekt-Cocktails kreiert. Bei »Romy« werden Aperol, frisch gepresster Zitronensaft sowie Puderzucker gemixt und in den Sekt gegeben, bei »Errol« Rum, Ananassaft, Grenadine und Kirschlikör. Wohl bekomm's!

Die Firma Kessler residiert in der historischen Innenstadt von Esslingen am Neckar, in einem wunderschönen, uralten Gebäude, dem Speyrer Pfleghof, einst Teil einer Stiftung von Kaiser Friedrich II. Heute ist es eher als Kesslerhaus bekannt. Und genau hier tummeln sich regelmäßig unzählige Fans der perlenden Flüssigkeit aus aller Welt, denn die Sektkellerei bietet Verkostungen und Besichtigungen an. Was in diesem historischen Ambiente wirklich ein Ereignis ist. Allein die mittelalterlichen Gewölbekeller mit dem an der Decke wuchernden schwarzen Kellerpilz dürfte niemand so schnell vergessen. Der Kessler-Sekt wird auch heute noch traditionell, so wie zur Gründerzeit, in Form von Flaschengärung hergestellt, ein schonendes, aber aufwendiges Verfahren. Zum Beispiel stecken die Flaschen kopfüber in Rüttelpulten, die regelmäßig gedreht und gerüttelt werden müssen, damit die Hefe in den Flaschenhals wandert. Wer eine Führung mitmacht, erfährt Spannendes und Aufregendes über die Kunst der Sektherstellung, über die unterschiedlichen Gärprozesse, das Lagern und Umschichten, das Einfrieren, Degorgieren und Dosieren: Die Flaschen werden mit Reserveweinen aufgefüllt, einer jeweils ganz bestimmten Dosage, die dem Produkt die gewünschte Geschmacksrichtung gibt.

Das Besondere bei dieser Sektkellerei: Sie ist nicht nur ein Magnet für die Besucher von außerhalb, sondern auch beim ganz normalen Esslinger sehr beliebt. Hier trinkt man gerne auch am Samstag ein, zwei Gläschen, um das Wochenende einzuläuten. Und das, was hier angeboten wird, braucht den Vergleich mit anderen Edel-Sekten nicht zu scheuen. Jägergrün, Cabinet oder Hochgewächs sind einfach oberlecker. Letzteres diente der Zeppelin-Reederei in den 1920er- und 1930er-Jahren als Bordgetränk ihrer Luftschiffe. Nein, billige Plörre wird hier nicht produziert: Das perlende Getränk, dessen Markenzeichen zwei Kellner sind, die mit einem Sektkühler herbeieilen, lagert mehrere Jahre im Gewölbekeller der Kellerei, und die Weine, aus denen sie bestehen, kommen aus hervorragenden Lagen. Verwendet wird deutscher Riesling oder französischer Chardonnay.

Begonnen hat alles mit Georg Christian von Kessler, der ursprünglich als Geschäftsführer und Teilhaber des französischen Champagnerhauses Veuve Clicquot Ponsardin arbeitete. Nach dem Tod seiner Frau verließ er Reims, brachte als Erster das Geheimnis der Schaumweinerzeugung nach Deutschland und gründete in Esslingen 1826 die erste deutsche Sektkellerei. Zur Herstellung des edlen Getränks verwendete er die gleichen Methoden wie in der Champagne. Kesslers innovativer Geist zeitigte großen Erfolg. Schon bald war sein »moussierender Neckar-Wein« am württembergischen Hof sehr beliebt, ebenso wie bei dem aufstrebenden Bürgertum. Außerdem wurde bereits 1829 nach Russland, Großbritannien und in die USA exportiert. International bekannt wurde er Mitte / Ende des 19. Jahrhunderts durch Weltausstellungen in Paris, Philadelphia und Chicago, wo der »Sparkling Neckar« mehrfach ausgezeichnet wurde. Wer den aus Schwaben stammenden Perlwein schon einmal probiert hat, weiß, dass er sich tatsächlich vom Geschmack des Champagners, dessen Herstellung einst von Kessler übernommen wurde, unterscheidet und eine völlig eigene Note hat. Eine, die sich wahrlich trinken lässt. Als Hollywoodschauspielerin

Katherine Heigl 2012 Esslingen besuchte und auf Lackpumps durch die einstige Heimat ihres Großvaters stöckelte, soll sich in ihrem Geschenkkorb auch Kessler-Sekt befunden haben. Im Jahr zuvor ließ es sich der berühmte Berliner Haar-Stylist Udo Walz nicht nehmen, bei einer Stippvisite in der Stadt einen Abstecher zu Kessler zu machen. Ihm soll es Kessler Rosé angetan haben. Wie auch immer: Kessler-Sekt ist Kult. Auf ihn ist der Schwabe tatsächlich stolz. Und das will wirklich was heißen. Er gehört zu Esslingen wie das berühmte Glockenspiel oder die Burg. Und nun raten Sie mal, wie der Ort heißt, an dem sich die älteste Sektkellerei Deutschlands befindet? Richtig: Georg-Christian-von-Kessler-Platz.

103. GRUND

Weil der erste Fernsehturm der Welt in Stuttgart steht

Nein. Die Sache mit dem Fernsehturm werde ich nie vergessen. Ich habe Ende der 1980er-Jahre bei der Popwelle SDR3 moderiert. Vor allem die Sendung *Point.* An diesem Abend stand eine Spezialausgabe auf dem Programm, eine Jubiläumssendung für die beiden Radio-Comicfiguren »Frau Kächele und Frau Peters« von Teflon Fonfara. Wir hatten meine Moderationen vorher aufgenommen und mit Dialogen der beiden fiktiven Figuren kombiniert. In dieser speziellen Folge liefern sich die beiden eine wilde Verfolgungsjagd per Helikopter mit dem fiesen Magier Uri Geiler, der nicht nur den Jubiläums-Hefezopf stiehlt, sondern auch das Wahrzeichen von Stuttgart verbiegt. Den Fernsehturm. Alles war aufgemacht wie Orson Welles' legendäres Hörspiel *War of The Worlds*, nur dass alles so comichaft überzogen war, dass es nur schwer als Realität gedeutet werden konnte. Das Gegenteil war der Fall. Tatsächlich dachten nicht wenige im Sendegebiet, das Geschehen sei authentisch, weshalb ich einen Anruf der Polizei in die Sendung bekam, sie hätten

aufgebrachte Anrufe von Hörern bekommen, die ihnen vom ver-
bogenen Fernsehturm erzählt hätten. Da alles vom Band abgespult
wurde, ich den Spaß aber nicht gänzlich verderben wollte, klärte ich
die Hörer einfach während der Verkehrsdurchsagen auf, es sei alles
nur ein großer Spaß und bitte, bitte nicht zum Fernsehturm fahren,
der sei nicht verbogen. Dies war denn auch der Grund, warum ich
am nächsten Tag meinen Job behalten durfte. Diese Anekdote reiht
sich aber perfekt ein in die vielen Diskussionen und Dispute rund
um das 217 Meter hohe Gebäude.

Als damals, 1954, mit dem Bau begonnen wurde, zürnten die
Stuttgarter Bürger wie gewohnt. Sie bezeichneten den Turm als
»Schandmal« oder beschimpften ihn als »Sambasocke«, weil er rot-
weiß gestrichen werden sollte. Was aber nie passiert ist. Der Schöpfer und Gestalter des Stuttgarter Fernsehturms, Fritz Leonhardt,
arbeitete als Bauingenieur und wollte nicht nur technische, sondern
auch schön anzusehende Bauwerke schaffen. Mit seinem Werk leis-
tete er Pionierarbeit. Noch nie zuvor war nämlich für ein solches
Gebilde Spannbeton als Baustoff verwendet worden. Der wurde bevorzugt nur beim Bau von Brücken verwendet, worin Leonhardt
große Erfahrung hatte. Obwohl er damals weder Taschenrechner
noch Computer hatte, um genaue Berechnungen in Sachen Sicherheit und Statik anzustellen, gelang ihm hier ein Turm, der Orkanen
und Erdbeben standhalten kann. Es war der erste Fernsehturm in
Stahlbetonbauweise und diente als Vorbild für zahlreiche andere
Funk- und Fernsehtürme auf der ganzen Welt. Dabei war er ein
absolutes Zufallsprodukt. Eigentlich wollte der Süddeutsche Rundfunk Mitte der 1950er-Jahre nur dafür sorgen, dass die Bewohner
von Stuttgart und Umgebung einen ordentlichen Fernsehempfang
bekommen. Die konnten nämlich weder die Krönung von Königin
Elisabeth II. im Juni 1953 störungsfrei gucken noch die ein Jahr
später stattfindende Fußballweltmeisterschaft. Deshalb wollte man
auf dem 485 Meter hohen Bopser über Stuttgart einen Fernseh-
sender bauen, um einen guten Empfang zu garantieren. Geplant

war ein 200 Meter hoher Stahlgittermast. Durch Zufall erfuhr eben Bauingenieur Fritz Leonhardt davon und stellte ein Alternativkonzept vor. Er konnte die Entscheidungsträger des SDR überzeugen, die grünes Licht für das Projekt gaben. Für Leonhardt stellte der Fernsehturm den Beweis dar, »dass man technisch Notwendiges gleichzeitig auch schön gestalten kann«.

Seit seiner Eröffnung 1956, bei der Bundespräsident Theodor Heuss zu Gast war, hat der Stuttgarter Fernsehturm über die Jahre immer wieder für Schlagzeilen gesorgt, für gute wie schlechte, die Stuttgarter Gemüter erhitzt, die Schwaben in Atem gehalten. Er war eine Stätte der Triumphe und Niederlagen. Königin Elizabeth II. besuchte den Turm 1965 mit ihrem Gemahl Prinz Philip und sorgte für große Aufregung im Ländle. Ebenso wie der Fallschirmspringer Klaus Renz: Er sprang 2001 erfolgreich vom Turm herunter, Star-Stuntfahrer Johann Traber begab sich 2004 mit einem Smart auf Hochseilfahrt und stellte einen Weltrekord auf, während ihm 10.000 Schaulustige bewundernd dabei zuguckten. Die Stahlseile, auf denen der Smart fuhr, waren je 195 Meter lang und befanden sich in 53 Meter Höhe. Stolz war der Stuttgarter an sich darauf, dass hier über mehrere Jahre das einzige Sternelokal in einem Fernsehturm zu finden war. Von 1999 bis 2004 residierte hoch droben in der Luft, mit wunderschönem Ausblick und exzellentem Essen: »Weber's Gourmet im Turm«. Der Manager von Michael Schumacher und erfahrene Gastronom Willi Weber hatte sich mit Sternekoch Armin Karrer zusammengetan und das wohlangesehene Feinschmeckerrestaurant eröffnet. Dieses musste längst einer günstigeren und beliebigeren Küche weichen. Der Besuch des Stuttgarter Fernsehturms gehörte für die Touristen aus dem In- und Ausland vor allem deshalb zum Pflichtprogramm, weil der Blick, den man von der Aussichtsplattform in 150 Meter Höhe auf das Schwabenland hat, schlicht atemberaubend ist. Die sensationelle Sicht ist indes schon seit längerer Zeit nicht mehr zu genießen. Denn weil der Schwabe an sich gerne VERBIETET und sich dabei ebenso gerne auf irgendwelche Vorschriften beruft, wurde das Wahrzeichen von Stuttgart völlig überraschend, kurz nach dem Amtsantritt des neuen Oberbürgermeisters Fritz Kuhn, geschlossen. Als Begründung wurden nicht erfüllte brandschutztechnische Vorschriften genannt. Ob das Ganze ein typischer Schwabenstreich oder die Schließung wirklich aus sicherheitstechnischen Gründen notwendig war: Schade ist es allemal. Der Stuttgarter Fernsehturm hat trotz seines Alters nichts von seiner Faszination verloren und gehört nach wie vor zu den wichtigsten Hinguckern der schwäbischen Landeshauptstadt. Bleibt zu hoffen, dass die Wiedereröffnung tatsächlich wie geplant Ende 2015 stattfinden wird.

104. GRUND

Weil die Schwaben das größte Bordell Europas haben sollen

»Sodele – jetzetle«: der Orgasmus auf Schwäbisch. Ob es so wohl auch in den zahlreichen Bordellen des Ländles zugeht, ist schwer zu beurteilen. Sicher scheint indes, dass es den Schwaben an sich nicht zu befremden scheint, den sonst eisern geschlossenen Geldbeutel zu öffnen, um einem Freizeitvergnügen zu frönen, für das unter normalen Umständen eigentlich keine Euros fließen müssen: Sex. Ja, unglaublich, aber wahr: Der Schwabe scheint dem bezahlten Geschlechtsverkehr durchaus zugeneigt. Wie sein Verhandlungsgeschick und seine Feilschgewohnheiten gegenüber Prostituierten genau aussehen, darüber gibt es noch keine Untersuchungen. Immerhin deutet einiges darauf hin, dass es auch in diesem Bereich durchaus um Preisvergleiche zu gehen scheint und Schnäppchen gefragt sind. So sorgte vor wenigen Jahren ein Flatrate-Bordell im Stuttgarter Vorort Fellbach für Furore. Im Inneren standen ganze Reihen von Männern in Bademänteln und Adiletten vor den Räu-

men der meist aus Bulgarien und Rumänien stammenden Liebes-
dienerinnen. Nur ein Vorhang trennte sie vom Geschehen in den
Zimmern. Die Prostituierten mussten durchschnittlich 14 Stunden
am Tag die mehr oder minder ausgeprägten Perversionen und Sex-
Fantasien ihrer Kunden erfüllen. Auf eine von ihnen kamen 60
Freier am Tag. Und denen wurde hier ein wirkliches Sex-Schnäpp-
chen angeboten: 70 Euro für Essen, Trinken, Sauna, Massagen und
sexuelle Dienste. So viel das Herz oder andere Körperteile begehrten. Oder wie es die Werbung besagte: »Sex so oft du willst, so lange
du willst und wie du willst.« Das Bordell-Äquivalent einer Mittags-
karte im Restaurant, denn dieses Angebot galt bis 15 Uhr. Danach
wurde zugemacht und abends wieder geöffnet. Und wie ein Dinner kostete es dann auch im Flatrate-Puff etwas mehr, nämlich 100
Euro. Das schien dem normalen Bordellbesucher-Schwaben aber
dann doch zu viel, weshalb der Laden vor allem um die Mittags-
stunden voll war. Am Eröffnungstag sollen 1.700 Kunden gezählt
worden sein. Das Geschäft boomte, trotz allerhöchsten Schmuddel-
faktors und der Tatsache, dass hier die Notsituation junger Frauen
aus Osteuropa schamlos ausgenutzt wurde.

Einige Fellbacherinnen erzürnte das unzüchtige Treiben der-
maßen, dass sie sogar einen Brief an den damaligen Ministerpräsidenten von Baden-Württemberg, Günther Oettinger, und an
Bundeskanzlerin Angela Merkel schrieben, in dem sie verlangten,
das Prostituiertengesetz zu ändern, um die Frauen vor solch einem
Preisdumping zu schützen. Nach einer Polizeirazzia wurde der Laden schließlich 2009 geschlossen, Grund: die katastrophalen hygi-
enischen Verhältnisse. Wie sich herausstellte, war der als Bordell-
könig bekannte Prinz Marcus von Anhalt in das Flatrate-Geschäft
verwickelt, weil er die Räumlichkeiten an eine Rumänin vermietet
hatte, die daraufhin ihren Billig-Puff eröffnen konnte. Einige der
Hintermänner wurden wegen Menschenhandels und Zuhälterei
zu langjährigen Haftstrafen verurteilt. Bekannt wurde, dass eine
Prostituierte bei ihnen zwischen 3,75 Euro und fünf Euro in der

Stunde verdiente. Inzwischen wird im schwäbischen Fellbach kein Flatrate-Ficken mehr angeboten. In dem Gebäude ist jetzt ein FKK-Saunaclub untergebracht.

Käufliche Erotik ist im Schwabenland immer wieder ein Thema: Sex sells und erhitzt die Gemüter. 2014 sorgte ein Prozess für Aufsehen, in dem eine Stuttgarter Tantra-Masseurin gegen die Stadt vor Gericht zog, die von ihr Vergnügungssteuer einforderte, weil die Massagen ihres Etablissements meist mit »Happy Ending« zum Abschluss gebracht wurden. Die Inhaberin klagte dagegen und war der Meinung, dass es bei Tantra-Massagen um ganzheitliches Wohlbefinden ginge. Die Richter der verschiedenen Instanzen waren anderer Meinung. Der Verwaltungsgerichtshof Baden-Württemberg entschied, es seien »Dienstleistungen sexuellen Vergnügens und damit steuerpflichtig«.

Überhaupt scheint das Geschäft mit käuflichem Sex vor allem dem schwäbischen Politiker zu gefallen, spült es doch mächtig Geld ins Steuersäckel. So gesehen dürfte der in Stuttgart geborene und europaweit agierende Unternehmer und Großbordell-Besitzer Jürgen Rudloff in seiner Heimat durchaus für eine Steigerung des Bruttosozialprodukts sorgen. Ihm gehört das »Paradise« in der Nähe des Stuttgarter Flughafens. Der Erotik-Tempel gilt als einer der größten Puffs Europas. Dabei gab Rudloff an, nicht nur Wert auf Hygiene, sondern auch auf einen respektvollen Umgang mit den gewerbetreibenden Frauen zu legen. So böte er den Prostituierten in seinem »Paradise« Weiterbildungsmöglichkeiten an, lasse sie über Renten- und Altersversicherung informieren und von Frauenbeauftragten über ihre Rechte belehren. Nach einer Polizeirazzia im Dezember 2014 wurden indes schwere Vorwürfe gegen das Etablissement erhoben, die Ermittlungen dauern an.

Weil John Cranko Stuttgart und
die ganze Welt zum Tanzen brachte

Okay, dann oute ich mich hier gleich mal, damit keine Missverständnisse entstehen: Ich habe so viel Ahnung vom Ballett wie ein Rauhaardackel von modernem Wohndesign. Vermutlich geprägt von meinen Kindheitserlebnissen, als ich jedes Mal von wilden, kräftezehrenden Lachanfällen geschüttelt wurde, wenn ich hüpfende Männer in engen, weißen Strumpfhosen erblickte. Und das Tutu war auch jedes Mal ein Brüller: Sorry, aber ob Sauté oder Grand Jeté, ob Spitzentanz oder Querspagat, ich hatte nichts dafür übrig. Außer wüste Prustanfälle. Tatsächlich befanden sich Begriffe wie »Hupfdohlen« oder »Ballettratten« in meinem präpubertären Sprachgebrauch. Inzwischen ist das etwas besser geworden, spätestens als ich für den *ARD Tigerenten Club* ein paar Ballettsendungen produzierte und dabei brillante Tänzerinnen wie Katja Wünsche kennenlernte, die lange Zeit sehr erfolgreich für das Stuttgarter Ballett tanzte und inzwischen erste Solistin am Opernhaus in Zürich ist. Tatsächlich hat es mich einige Male in das Stuttgarter Staatstheater verschlagen. Nicht nur weil dieses Gebäude tatsächlich Atmosphäre und Charakter hat und von der Lage her einfach ein Traum ist: mitten im Oberen Schlossgarten, direkt am Eckensee mit seinen unzähligen Enten und Schwänen. Ich ging dorthin, weil das Stuttgarter Ballett einfach Weltruf besitzt. Und das muss sich eben jeder, der hier lebt, mal geben, ob er Ballett mag oder nicht. Es ist schlicht Pflicht! Die Stücke, die hier getanzt werden, sind manchmal umstritten, mitunter spektakulär. So unglaublich das für meinen ehemaligen Musiklehrer in der Schule auch klingen mag, ich habe mir dort tatsächlich zum Beispiel *Schwanensee*, *Onegin* oder *Endstation Sehnsucht* angeguckt. Wie gut die jeweiligen Aufführungen waren, das kann ich nicht beurteilen – denn, wir erinnern uns: Ich bin ein kompletter

Ballettlaie. Aber eines kann ich sagen: Ich fand es meist sehr unterhaltsam, teilweise sogar umwerfend. Zugegeben sei indes, dass ich auch im fortgeschrittenen Alter an einigen Stellen nicht an mich halten konnte und verzweifelt meine Hand vor den Mund presste, um einen Lachanfall zu unterdrücken: Es war wieder mal der eine oder andere Auftritt stolz herumhüpfender Männer in Strumpfhosen, der mich beinahe hätte die Contenance verlieren lassen.

Aber genug gelästert: Stuttgart hat eine lange Ballett-Tradition, die zurückgeht bis zum Anfang des 17. Jahrhunderts. Weltberühmt wurde es allerdings erst viel, viel später. Und das ist vor allem einem Mann zu verdanken: John Cranko, der inzwischen als veritable Legende gehandelt wird. Er machte aus einem guten ein international berühmtes Ballett. Als er vom Londoner Sadler's Wells Theatre Ballet 1961 zum Württembergischen Staatstheater wechselte und dort Ballett-Direktor wurde, begann die Goldene Ära des Stuttgarter Ballett-Ensembles. Mit der Uraufführung von Sergei Prokofjews *Romeo und Julia* im Dezember 1962 eroberte Cranko die Herzen der Ballett-Kenner, wurde sowohl vom Publikum als auch den Kritikern frenetisch gefeiert und setzt bis heute Maßstäbe. Schon beim ersten Gastspiel in New York eroberte er die Stadt im Sturm. Vom »Stuttgarter Ballettwunder« war die Rede. Heute ist das ein geflügeltes Wort. Die USA-Visite 1969 jedenfalls wurde zum Triumph. Aus der nur einem kleinen feinen Zirkel bekannten Ballettcompagnie wurden echte Stars. Viele weitere Auslandstourneen folgten. 1971 gründete der Ballett-Meister eine Ausbildungsstätte für den Nachwuchs, die 1974 nach ihm benannt wurde. Die John Cranko Schule genießt heute weltweit allerhöchstes Ansehen. Zwölf Jahre nach Beginn seiner Arbeit in der schwäbischen Landeshauptstadt kam allerdings Crankos tragisches Ende: Der 45-Jährige starb am 26. Juni 1973, als er sich auf dem Rückflug von einer USA-Tournee befand. Beerdigt wurde er auf dem kleinen Solitude-Friedhof.

In seine Fußstapfen trat für kurze Zeit Hauschoreograf Glen Tetley. Nach dessen Rücktritt 1976 übernahm die langjährige

Cranko-Muse Marcia Haydée die künstlerische Leitung des Balletts und zeigte sich darin außerordentlich erfolgreich. Auch die gebürtige Brasilianerin gilt heute, ähnlich wie Cranko, als überlebensgroße Figur und Megastar des Stuttgarter Balletts. Haydée, deren Repertoire groß und eindrucksvoll war, verabschiedete sich nach 35 Bühnenjahren im Jahre 1996. Ich habe die 1937 geborene Kult-Ballerina und Erfolgs-Direktorin ein einziges Mal auf der Bühne gesehen, aber das war lange nach ihrem Abschied. Sie hatte nur einen winzigen Kurzauftritt. Soweit ich mich erinnere, handelte es sich dabei um *Dornröschen*, das sie damals auch inszenierte. An was ich mich aber ganz genau erinnere: Das Publikum tobte, als sie die Bühne betrat. Denn selbst ein so winziger Auftritt wie dieser verströmte das Charisma einer echten Legende. Heute lebt die Haydée in einem Haus auf der Schwäbischen Alb, genießt die dortige Ruhe und lange Yoga-Meditationen. Längst gibt es andere wie Reid Anderson oder Eric Gauthier, die in ihrem Metier für Aufsehen sorgen. Das Stuttgarter Ballett und die aus seinen Reihen kommenden Stars werden auch weiterhin weltweit ihren Ruf als »Ballettwunder« zu verteidigen wissen.

106. GRUND

Weil in Ulm der höchste Kirchturm der Welt steht

Da können sich die Rheinländer ärgern, wie sie wollen, eines haben die Schwaben ihnen auf alle Fälle voraus: Unserer ist höher!!! Niemand kann ihn übertreffen. Der Kölner Dom mag wirklich imposant und berühmt sein, aber unser Ulmer Münster ist höher. Während das Gotteshaus der Kölner lächerliche 157 Meter hoch ist, ragt sein stolzer schwäbischer Steinkollege über 161 Meter hoch in die Luft. Diese vier Meter Unterschied bedeuten die ganze Welt, denn damit gilt der Kirchturm des Ulmer Münsters als der höchste des Planeten. Jawoll! Frotzelei beiseite: Dieses großartige, eindrucksvolle Gebäude in Ulm ist wirklich ein Prachtstück und schon aus großer Entfernung zu sehen. Wer mit dem Zug von München nach Stuttgart fährt, kann den Kirchturm des Münsters schon von Weitem erspähen, wie er die ganze Stadt beherrscht und hoch über die historische Altstadt ragt. Auch sehr empfehlenswert, wenn man an einem Dezemberabend den Ulmer Weihnachtsmarkt besucht, der rund um das Münster stattfindet: das Lichtermeer auf dem Münsterplatz, direkt vor dem imposanten Steinsaurier, der von längst vergangenen Zeiten erzählt, ein Magic Kingdom.

Gebaut wurde das Münster in einer Zeit, als Ulm freie Reichsstadt war. Und das Besondere: Nicht die Kirche, auch nicht die Herrscher jener Tage bezahlten das sakrale Großprojekt, sondern die Bürger. Sie wollten hier ein Gebäude errichten lassen, das einerseits Platz für 20.000 Menschen und andererseits, ganz schlicht, Schutz bietet. Denn die alte Pfarrkirche stand außerhalb der Stadtmauern, weshalb jeder Besuch ein gewisses Risiko barg. Als der Grundstein schließlich am 30. Juni 1377 gelegt wurde, konnte natürlich keiner ahnen, dass das Gebäude erst über 500 Jahre später fertiggestellt werden sollte. Das Ulmer Münster war zwar als gotisches Bauwerk gedacht, aber nicht in der Dimension, wie wir es heute bestaunen können. Für den Bau sollen einst auch Steine der alten Pfarrkirche verwendet worden sein. Die sei, so wurde es überliefert, gleich nach Bekanntwerden des Neubauprojekts demontiert worden. Die Ulmer Bürger hätten die Steine gar auf ihren Schultern in die Stadt transportiert. Im Laufe der Jahrhunderte waren freilich viele, genauer 14, Baumeister am Werk. Begonnen hatte Heinrich II. Parler, gefolgt von Michael Parler und Heinrich III. Parler. Auch die Nachfolger Ulrich von Ensingen, Matthäus Böblinger oder Burkhard Engelberg waren arrivierte Architekten. Letzterer hatte allerdings das Pech, dass während seiner Zeit das Fundament des Hauptturms Probleme bereitete, was zur Folge hatte, dass 1492 aus dem Gewölbe der Kirche Steine herunterstürzten. Besonders peinlich, dass dies während einer Mittagspredigt passierte. Verletzt wurde zwar niemand, die Kirchenbesucher waren jedoch zu Tode erschrocken.

Aber obwohl solche Patzer passierten und obwohl das Ulmer Münster von seiner Fertigstellung noch Jahrhunderte entfernt war, galt es schon damals als Rekordbau. Der weit gereiste Dominikanermönch Felix Fabri lobpreiste es Ende des 15. Jahrhunderts als eine der schönsten Pfarrkirchen der ganzen Christenheit. Er war sehr angetan von dem Licht, das dank der durchdachten Architektur in jeden Winkel dringen konnte, zudem gab es hier die Rekordzahl von 51 Altären zu bestaunen. Außerdem war er beeindruckt davon, dass der Bau des Gotteshauses erst durch die spendenfreudigen Ulmer möglich geworden war. Als sich Ulm allerdings in der Reformationszeit, genauer 1530, nach einem Bürgerentscheid zum Protestantismus bekannte, hatte das natürlich auch Auswirkungen auf das Münster. Nun passte die prunkvolle Ausstattung mit 51 Altären, die Dominikanermönch Fabri so fasziniert hatte, nicht mehr zu der neu angebrochenen Zeit. Sie mussten daher aus dem Münster entfernt werden. Das eindrucksvolle Chorgestühl mit seinen kunstvollen Darstellungen griechischer und römischer Künstler durfte dagegen verbleiben.

Einige Jahre später, 1543, wurden die Arbeiten am Münster eingestellt. Der Rat der Stadt begründete das mit einer Kostenverhütung. Vielleicht lag es auch der neuen Epoche der Renaissance, in der man kein Geld mehr zur Vollendung überkommener gotischer Bauwerke ausgeben wollte. Wie auch immer: Obwohl das Münster also noch lange nicht fertig war, konnte es auch als Torso-Bauwerk beeindrucken und viele Kirchgänger und staunende Besucher anlocken. Nachdem die Bauarbeiten 300 Jahre lang geruht hatten, wurden sie 1844 wieder aufgenommen. 1890 war das Ulmer Münster endlich fertig. Der Hauptturm orientierte sich weitgehend an den Plänen von Matthäus Böblinger, nur änderte der neue Architekt, August Beyer, eine Kleinigkeit: Er ließ den Turm zehn Meter höher bauen. Der Grund dafür ist bis heute nicht wirklich bekannt.

Noch immer halten sich Gerüchte, dass es nur gemacht wurde, um höher zu sein als der Kölner Dom. Auch ein anderes Gerücht rund um das Ulmer Münster hält sich bis heute: Es gäbe Pläne, aus dem evangelischen Gotteshaus wieder ein katholisches zu machen. Begründung: Die Überzahl der Ulmer bekenne sich heute zu diesem Glauben und das Münster solle die Konfession repräsentieren, die die Mehrheit in der Stadt ausmacht. Das lassen verständlicherweise die Protestanten nicht gelten, die schlicht erklären, das Gotteshaus stünde allen offen. Wie sehr das Ganze allerdings auch zum Politikum werden kann, zeigte sich bei der letzten Papstwahl. Als der Nachfolger Petri feierlich in sein Amt eingesetzt wurde, läuteten in Ulm alle Kirchenglocken. Alle katholischen. Das Ulmer Münster blieb still.

107. GRUND

Weil einer der berühmtesten Schnapsbrenner der Welt ein Schwabe ist

»Der Prozess des Schnapsbrennens ist für mich pure Alchimie«, meint der energiegeladene Mittvierziger mit dem wilden Rauschebart und der beigen Mütze. »Früher war das Brennen ein Hobby und das Büchermachen mein Beruf. Heute ist es andersrum.« Als ich Christoph Keller in seinem Schnapsbrenner-Refugium besuche, rennt er ständig zwischen Reiferäumen und Brennerei hin und her, mit blauen Latzhosen und Gummistiefeln. Dabei versucht er, nicht über den stolzen Pfau zu stolpern, der über den Schotterweg schreitet. Auch sonst gibt es hier allerlei Getier: Ziegen, Schafe, sogar ein Lama. Und viel Natur. Sehr viel Natur: Wiesen, Weiden, Sträucher, Bäume. Keine Frage: Der Mann hat sich hier ein kleines Paradies erschaffen, in dessen Mittelpunkt die Stählemühle steht. Dass der in Stuttgart geborene Christoph Keller zu einem der berühmtesten

Edel-Destillateure der Welt wurde, ist purer Zufall. Ursprünglich arbeitete er als Verleger und war mit seinen Kunstbüchern durchaus erfolgreich. Nach dem Studium der Kunstgeschichte in München und dem Besuch der Staatlichen Hochschule für Gestaltung in Karlsruhe hatte er einen eigenen Verlag gegründet, in dem er im Laufe der Zeit fast 500 Bücher veröffentlichte. Bizarrerweise war das erste Werk, das er herausbrachte, ein Bildband, der Fotos konspirativer Wohnungen der RAF beinhaltete. Keller hatte stets Freude an der Kontroverse, mochte es, mit seinen Büchern zu provozieren und anzuecken. Für seinen expandierenden Verlag suchte er schließlich ein passendes Domizil. Das fand er in Eigeltingen-Münchhöf am Bodensee: die Stählemühle, eine stillgelegte Getreidemühle im Hegau. Das idyllisch gelegene Areal verzauberte den Kunstbuchverleger, hier wollte er sich mit seiner Familie – Frau Christiane und den beiden Kindern Lotta und Caspar – niederlassen, um von dort aus eng verbunden mit der Natur seine Geschäfte zu tätigen. Sein Ziel war es, sein Leben etwas zu entschleunigen, war es ihm mit seiner Verlegerarbeit in Frankfurt doch etwas zu hektisch geworden.

Eines Tages erhielt er überraschend Besuch von Zollbeamten, die ihm erklärten, dass die Stählemühle Brennrechte besäße, er aber diese sicherlich nicht wolle, und man sie damit erlöschen lassen könne. Jetzt war natürlich sein Interesse und sein innerer Rebell geweckt. Nein, die Brennrechte zurückgeben, das wollte der passionierte Querdenker auf keinen Fall und aus Prinzip nicht. Das Brennrecht galt für Korn, der traditionell von allen in der Gegend gebrannt wurde, aber den Quereinsteiger hatte die Leidenschaft gepackt, und bald begann er, hier nicht etwa profanen Korn, sondern veritable Edelbrände zu destillieren. Obwohl er vorher nicht die geringste Ahnung vom Schnapsbrennen hatte, stürzte er sich in die Recherche und begann, sich als Autodidakt in das Thema einzuarbeiten, indem er unzählige Bände an Fachliteratur verschlang. Er erfuhr, wie aus dem eingesammelten Obst durch Pürieren und Zugabe von Hefe, Säure und Enzymen Maische angesetzt wird und durch Gärung Alkohol entsteht. Er wollte vor allem auch mutig experimentieren, Neues probieren und alten, aus der Mode gekommenen Obstsorten durch deren Umwandlung in Edelbrände in Kennerkreisen zu Starruhm verhelfen. Gleichzeitig war es ihm wichtig, die Landwirte des Hegau dazu zu animieren, die vernachlässigten Obstsorten wieder anzubauen: Quitte, Hagebutte, Holunder, Kornelkirschen, Mispeln oder Schlehen.

120 verschiedene Sorten hat er im Schnaps-Sortiment. Darunter auch völlig Exotisches wie Blutorange, Banane, Chicorée, Rosmarin oder Steinpilz. Die Destillate nennen sich: »Cuvee von Zuckerrohr-Melasse und Süßmandel«, »Brand vom Baobab aus dem Senegal« oder »Geist vom Hegauer Ginkgo-Samen«. Wer nicht wagt, der nicht gewinnt, so sein Motto. Wer einen von Kellers preisgekrönten Sensations-Bränden probiert hat, wird diesen Geschmack tatsächlich nie wieder vergessen. Egal ob »Schwarzwälder Bergaprikose«, »Sizilianische Blutorange« oder »Altes Zibärtle vom Spittelberg in Limousin-Eiche«. Es wundert einen nicht, dass die Stählemühle als die zweitbeste Edeldestillerie der Welt gefeiert wird und so ziemlich alle Preise abgesahnt hat, die die Branche vergeben kann. Die Gold- und Silbermedaillen, die er in der Zwischenzeit gewonnen hat, kann Keller schon gar nicht mehr zählen. »Die Preise sind mir deshalb wichtig, weil bei diesen Wettbewerben nur Produkte zugelassen sind, die nach einem bestimmten Ehrenkodex hergestellt wurden.« Keller hat ein ausgeprägtes Berufsethos und kann sich ganz schnell über die vielen Blender, Aufschneider und schwarzen Schafe seines Metiers echauffieren, die mit gigantischen Werbeetats erfolgreich davon ablenken, dass das Produkt, das sie verkaufen, alles andere als hochwertig ist.

Keller ist so etwas wie ein Künstler unter den Edelbrennern, ein Mann, der Idealist und sich selbst treu geblieben ist. Er stellt nur in Kleinstauflagen her, die Chargengröße beträgt zwischen zehn und 500 Flaschen. »Diese limitierten Auflagen habe ich von der Buchszene übernommen. Und das funktioniert hervorragend.«

Produziert werden 6.000 bis 8.000 Flaschen im Jahr. Die Preise dürften indes jedem trinkfreudigen Schwaben einen vorzeitigen Herzinfarkt bescheren. Zwischen 50 und 275 Euro muss berappen, wer die Edelgetränke zu sich nehmen will. Nichts für Leute also, die gerne über den Durst trinken, sondern nur etwas für Kenner und Freunde edlen Geschmacks. Genau so will es Christoph Keller auch haben. Vor Massenware graut es ihm. Als vor Kurzem ein Bus voller indischer Besucher vor der Einfahrt zur Stählemühle anhielt und nach einer Besichtigung der berühmten Schnaps-Brennerei verlangte, kam das für ihn einem Albtraum gleich. Keller will es klein und fein. Und wenn es um seine Brände geht, da versteht er auch keinen Spaß. Als ich beim Probieren eines seiner Edeldestillate das Glas zu schnell schwenke, meint er sofort: »Völlig falsch. Schnaps darf nicht geschüttelt, sondern nur leicht geschwenkt werden. Sonst verflüchtigen sich die Aromen explosionsartig.« Und er räumt auch mit einem Klischee auf, das sich bis heute hält, nämlich dem, dass alte Brände die besten sind: »Es ist ähnlich wie bei Menschen: Im Alter werden sie milde, gelassen und sind in sich ruhend, während die jungen frisch, dynamisch und kraftvoll sind. Deshalb würde ich eher junge Brände kaufen. Nur Laien trinken die alten!« Im übrigen steht Keller auch als einer der Hauptverantwortlichen hinter dem legendären Gin aus dem Schwarzwald, dem vielbeachteten »Monkey 47«. Die Produkte des schwäbischen Star-Destillateurs haben eben Kultcharakter.

108. GRUND

Weil die Filmakademie Baden-Württemberg an unzähligen Kinohits beteiligt ist

24. März 1997, Shrine Auditorium, Los Angeles. Der lang erwartete Augenblick ist da, denn jetzt geht es um den Oscar für die besten

visuellen Effekte. Ich sitze zu Hause, halte die Spannung kaum aus, schaukle auf der Couch unruhig hin und her, denn ein guter Freund von mir, Volker Engel, ist in der Kategorie »Beste visuelle Effekte« nominiert. Ich kenne Volker, seit er 1989 die Tricks für den im Musterländle entstandenen Science-Fiction-Film *Moon 44* realisiert hat. Regie führte damals Roland Emmerich, der dann eben Jahre später in Hollywood *Independence Day* inszenierte und Volker Engel als Visual Effects Supervisor engagierte. Bei der Oscarverleihung kommt es jetzt zur großen Entscheidung. Neben *Independence Day* sind das Unwetter-Spektakel *Twister* und der Drachen-Fantasy-Film *Dragonheart* nominiert. Jim Carrey öffnet auf der Bühne den Sieger-Umschlag, hält kurz inne und erklärt: »And the Oscar goes to … WOLKÄR ÄNGEL.« Erstaunlich entspannt, ruhig und professionell schreitet der Angesprochene auf die Bühne – typisch: ein echtes Nordlicht aus Bremerhaven eben. Immer die Emotionen unter Kontrolle. Ich schreie derweil meine Nachbarn wach.

Der Academy Award für Volker Engel war und ist gleichzeitig auch einer der Promo-Meilensteine in der Geschichte der Filmakademie Baden-Württemberg in Ludwigsburg. Denn nicht nur, dass der Oscarpreisträger einige Zeit an der Filmakademie als Dozent gearbeitet hatte, er hatte auch mehrere Studenten nach Hollywood mitgenommen, von deren Können er absolut überzeugt war. Gemeinsam mit ihnen stellte er die preisgekrönten Tricks her. Tatsächlich ist die Filmakademie längst anerkannt als Kaderschmiede des Filmgeschäfts und gilt international als eine der besten Ausbildungsstätten in diesem Bereich. Vor allem in Sachen Visual Effects und Animation macht sie regelmäßig von sich reden. Von den Akademie-Absolventen Jakob Schuh und Max Lang stammt der grandiose Animationsfilm *Der Grüffelo* und auch bei der Martin-Scorsese-3D-Trickorgie *Hugo Cabret* mischte die schwäbische Filmschule mit, in Form einiger Studenten, die an der Effektarbeit beteiligt waren.

Dass die Filmakademie nicht etwa in der Landeshauptstadt lokalisiert ist, soll daran liegen, dass damals die Stadt Stuttgart das

Ansinnen, eine solche Filmschule aufzubauen, schlicht ablehnte. Im Rathaus soll es sogar Spötter gegeben haben, die das Projekt als »Hollywood am Nesenbach« veralberten. Was für eine grandiose Fehleinschätzung! Im Prinzip gibt es besonders einen Mann, der mit Leib und Seele für die Filmakademie kämpfte und eindeutig als Gründervater bezeichnet werden kann: Albrecht Ade. Er war Professor an der Staatlichen Akademie der Bildenden Künste in Stuttgart und wollte in den 1980ern seinen Studenten die Möglichkeit geben, den Animationsfilm als Ausdrucksmittel zu benutzen. In dieser Zeit wurde in diesem Metier alles von Disney dominiert, aus Europa wurde dem Mäuseimperium nur wenig Konkurrenz entgegengesetzt. Ade verfolgte das Ziel, eine Filmausbildungsstätte im Schwäbischen zu gründen, mit allen Tricks und Kniffen und mit aller Verbissenheit. Im Staatsministerium fand er schließlich Mitstreiter, die von der Idee, neue Dienstleistungssektoren für eine Medienregion Mittlerer Neckar zu schaffen, durchaus angetan waren und darin wirtschaftliches Potenzial sahen. 1991 ging der Traum des ebenso engagierten wie streitbaren Professors in Erfüllung. Die Filmakademie Baden-Württemberg wurde offiziell eröffnet mit Ade als Direktor. Im ersten Jahr wurden 82 Studierende aus 220 Bewerbern ausgesucht. Heute sind es Tausende, die sich um einen begehrten Studienplatz bewerben.

Die Filmakademie hat sich im Laufe der vergangenen 20 Jahre von einer belächelten Randerscheinung zum »Big Player« entwickelt. Seit 2002 gibt es unter ihrem Dach inzwischen auch das Institut für Animation, Visual Effects und digitale Postproduktion. Jährlich werden circa 250 Filme aller erdenklichen Genres hergestellt und auf diversen Filmfestivals gezeigt, wo sie nicht selten Preise abräumen. Tatsächlich ist das Studium auf der Filmakademie Baden-Württemberg für Nachwuchs-Filmemacher die Eintrittskarte für das TV- und Kino-Geschäft. Das liegt am sehr praxisorientierten Studium und daran, dass die Akademie eng mit verschiedenen Sendern und Produktionsfirmen zusammenarbeitet. Außerdem unterrichten dort unzählige namhafte Dozenten und Gastdozenten. Jedenfalls ist das multimediale Netzwerk der Filmakademie einzigartig. So realisierten zum Beispiel Absolventen für einen ihrer ehemaligen Dozenten – Erfolgsproduzent Nico Hofmann – das zweiteilige Privatfernseh-Spektakel *Hindenburg*. Es ist stark davon auszugehen, dass das Erfolgskonzept dieser schwäbischen Film-Talentschmiede auch in Zukunft funktionieren und die Akademie auch weiterhin für Schlagzeilen sorgen wird.

109. GRUND

Weil sich hier rekordverdächtig viele Sterneköche tummeln

»Sankt-Jakobsmuscheln und kleine Tintenfische auf Kastaniencreme mit weißem Trüffel aus Alba auf Korailglace«. Oder: »Heimischer Rehrücken mit Wacholderkruste auf karamellisiertem Rotkohl und glasierten Navetten, Rouennaiser Sauce«. Solche kulinarischen Hochgenüsse finden sich auf der Speisekarte von Harald Wohlfahrt. Seit Jahren wird er immer wieder als bester Küchenchef Deutschlands gekürt. Wohlfahrt residiert in seiner Schwarzwaldstube im Hotel Traube Tonbach in Baiersbronn. Eine kleine Gemeinde mit der vermutlich höchsten Sternekoch-Dichte der Republik. In unmittelbarer Nähe zu Drei-Sterne-Star Wohlfahrt findet sich im berühmten Hotel Bareiss die Residenz von Claus-Peter Lumpp. Auch er erhielt vom Gourmetführer *Guide Michelin* die Höchstauszeichnung von drei Sternen, auch er bietet wahre Gaumenfreuden: »Sautierter Langostino mit Crustacéeglace, Mini-Mais und Popcorn« oder »Winter-Kabeljau mit braisiertem Chicorée und Orangenblüten-Kardamom-Sauce«. Nicht weit von ihm entfernt kann sich der Feinschmecker von Jörg Sackmann verwöhnen lassen. Das Reich des Zwei-Sterne-Kochs ist das Restaurant Schlossberg. Hier bringt er Köstlichkeiten auf den Teller wie

»Felsenhummer mit Tapioka, Pinienkerncreme, Breite Bohnen« oder »Steinchampignon-Essenz mit Erbsen, jungem Lauch, Trüffel Royal«.

All diese Kochstars finden sich in Baden-Württemberg, bilden aber im Prinzip nur die Spitze des Gourmet-Eisbergs. Um so erstaunlicher, haben die Schwaben doch eigentlich einen denkbar schlechten Ruf, was Kulinarik angeht. Sind doch viele davon überzeugt, dass hier außer Linsen und Spätzle oder Maultaschen nichts anderes auf den Tisch kommt. Von wegen. In keiner anderen Region Deutschlands gibt es so viele Sterne-Restaurants wie in Baden-Württemberg. Der Abstand zu den anderen Bundesländern konnte sogar im letzten Jahr noch ausgebaut werden. Gab es 2013 noch 58 Michelin-Sterne-Restaurants, waren es 2014 ganze 77! Im Detail: drei 3-Sterne-, sechs 2-Sterne- und 68 1-Stern-Häuser. An zweiter Stelle liegen Bayern mit 47 Sterne- und Nordrhein-Westfalen mit 44 Sterne-Lokalen.

Ich selbst habe viele der schwäbischen Feinschmecker-Tempel besucht – nicht nur die von Wohlfahrt, Lumpp oder Sackmann – und kann die Begeisterung der Restaurant-Tester nur teilen: Hier im Schwäbischen gibt es wirklich unglaublich viele tolle Gourmet-Tempel, die nicht nur fantastisches Essen bieten, zauberhaftes Ambiente und exzellenten Service, sondern, was viel wichtiger ist, die wirklich Spaß machen und echtes Vergnügen bereiten. Heißt: Es geht nicht furchtbar steif und überkandidelt zu, sondern entspannt und vergnüglich. Natürlich findet sich in der Landeshauptstadt das eine oder andere selbst ernannte Gourmet-Restaurant, bei dem die Speisen eher medioker und die Kellner arroganter als die Gäste sind. Aber das ist wirklich die Ausnahme. Selbst in der altehrwürdigen Wielandshöhe, auf der begehrten Halbhöhenlage von Stuttgart gelegen und von Vincent Klink regiert, dürfte sich jeder Gourmet wohlfühlen. Der Chef plaudert gerne schwäbisch und sehr intelligent mit seinen Gästen, ist er doch nicht nur in der Küche ein Ass, sondern kennt sich auch in künstlerisch-literarisch-musikalischem

Bereich exzellent aus. Dass er sich bei einer Reservierung weigert, einen Sitzplatz am Fenster zu garantieren, ist eine Eigenheit, über die sich gerne hinwegsehen lässt.

Sehr spannend und aufregend dürfen aber vor allem kulinarische Abenteuertouren durch die schwäbische Provinz sein. Selbst in den kleinsten Städtchen kann man da große Überraschungen erleben. In der winzigen Gemeinde Ohmden, am Fuße der Schwäbischen Alb, findet man das wundervolle 1-Stern-Restaurant »Landgasthof am Königsweg«, in Waldenbuch kocht im Gasthof »Krone« der aus Frankreich stammende Patrick Giboin auf 1-Stern-Niveau, im »Hirsch« in Sonnenbühl-Erpfingen verwöhnt Chefkoch Gerd Windhösel seine Gäste mit 1-Stern-Gerichten. Ein ganz außergewöhnliches und frisch ausgezeichnetes Spitzen-Restaurant ist das »handicap« mitten in Künzelsau. Nicht nur dass hier hervorragende Speisen von Küchenchef Serkan Güzelcoban kredenzt werden, es findet hier auch ein einzigartiges, aber absolut nachahmenswertes Konzept Anwendung, bei dem sowohl in der Küche als auch beim Service Menschen mit Handicap mitarbeiten, und dies mit unglaublich viel Freude und Elan. Sollten Sie allerdings auf schwäbischem Gebiet nur mal kurz zwischenlanden und keine Zeit haben, die Provinz zu besuchen, kann ich Ihnen trotzdem einen Ausgehtipp geben: Besuchen Sie das »top air«: ein exzellentes Feinschmecker-Restaurant mitten im Stuttgarter Flughafen mit tollem Blick auf die Start- und Landebahn. Es gilt als einziges Sterne-Restaurant auf einem internationalen Flughafen. Selbst so was haben wir Schwaben in unserem Genießerland zu bieten. Da lassen wir uns doch gerne belächeln, dass wir kein Hochdeutsch können.

Weil die »TOP 1000X« eine der erfolgreichsten
Radio-Hitparaden war

»Glory Days well they'll pass you by, Glory Days in the wink of a young girl's eye«, heißt es in dem Rock-Klassiker von Bruce Springsteen. Diese glorreichen Zeiten, das war für mich der Anfang meiner Rundfunkkarriere bei der Popwelle SDR3. Erst als Filmreporter, später als Moderator von Sendungen wie *Point*, *Wünsch-Menü*, *Saloon* oder *Schaufenster*. Verdammt lang her. Aber unvergessen. Und eines der absoluten Highlights in der SDR3-Geschichte dürfte zweifelsohne die damals alle Rekorde brechende *TOP 1000X* gewesen sein. Auch wenn diese für mich letztendlich nur bedeutete, dass ich fünf Tage lang keine Filmtipps machen und nicht moderieren konnte. Denn für diese Zeit hatten Stefan Siller und Thomas Schmidt das Radio-Zepter übernommen. Sie allein. Denn sie hatten sich vorgenommen, zum zehnten Geburtstag von SDR3 einen Event der besonderen Art zu veranstalten. Sie dachten an einen Eintrag ins *Guiness Buch der Rekorde* und kamen auf die Idee zur spektakulärsten Hörerhitparade aller Zeiten. Damals hatte diesen Rekord der RIAS inne. Die Berliner Rundfunkanstalt hatte es geschafft, 750 Titel hintereinander zu spielen, von verschiedenen Moderatoren präsentiert.

Siller und Schmidt aber schwebte eine wesentlich verrücktere Sache vor: Sie allein wollten ganze fünf Tage lang rund um die Uhr eine Hörerhitparade präsentieren, nur unterbrochen von den stündlichen Nachrichten. Als sie uns das im Redaktionskreis erzählten, waren viele verwundert und einige begeistert. Unter anderem auch unser Chef, Hans-Peter Archner. Der gab grünes Licht und fuhr mit dem Projekt auf volles Risiko. Denn erstens wurde noch nie zuvor so rigoros die Programmstruktur aufgebrochen. Und zweitens gab es noch überhaupt keine Vergleichsmaßstäbe, was die Hörer-Resonanz angeht. Im Klartext: Die große Unbekannte in der Gleichung waren die SDR3-Hörer: Niemand wusste, ob ihre Beteiligung und ihr Engagement überhaupt so groß sein würden, um eine Hitparade über fünf Tage lang mit Titeln füllen zu können.

Aber das Echo war gewaltig. Am Ende waren es 1501 Songs, die zusammenkamen und von Siller und Schmidt ab dem 14. August 1989 um 14.08 Uhr moderiert wurden. An die beiden Hitparaden-Moderatoren übergab *Treff nach 2*-Macher Friedemann Leinert. Seine Moderation dauerte indes nicht von 14.05 Uhr bis 16.00 Uhr, wie sonst üblich. Er saß diesmal nur knapp drei Minuten im Studio, spielte in dieser Zeit einen verkürzten Titel und übergab an die *TOP 1000X*, deren 1501. Platz daraufhin gespielt wurde: *Fight For Your Right To Party* von den Beastie Boys.

Schon nach wenigen Tagen war klar, dass man mit dieser größten Hitparade der Welt einen Knüller gelandet hatte. Denn im Musterländle war nichts mehr wie zuvor. In den Supermärkten waren die Musikkassetten ausverkauft, weil viele Hörer die Sendung komplett mitschneiden wollten. Es bildeten sich zahlreiche Dauerhörergruppen, und die Pforte des SDR wurde belagert von Fans, die Pizza, Bier oder andere Geschenke vorbeibrachten, um die Moderatoren bei Laune zu halten. Diese verkündeten schließlich am Donnerstag, so ganz nebenbei, dass sie sich freuen würden, am Samstagnachmittag die Top 20 gemeinsam mit ein paar Hörern im Park der Villa Berg, unweit des Funkhauses, feiern zu können. Was sie und wir, also der Rest von SDR3, dann erlebten, ließ uns den Atem stocken. In den Park kamen nicht nur »ein paar« Hörer, sondern es müssen 10.000 gewesen sein. Alles war brechend voll, die Sonne strahlte, die Menge tobte: Gänsehautmoment. Dazu lag eine wahnwitzige Spannung in der Luft, obwohl das Ganze doch eigentlich nur ein Spaß und gar nicht so ernst gemeint war. Die alles beherrschende Frage: Wer hat gewonnen? Wer hat es an die Spitze dieser Rekord-Hitparade geschafft? Platz drei *Brothers In Arms* von den Dire Straits, Platz zwei *Wish You Were Here* von Pink Floyd und schließlich Platz eins

Stairway To Heaven von Led Zeppelin. Damals war dieser Siegertitel eine Überraschung, heute scheint er auf die Spitzenposition ein Abo zu haben. Die Nachfolge-Hitparade *TOP 2000D*, die ein Jahr später ausgestrahlt wurde, sorgte noch einmal für Schlagzeilen. Denn sie war eine deutsch-deutsche Zusammenarbeit zwischen SDR3 und DT 64, dem Jugendradio der ehemaligen DDR. Die Moderatoren aus dem süddeutschen Raum gestalteten nun mit den Kollegen aus dem Osten Deutschlands die Sendung und schrieben erneut Radiogeschichte.

Auch nach der *TOP 2000D* gab es immer wieder Rekord-Hitparaden, bei denen die Originalmoderatoren Siller und Schmidt zwar meist mitmischten – aber eben nicht mehr allein als Duo auftraten. Sie wechselten sich mit anderen Moderatoren ab. 2014 feierte die einstige SDR3-Hitparade ihr 25-jähriges Jubiläum. Wobei die Kollegen von damals inzwischen längst bei SWR1 arbeiten und die Hitparade auch dort stattfindet. Das Hörer-Feedback ist immer noch erstaunlich. Weil inzwischen auch das SWR-Fernsehen mit von der Partie ist, stellen diese Hörer-Hitparaden immer noch einen Event dar. Den Zauber der *TOP 1000X* werden sie aber niemals wieder erreichen. Dazu ist inzwischen zu vieles Routine, zu vieles schon dagewesen – eben wie die Tatsache, dass Led Zeppelin in schöner Regelmäßigkeit als Siegertitel in Erscheinung tritt. Das war einfach etwas Einmaliges damals im August 1989, ein großer Moment: »Glory Days«. Einziger kleiner Wermutstropfen für mich: Mir wird auf ewig unverständlich bleiben, warum die Bangles, Uriah Heep, Eagles, Roxette oder Soulsister allen Ernstes vor dem Boss platziert werden konnten. Dass die SDR3-Hörer damals Bruce Springsteen nur auf Platz 48 wählten, ausgerechnet mit *Born In The USA*, daran nage ich noch heute.

Weil hier die längste Menschenkette
Deutschlands gebildet wurde

Ich habe es bisher niemandem erzählt, dass ich auch dabei war. Aber das Ereignis selbst habe ich nie vergessen. Vor allem, weil ich ehrlich gesagt ziemlich Schiss hatte, da mitzumachen. Es war die Zeit des Kalten Krieges, die Zeit des NATO-Doppelbeschlusses, die Zeit der Stationierung der Pershing-II-Raketen. Die Angst vor einem nuklearen Krieg ging um, beschäftigte uns Kids, die Schwaben, die ganze Welt. Der amerikanische TV-Film *The Day After*, der hierzulande in die Kinos kam, war Tagesgespräch. Darin wurden die Auswirkungen eines Atomkrieges mitten in den USA thematisiert. Die Diskussionen im Elternhaus – pro und contra Abschreckungspolitik – wurden hitziger, die politische Atmosphäre schien geradezu elektrisch aufgeladen. Jeden Moment konnte ein Funke alles zur Explosion bringen – ebenso wie in *The Day After*. Die Friedensbewegung hatte gigantischen Zulauf und genoss viel Aufmerksamkeit bei ihren Kundgebungen. Die Parole hieß: »Frieden schaffen ohne Waffen«, ein Spruch, der schon ein paar Jahre alt war, aber trotzdem genau den Punkt traf. Auch sehr beliebt: »Petting statt Pershing«. Während die Bevölkerungsmehrheiten einiger NATO-Staaten die Aufstellung von atomaren Mittelstreckenraketen ablehnte, befürwortete sie die Abgeordnetenmehrheit des deutschen Bundestages am 22. November 1983. Aber genau das wollten die Friedensbewegung und ihre Anhänger einen Monat vorher verhindern.

Ich erinnere mich noch: Der 22. Oktober war ein Samstag, das Wetter herrlich. Ein guter Tag zum Demonstrieren! Wir hatten im Freundeskreis viel über den Kalten Krieg diskutiert, ja, das war damals eine beliebte Freizeitbeschäftigung. Und es war klar: Auch wir wollten – die höchst reale Bedrohung der russischen SS20-Raketen großzügig ignorierend – Teil dieser Demonstration gegen die Stationierung von Atomraketen auf deutschem Boden sein. Für uns hatte der Spruch der 68er-Generation noch Geltung: »Make love not war«. Und so trafen wir uns an diesem Samstag in Plochingen, dort war einer von mehreren Sammelpunkten. Andere waren Esslingen, Zell, Reichenbach, Singen, Geislingen und viele andere große und kleine schwäbische Orte. Mit Parka, Umhängetasche und Thermoskanne bewaffnet, trafen wir dort ein. Und wir waren nicht die Einzigen. Im Grunde nur ein mikroskopischer Teil von dem, was später in die Geschichtsbücher einging als die größte Menschenkette Deutschlands. Hunderttausende hatten sich an diesem Tag im Musterländle versammelt und waren wild entschlossen, ein Zeichen gegen den Wahnsinn atomarer Kriegsführung zu setzen. Um die Mittagszeit stellten sich die Teilnehmer entlang der Bundesstraße 10 auf und erschufen eine insgesamt 108 Kilometer lange Kette, die von der europäischen Kommandozentrale in Stuttgart-Vaihingen bis zu den Wiley-Barracks in Neu-Ulm reichte.

Sehr pikant war im Vorfeld der heftige Streit der Organisatoren mit dem damaligen Kultusminister und Präsidenten des VfB Stuttgart, Gerhard Mayer-Vorfelder, der mit seinen erzkonservativen Ansichten und selbstgerechten Sprüchen einst ein wunderbares Feindbild abgab. Mayer-Vorfelder wollte die Aktion wegen eines Bundesligaspiels – VfB gegen FC Bayern München – abblasen lassen. Seiner Meinung nach war die Sicherheit zweier Großveranstaltungen nicht zu gewährleisten. Außerdem war er der Meinung, dass das Fußballspiel eindeutig Priorität habe. Unglaublich, aber wahr. Indes: Er konnte sich nicht durchsetzen. Die Friedensdemonstranten allerdings genauso wenig. Die Menschenkette war ein kleines historisches Ereignis hier im Schwäbischen, bewirkt hat sie jedoch nichts. Außer ein paar Schlagzeilen. Die *taz* textete: »Peace-Vibrations auf der rauhen Alb: »Do lacht dr Russ, aber schee isch g'wea«. Aus heutiger Sicht, mit Abstand betrachtet, war es vielleicht sogar gut, dass die schwäbische Menschenkette nichts verändert hat. Die Historie gibt im Nachhinein eigentlich dem damaligen Bundeskanzler, Helmut Schmidt, recht, der auf knallharte Abschreckungspolitik setzte und das »Gleichgewicht des Schreckens« wiederherstellen wollte, um den Frieden zu erhalten. Aber auch wenn diese Menschenkette der Superlative vielleicht aus Naivität geboren wurde, wenig zu verändern vermochte und peinlich blauäugig war: Sie demonstrierte zumindest recht deutlich, dass damals Politik und Politiker noch ernst genommen wurden und ernst genommen werden konnten. Und warum ich persönlich Schiss hatte, bei der Menschenkette mitzumachen, lag schlichtweg daran, dass ich zu dieser Zeit meinen Wehrdienst absolvierte und ich mir nicht wirklich sicher war, was mein Oberstabsfeldwebel wohl mit mir gemacht hätte, wäre ihm das zu Ohren gekommen.

SCHWARZKOPF & SCHWARZKOPF

111 GRÜNDE, DEN VFB STUTTGART ZU LIEBEN

EINE LIEBESERKLÄRUNG
AN DEN GROSSARTIGSTEN FUSSBALLVEREIN DER WELT

111 GRÜNDE, DEN VFB STUTTGART ZU LIEBEN
EINE LIEBESERKLÄRUNG AN DEN GROSSARTIGSTEN
FUSSBALLVEREIN DER WELT
Von Klaus Schlütter
240 Seiten, Taschenbuch
ISBN 978-3-86265-269-3 | Preis 9,95 €

Der schwäbische Stamm gilt als der schwierigste, rätselhafteste aller deutschen Stämme. Der Schwabe besteht aus einem Sack voll Widersprüchen. Aus einer seltsamen Mischung von Zurückhaltung und Zutraulichkeit, von Träumerei und Scharfsinn, von Nesthockerei und Weltoffenheit. Aber etwas vereint alle unterschiedlichen Individuen: ihre Begeisterung für den Fußball, ihre Liebe zum VfB. Über 250.000 Menschen säumten die Straßen und jubelten der Mannschaft zu, als sie 2007 zum letzten Mal Deutscher Meister wurde. Heiligs Blechle! Der VfB – ein typischer Schwabe. Schwankend zwischen den Extremen. Den FC Bayern bewundert er heimlich, aber bezeichnet ihn despektierlich als »den Nachbarn aus dem südöstlichen Ausland«. Er pirscht sich lieber heimlich an und zieht den Bayern eines Tages die Lederhosen aus!

WWW.ZWOELFTERMANN.DE

111 GRÜNDE, DEN RUHRPOTT ZU LIEBEN

DER RUHRPOTT VON SEINER HUMORVOLLSTEN SEITE, IN 111 GRÜNDEN
AUF DEN PUNKT GEBRACHT: FÜR EINHEIMISCHE, ZUWANDERER UND TOURISTEN

111 GRÜNDE, DEN RUHRPOTT ZU LIEBEN
EINE LIEBESERKLÄRUNG AN DIE GROSSARTIGSTE REGION DER WELT
Von Kai Twilfer
288 Seiten, Taschenbuch
ISBN 978-3-89602-973-7 | Preis 9,95 €

»Kai Twilfer ist ein tolles Buch gelungen, unterhaltsam und voller spannender Geschichten erfährt man hier viel über diese einzigartige Region. Tolles Buch, ohne wenn und aber.« www.kamikaze-radio.de

»Humorvoll und mit einer persönlichen Note beschreibt der Autor fast alle Industriestätten, Museen, Opern und Konzerthäuser. Ein wenig Geschichtsunterricht findet auch statt: Der Autor erklärt die Entstehungsgeschichte vieler Gebäude. Unterhaltsam ist das Buch allemal und ich kann meine Empfehlung aussprechen.« www.lokalkompass.de

»Für sein Buch hat der Bestseller-Autor Kai Twilfer die wichtigsten Orte, Typen und Momente seiner Ruhrgebietsliebe zusammengefasst und auf seine persönliche humorvolle Art und Weise in kurzweilige Geschichten verpackt.« inn-joy.de

JO MÜLLER arbeitet seit über 20 Jahren als Radiojournalist und Fernsehredakteur für den SWR, momentan unter anderem für die Reihen »Expedition in die Heimat« und »Ländle Deluxe«. Als Regisseur drehte er zahlreiche, teils preisgekrönte, TV-Dokumentationen. Darüber hinaus hat er viele Bücher geschrieben. Im Schwarzkopf & Schwarzkopf Verlag sind bereits *111 Gründe, das Kino zu lieben* und *111 Gründe, das Böse zu lieben* (zusammen mit Kurt-J. Heering) erschienen.

Jo Müller
111 GRÜNDE, SCHWABEN ZU LIEBEN
Eine Liebeserklärung an die schönste Region der Welt

ISBN 978-3-86265-474-1
© Schwarzkopf & Schwarzkopf Verlag GmbH, Berlin 2015
Alle Rechte vorbehalten. Dieses Werk ist urheberrechtlich geschützt. Jede Verwendung, die über den Rahmen des Zitatrechtes bei korrekter und vollständiger Quellenangabe hinausgeht, ist honorarpflichtig und bedarf der schriftlichen Genehmigung des Verlages. | Titelfoto: © Boris Stroujko/shutterstock.com, Coverfotos von oben nach unten: © Anibal Trejo/shutterstock.com, © Anibal Trejo/shutterstock.com, © privat, © Markus Gann/shutterstock.com, © privat | Fotos im Innenteil: alle © Jo Müller; außer: S. 13: schankz/depositphotos.com, S. 39: © Anibal Trejo/shutterstock.com, S. 211: © Boris Stroujko/shutterstock.com

KATALOG
Wir senden Ihnen gern kostenlos unseren Katalog
Schwarzkopf & Schwarzkopf Verlag GmbH / Abt. Service
Kastanienallee 32 | 10435 Berlin
Telefon: 030 – 44 33 63 00 | Fax: 030 – 44 33 63 044

Internet | E-Mail
www.schwarzkopf-schwarzkopf.de
info@schwarzkopf-schwarzkopf.de